영어총알정복 시리즈

영단어 무한 지배자

영어총알정복 시리즈

영단어 무한 지배자 |고등편|

초판 1쇄 인쇄 2016년 7월 8일
초판 2쇄 발행 2016년 12월 29일

지은이 Jeremy Rhee
펴낸이 김선식

경영총괄 김은영
책임편집 유화정 **책임마케터** 최혜령
콘텐츠개발6팀장 박현미 **콘텐츠개발6팀** 이여홍, 유화정, 김누
전략기획팀 김상윤
마케팅본부 이주화, 정명찬, 최혜령, 양정길, 박진아, 최혜진, 김선욱, 이승민, 이수인, 김은지
경영관리팀 허대우, 윤이경, 임해랑, 권송이, 김재경
외부스태프 교정교열 이은영 **표지디자인** 유진민 **본문디자인** 손혜정

펴낸곳 다산북스 **출판등록** 2005년 12월 23일 제313-2005-00277호
주소 경기도 파주시 회동길 37-14 2, 3, 4층
전화 070-7606-7427(기획편집) 02-6217-1726(마케팅) 02-704-1724(경영관리)
팩스 02-703-2219 **이메일** dasanbooks@dasanbooks.com
홈페이지 www.dasanbooks.com **블로그** blog.naver.com/dasan_books

종이 한솔피엔에스 **출력** 민언프린텍 **후가공** 평창P&G **제본** 에스엘바인텍

© 2016, Jeremy Rhee

ISBN 979-11-306-0877-8 (53740)

다산북스(DASANBOOKS)는 독자 여러분의 책에 관한 아이디어와 원고 투고를 기쁜 마음으로 기다리고 있습니다.
책 출간을 원하는 아이디어가 있으신 분은 이메일 dasanbooks@dasanbooks.com 또는 다산북스 홈페이지 '투고원고'란으로
간단한 개요와 취지, 연락처 등을 보내주세요. 머뭇거리지 말고 문을 두드리세요.

영어총알정복 시리즈

영단어
무한
지배자

Jeremy Rhee

고등편

BEYOND
A·L·L

허접한 영단어장은 지구를 떠나라!

− 기존 영단어 암기 방식, 그 한계와 문제점 −

1 아직도 기출 빈도순이나 알파벳순으로 영단어를 외우세요?

영단어 암기 방식 중 가장 비효율적인 암기 방식이 대책 없이 알파벳순으로 암기하는 방식일 것입니다. 그런데도 이런 암기법이 아직도 이용되고 있다니 안타까울 따름입니다.

이런 암기법을 주장하는 사람들은 대개 '수능 기출 빈도순으로 영단어를 편집했다'는 둥, '내신에 꼭 등장하는 영단어만 모았다'는 둥 수험생들을 현혹시킬 만한 그럴싸한 미사여구를 동원합니다. 하지만 이건 다 허황된 소리에 불과합니다.

왜냐하면…
수많은 영단어 가운데에 대입 수험생이 꼭 알아야 하는 필수 영단어는 2,000개 전후이며, 시중의 어떤 영단어장을 보아도 필수 영단어 개수는 거의 비슷합니다. 즉, 대입 수험생이 꼭 암기해야 하는 영단어는 이미 정해져 있습니다.

이 필수 영단어 리스트에 포함된 영단어는 수능을 준비하는 사람이라면 하나도 빠짐없이 암기하여야 하는 '최우선순위 영단어'이기에, 뭘 먼저 외우고 뭘 나중에 외우고 할 등의 이유가 없으며 가장 효과적인 방법을 찾아 빠른 시간 안에 모두 섭렵하는 것이 최선입니다.

그럼에도 불구하고 '어차피 모두 암기해야만 하는 필수 2,000 영단어'를 외우기 가장 미련한 방법인 알파벳순이나 기출 빈도순으로 암기해야만 할까요?

2 어원만 알면 대입 수능 영단어가 100% 정복될까요?

그리스어, 라틴어 어원을 통해 영단어를 보다 쉽게 암기할 수 있는 것은 엄연한 사실이며, 이런 장점 때문에 어원을 이용한 영단어 암기법이 꾸준하게 인기를 끌고 있습니다. 그런데 대입 수능용 영단어 가운데에는 autocracy, transform처럼 어원에 기초한 영단어도 있지만, wrist, rifle처럼 어원과 무관한 영단어도 엄청나게 많이 있습니다. 따라서 어원에 기초한 영단어 암기법만으로 대입 수능 어휘를 커버하는 것은 근본적으로 불가능합니다.

3 해괴망측한 연상법이 영단어 암기에 정말 효과가 있을까요?

grief(슬픔)를 외우기 위해 '아~ 그리워라 푸른 바다여~' 라고 고향 바다를 그리워하며 슬픔(grief)에 겨운 모습을 연상하면 grief가 머릿속에 쏙쏙 정리가 될까요? 물론 이런 장황하고 억지스런 우리말 문장을 이용해서 영단어 몇 십 개 정도는 암기할 수도 있을 것입니다. 하지만 대입 수능에 필요한 수많은 영단어를 이런 방식으로 모두 암기할 수 있다고 생각하세요? 이런 말장난이 영단어 암기의 진정한 솔루션이라면, 국어 어휘 암기나 어려운 한자 암기, 혹은 복잡한 법전 암기에는 왜 이런 방식이 선풍적인 인기를 끌지 못할까요? 이런 암기 방법은 영단어 암기에 도움을 주기는커녕 오히려 머리를 혼란스럽게 하여 결국 영단어 암기에 방해가 될 수 있음에도 영단어 암기의 새로운 솔루션인 것처럼 소개되고 있기에 놀라지 않을 수 없습니다.

영단어 무한 지배자 시리즈는 기존 교재의 한계점을 극복하고 학생들의 학습 효율을 극대화하기 위해 철저한 분석과 고민으로 기획되었습니다.

지은이 Jeremy Rhee

영단어 암기의 진정한 솔루션
- 영단어 무한 지배자의 특장점 -

① 누구나 알고 있는 외래어를 통하여 1천 영단어를 최우선 해결하였습니다.

가령, 적도의 나라 에콰도르(**Ecuador**)를 이미 알고 있으면 적도(**equator**)를 따로 암기할 필요가 없도록 하였으며, 사람 뒤에 따라오는 리어카(**rearcar**)를 아는 학생들이 뒤(**rear**)를 따로 외우지 않도록 구성하였습니다.

또한, 대양(大洋)으로 둘러싸인 오세아니아를 아는 학생이 대양(**ocean**)을 따로 학습할 필요가 없게끔 누구나 이미 알고 있는 외래어와 관련 영단어를 연계시켜서 1천 개 이상의 영단어를 최우선적으로 해결하였습니다.

국내에서 〈영단어 무한 지배자〉보다 외래어를 더 많이 활용하여 수많은 영단어를 초토화시킨 교재는 없습니다!

우리가 중국 동포보다 영단어를 빨리 외울 수 있다는 사실을 아세요?

중국 동포들은 우리말을 이해하는 데 상당한 어려움을 느낀다고 합니다. 우리말을 못해서가 아니라, 우리가 일상적으로 쓰는 말의 상당한 양이 외래어인데 중국 동포들은 그런 외래어에 익숙하지 않기 때문이죠.

우리는 일상생활에서 정말이지 엄청나게 많은 외래어를 사용하고 있습니다. '노이로제, 텔레파시, 싱크로나이즈, 시뮬레이션, 차이나타운, 하우스 푸어…'

그런데, 휠체어(**wheel chair**)를 통해 바퀴(**wheel**)와 의자(**chair**)를 익힐 수 있듯이, 우리가 흔히 쓰고 있는 외래어만 잘 정리해줘도 1천 개 이상의 영단어를 저절로 습득할 수 있다는 사실을 아세요? 대학에 합격하기까지 필요한 영단어의 상당량이 이 방법으로 커버될 수 있다니 놀랍지 않으세요?

어원을 통한 영단어 암기가 아무리 효과가 있을지라도, 어원 해설이 딱딱하고 지겹다면 어린 학생들이 금방 싫증을 느끼겠죠?

본 교재는 일상생활에 흔히 사용되어 학생들이 이미 알고 있는 '눈 밑 다크서클, 음악 리사이틀, 클라이맥스, 스타크래프트 게임' 등의 쉬운 외래어를 바탕으로 어려운 어원을 쉽게 풀어내어 학생들이 바로바로 이해하며 익힐 수 있도록 하였습니다.

학생들이 이미 알고 있는 쉬운 영어단어와 어려운 영어단어를 패키지로 연계시켜 어려운 어휘도 쉽게 익힐 수 있도록 하였습니다.

도미노식 암기법 예시(例示)

- 악당 로봇(robot) → 악당 로봇이 강탈하다(rob)
  → 로봇에게 빼앗겨서 심장이 두근거리다(throb)
- 목동 아이스링크(rink) → 스케이트장(rink)에 가면 추워서 몸이 오그라들죠(shrink)
  → 등이 오그라들고(shrink) 구부러진 새우(shrimp)

이처럼 쉬운 어휘와 어려운 어휘의 도미노(Domino)식 연계를 통한 어려운 어휘 암기의 연착륙(soft-landing) 효과 달성은 본 교재만의 독보적인 특징입니다.

영단어 암기는 따로국밥이 쉬울까요, 아니면 도미노(Domino) 방식이 쉬울까요?

우리나라 학생들은 보통 중학교에서 골짜기(valley)를 배우고, 고등학교에서 오솔길(alley)을 따로 배웁니다. 하지만 산타클라라 '계곡'에 만들어진 산업단지가 실리콘밸리라는 것을 알게 되면 골짜기(valley)는 더 이상 암기할 필요가 없지요. 또한 골짜기(valley)에는 오솔길(alley)이 있기에 오솔길까지 단박에 암기되는 것은 물론이고요.

이처럼 '쉬운 영단어 & 어려운 영단어'를 커플로 묶어서 도미노 방식으로 함께 암기하면 영단어 암기는 그야말로 식은 죽 먹기이지요. **이런 쉬운 암기 방법이 있는데, 아직도 영단어를 알파벳순으로 우격다짐으로 암기하거나 기출빈도 순으로 암기하고 싶으세요?**

---

4 짝을 이루는 영단어의 결합을 통한 통(通)암기 달성

적절히 짝을 맞추면 쉽게 외울 수 있는 단어를 함께 묶어 통(通)째로 익힐 수 있도록 함으로써 암기효과를 극대화하였습니다.

짝 단어 예시(例示)

- **baggage** [bǽgidʒ] 명 수화물(= luggage)
  → 수화물(baggage)은 가방(bag)에 넣어 다니는 것이죠.

- **queer** [kwiər] 형 별난, 수상한, 이상한
  → 역사상 수많은 여왕(queen) 가운데 누가 제일 이상할까요(queer)?

---

5 '선(先) 이해 후(後) 암기'의 혁신적인 툴 제공

아래와 같이 각 영단어에 대한 짧은 해설기법을 도입하여, 학생들이 우리말로 풀어낸 해설을 읽으면서 각 단어의 의미와 뉘앙스를 먼저 파악한 후 필요한 부분에 밑줄을 긋고 집중 암기함으로써 국어나 사회 과목을 학습할 때처럼 이해에 기초한 영단어 암기가 가능한 혁신적인 방법을 구현하였습니다.

짧은 해설기법 예시(例示)

- **extravagant** → 가방은 한두 개만 있으면 충분한데 엑스트라(extra, 별도의) 가방 (vag → bag)을 너무 많이 갖고 있으면 낭비하는(extravagant) 거죠?

본 교재의 특장점

① 누구나 알고 있는 외래어를 통하여 1천 영단어 최우선 정복

② 생생한 어원 해설을 통해 수많은 어원 관련 영단어 초토화

③ 도미노(Domino)식 암기법을 통해 어려운 어휘 완전정복

④ 짝꿍 영단어 암기법으로 세트 영단어 통(通)암기 달성

⑤ 선(先) 이해 후(後) 암기의 혁신적인 툴 제공

> ▶ 단어별로 최적화된 암기법을 적용하여, 반드시 익혀야 하는
> 모든 어휘에 대한 실질적인 암기 솔루션을 제공함
>
> ▶ 단어별 맞춤형 GPS가 장착된 최적의 암기법 달성

난공불락의 영단어가 무장해제되는 Zone,
영단어 무한 지배자!

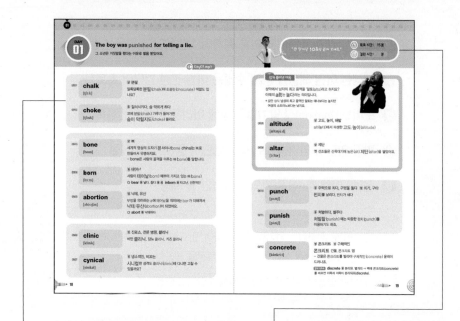

누구나 알고 있는 **외래어**와 기초 영단어를 **연계**시키고, 유사한 발음과 모양, 뜻을 한데 모은 **통암기 방식**을 도입시켜 암기 효과를 극대화하였습니다. 또한 단어와 뜻을 포함한 데이별 **MP3**를 통해 보다 빠르고 확실하게 언제 어디서나 영단어를 암기할 수 있도록 구성하였습니다.

시뮬레이션을 통해 측정된 **목표 시간**을 **제시**하고 실제 학생들이 읽는 데 **걸린 시간**을 **스스로 확인**해볼 수 있게 함으로써 단어 학습에 시간을 효율적으로 할애할 수 있도록 했습니다.

이 책에 있는 **단어**를 한데 모아 **알파벳 순**으로 해당 페이지를 **정리**하여 특정 단어의 의미와 쓰임을 찾아보기 쉽도록 만들었습니다.

! 아래 차트의 '발음 기호'에 대한 '한글 발음'은 각각의 영어 발음과 가장 비슷한 한글 발음으로 표현한 것에 불과합니다. 모든 영어단어에 대한 정확한 발음은 **MP3**를 통해 확실하게 익히세요!

번호	발음 기호	한글 발음	번호	발음 기호	한글 발음	번호	발음 기호	한글 발음
01	a	아	18	ou	오우	35	ʒ	쥐
02	e	에	19	iər	이어	36	tʃ	취
03	æ	애	20	ɛər	에어	37	dʒ	쥐
04	i	이	21	uer	우어	38	h	ㅎ
05	ɔ	오	22	p	ㅍ	39	r	ㄹ
06	u	우	23	b	ㅂ	40	m	ㅁ
07	ə	어	24	t	ㅌ	41	n	ㄴ
08	ʌ	어	25	d	ㄷ	42	l	ㄹ
09	a:	아	26	k	ㅋ	43	j	이
10	i:	이	27	g	ㄱ	44	w	우
11	ɔ:	오	28	f	ㅍ	45	wa	와
12	u:	우	29	v	ㅂ	46	wɔ	워
13	ə:	어	30	θ	ㅆ	47	ju	유
14	ai	아이	31	ð	ㄷ	48	dʒa	주ㅏ
15	ei	에이	32	s	ㅅ	49	tʃa	추ㅏ
16	au	아우	33	z	ㅈ			
17	ɔi	오이	34	ʃ	쉬			

Wow,	You	have	very	cute	dogs	and	cats	at	home
감	대	동	부	형	명	접	명	전	명

와~ 당신은 집에 매우 귀여운 개들과 고양이들을 가지고 있군요!

1	명	**명사**: 사람이나 사물의 이름	예	Jane(제인), apple(사과), love(사랑)
2	대	**대명사**: 명사를 대신해서 쓰는 말	예	I(나), you(너), it(그것), we(우리)
3	동	**동사**: 움직임이나 상태를 나타내는 말	예	run(달리다), eat(먹다), am(~이다)
4	형	**형용사**: 명사를 꾸며주는 말	예	beautiful(아름다운), pretty(예쁜), strong(강한)
5	부	**부사**: 동사, 형용사, 다른 부사 혹은 문장을 꾸며주는 말	예	very(매우), fast(빨리), here(여기), early(일찍)
6	전	**전치사**: 명사 앞에 와서 의미를 더해주는 말	예	in(~안에), on(~위에), from(~부터), to(~까지)
7	접	**접속사**: 단어와 단어, 문장과 문장을 이어주는 말	예	and(그리고), but(그러나), or(혹은)
8	감	**감탄사**: 감정이나 느낌을 나타내는 말	예	wow(와), oops(아차)

영단어 무한 지배자 고등편 공부 계획표

참고용으로 제시된 다음 공부 계획표를 보고
각자의 수준과 일정에 맞게 단어 학습을 시작해보세요.

● 기본 과정 | 40일 마무리

DAY	**DAY 01**	**DAY 02**	**DAY 03**	**DAY 04**	**DAY 05**
학습일	월 일	월 일	월 일	월 일	월 일
맞힌 단어 개수					
틀린 단어 개수					

DAY	**DAY 06**	**DAY 07**	**DAY 08**	**DAY 09**	**DAY 10**
학습일	월 일	월 일	월 일	월 일	월 일
맞힌 단어 개수					
틀린 단어 개수					

DAY	**DAY 11**	**DAY 12**	**DAY 13**	**DAY 14**	**DAY 15**
학습일	월 일	월 일	월 일	월 일	월 일
맞힌 단어 개수					
틀린 단어 개수					

DAY	**DAY 16**	**DAY 17**	**DAY 18**	**DAY 19**	**DAY 20**
학습일	월 일	월 일	월 일	월 일	월 일
맞힌 단어 개수					
틀린 단어 개수					

DAY	**DAY 21**	**DAY 22**	**DAY 23**	**DAY 24**	**DAY 25**
학습일	월 일	월 일	월 일	월 일	월 일
맞힌 단어 개수					
틀린 단어 개수					

DAY	**DAY 26**	**DAY 27**	**DAY 28**	**DAY 29**	**DAY 30**
학습일	월 일	월 일	월 일	월 일	월 일
맞힌 단어 개수					
틀린 단어 개수					

DAY	**DAY 31**	**DAY 32**	**DAY 33**	**DAY 34**	**DAY 35**
학습일	월 일	월 일	월 일	월 일	월 일
맞힌 단어 개수					
틀린 단어 개수					

DAY	**DAY 36**	**DAY 37**	**DAY 38**	**DAY 39**	**DAY 40**
학습일	월 일	월 일	월 일	월 일	월 일
맞힌 단어 개수					
틀린 단어 개수					

● **단기완성 과정** | 20일 마무리

DAY	**DAY 01/02**	**DAY 03/04**	**DAY 05/06**	**DAY 07/08**	**DAY 09/10**
학습일	월 일	월 일	월 일	월 일	월 일
맞힌 단어 개수					
틀린 단어 개수					

DAY	**DAY 11/12**	**DAY 13/14**	**DAY 15/16**	**DAY 17/18**	**DAY 19/20**
학습일	월 일	월 일	월 일	월 일	월 일
맞힌 단어 개수					
틀린 단어 개수					

DAY	**DAY 21/22**	**DAY 23/24**	**DAY 25/26**	**DAY 27/28**	**DAY 29/30**
학습일	월 일	월 일	월 일	월 일	월 일
맞힌 단어 개수					
틀린 단어 개수					

DAY	**DAY 31/32**	**DAY 33/34**	**DAY 35/36**	**DAY 37/38**	**DAY 39/40**
학습일	월 일	월 일	월 일	월 일	월 일
맞힌 단어 개수					
틀린 단어 개수					

Contents

Contents

The boy was punished for telling a lie.

그 소년은 거짓말을 했다는 이유로 벌을 받았어요.

🎧 Day01.mp3

0001 chalk
[tʃɔːk]

몡 분필

알록달록한 분필(chalk)에 초콜릿(chocolate) 색깔도 있나요?

0002 choke
[tʃouk]

툉 질식시키다, 숨 막히게 하다

코에 분필(chalk) 가루가 들어가면 **숨이 막힐지도**(choke) 몰라요.

0003 bone
[boun]

몡 뼈

세계적 명성의 도자기 본차이나(bone china)는 뼈로 만들어서 유명하지요.
– bone은 사람의 골격을 이루는 뼈(bone)를 말합니다.

0004 born
[bɔːrn]

혱 태어난

사람이 **태어날**(born) 때부터 가지고 있는 뼈(bone)

➕ **bear** 툉 낳다, 참다 몡 곰 **inborn** 혱 타고난, 선천적인

0005 abortion
[əbɔ́ːrʃən]

몡 낙태, 유산

부정을 의미하는 a에 태어남을 의미하는 bor가 더해져서 **낙태/유산**(abortion)이 되었어요.

➕ **abort** 툉 낙태하다

0006 clinic
[klínik]

몡 진료소, 전문 병원, 클리닉

비만 **클리닉**, 당뇨 **클리닉**, 키즈 **클리닉**

0007 cynical
[sínikəl]

혱 냉소적인, 비꼬는

시니컬한 성격도 클리닉(clinic)에 다니면 고칠 수 있을까요?

"한 단어당 10초씩 읽어 보세요."

⏱ 목표 시간: 15분
✓ 걸린 시간: 분

쉽게 풀어낸 어원

성악에서 남자의 최고 음역을 '알토(alto)라고 하지요?
이때의 **alt**는 높다라는 의미입니다.

★잠깐 상식 남성의 최고 음역인 알토는 테너보다는 높지만
여성의 소프라노보다는 낮지요.

0008
altitude
[ǽltətjùːd]

명 고도, 높이, 해발
alt(높다)에서 파생한 **고도/높이**(altitude)

0009
altar
[ɔ́ːltər]

명 제단
옛 선조들은 산꼭대기에 높은(alt) **제단**(altar)을 쌓았어요.

0010
punch
[pʌntʃ]

동 주먹으로 치다, 구멍을 뚫다 명 치기, 구타
펀치를 날리다, 펀치가 세다

0011
punish
[pʌ́niʃ]

동 처벌하다, 벌주다
처벌할(punish) 때는 따끔한 펀치(punch)를
이용하기도 하죠.

0012
concrete
[kánkriːt]

명 콘크리트 형 구체적인
콘크리트 건물, 콘크리트 댐
– 건물은 콘크리트를 발라야 구체적인(concrete) 윤곽이
드러나죠.

함께 익혀요 **discrete** 형 분리된, 별개의 → 벽에 콘크리트(concrete)
를 바르면 이쪽과 저쪽이 분리되죠(discrete).

쉽게 풀어낸 어원

액션 배우 이소룡이 출연한 액션 무비
action의 **act**는 **행동하다**를 뜻합니다.

0013

act
[ækt]

동 행동하다

➕ **action** 명 행동 **actor** 명 남배우 **actress** 명 여배우

0014

active
[æktiv]

형 활동적인, 활발한

저 선수는 움직임이 **액티브**하네요.

➕ **activity** 명 활동, 동작

0015

reaction
[riǽkʃən]

명 반동, 반응

뒤(re)와 행동(action)이 결합하면 **반동**(reaction)이
되지요.

➕ **react** 동 반응하다, 작용하다

0016

exact
[igzǽkt]

형 정확한, 틀림없는

밖(ex)에서 행동할(act) 때에는 사람들을 배려해서
정확한(exact) 처신을 해야 해요.

➕ **exactly** 부 정확하게

0017

counteract
[kàuntərǽkt]

동 반대로 하다, 방해하다, 중화하다

편의점 카운터를 기준으로 고객과 종업원은 서로 반대편에
있죠.
– 반대(counter)와 행동하다(act)가 결합하여
반대로 하다/방해하다(counteract)가 됩니다.

함께 익혀요 **counter** 명 카운터, 창구, 계산대 **counterattack**
명 반격 동 반격하다, 역습하다 **encounter** 동 우연히 만나다, 조
우하다 명 마주침 → 수영장 카운터(counter)에서 그녀를 우연히 만
났어요(encounter).

0018

interaction
[intərǽkʃən]

명 상호작용

서로(inter → 서로 마주보고 하는 interview 연상) 영향을
미치는 행동/작용(action)을 **상호작용**(interaction)
이라고 하죠.

0019 **hook**
[huk]

명 갈고리　동 구부리다

후크 선장의 갈고리 손
(농구) 훅슛 – 갈고리 모양으로 던지는 슛

[함께 익혀요] **loop** 명 고리 → 후크 & 루프, 루프 밴드

0020 **crook**
[kruk]

명 사기꾼, 갈고리

갈고리(hook)처럼 마음이 구부러진 **사기꾼**(crook)

➕ **crooked** 형 구부러진, 부정직한

0021 **space**
[speis]

명 공간, 우주

(컴퓨터) 키보드의 **스페이스** 바를 누르면 공간이 생기죠.
스페이스센터에 가서 우주를 구경해요.

➕ **spacecraft** 명 우주선　**spacious** 형 넓은

0022 **spade**
[speid]

명 삽, 가래　동 삽으로 파다

스페이드 카드
삽(spade)으로 파서 언제 우주(space)를 다 메울까요?

0023 **art**
[aːrt]

명 예술, 미술, 기술

네일 **아트** – 손톱을 가꾸는 예술

➕ **artist** 명 예술가, 미술가 → 아티스트

0024 **artificial**
[àːrtəfíʃəl]

형 인공적인

예술(art)이란 인간이 만들어낸 **인공적인**(artificial) 작품
이지요.

➕ **artifact** 명 인공물, 공예품

0025 **rob**
[rab]

동 강탈하다, 훔치다

악당 로봇(robot)이 물건을 **강탈하다**(rob)

➕ **robber** 명 강도, 도둑　**robbery** 명 강도질, 도둑질

0026 **throb**
[θrab]

동 두근두근하다, 고동치다, 흥분하다　명 맥박, 고동

누군가 내 물건을 강탈한다면(rob) 심장이
두근두근할(throb) 거예요.

쉽게 풀어낸 어원

'양(兩)손잡이'의 '양(兩)'과 비슷한
접두어 **amb**는 **두 가지의**라는 뜻입니다.

0027

ambition
[æmbíʃən]

명 야심, 큰 포부

현실에 만족하지 않고 두 가지(ambi) 마음을 품는 것을
야심/큰 포부(ambition)라고 할 수 있겠죠.

➕ **ambitious** 형 야망이 있는, 야심 있는

0028

ambiguous
[æmbígjuəs]

형 모호한, 애매한

어떤 행동을 할 때 양다리(ambi)를 걸치고 왔다갔다 하면
애매한(ambiguous) 상황이 돼요.

0029

burglar
[bə́ːrglər]

명 강도

강도(burglar)가 제일 좋아하는 음식은 버거(burger)?

0030

combination
[kàmbənéiʃən]

명 결합, 연합

여러 가지 재료가 들어간(결합된) **콤비네이션** 피자

➕ **combine** 동 결합시키다, 합동하다

0031

soothe
[suːð]

동 위로하다, 달래다, 진정시키다

부드러운(smooth) 목소리로 **위로하다**(soothe)

0032

vanish
[vǽniʃ]

동 사라지다

그녀는 밴(van)을 타고 **사라졌어요**(vanish).

0033

crucial
[krúːʃəl]

형 결정적인, 매우 중요한

전쟁에서 크루즈 미사일(cruise missle)은 매우 **중요한**
(crucial) 무기

0034

character
[kǽriktər]

명 특성, 성격, 등장인물, 문자

만화 **캐릭터** – 만화의 등장인물

➕ **characteristic** 명 특징 형 특징의, 독특한

쉽게 풀어낸 어원

살아 숨 쉬는 '짐승'을 animal이라고 하죠.
anim은 영혼, 호흡을 의미합니다

0035

animation
[ӕnəméiʃən]

명 만화영화
등장인물이 살아 숨 쉬는 듯한 **애니메이션**(animation)
➕ animate 통 생기를 불어넣다, 고무하다

0036

unanimity
[jùːnəníməti]

명 만장일치
모든 사람의 숨소리까지 하나로 일치되는 것이 만장일치죠.
– 하나(uni → uniform 연상)의 호흡(anim)은 **만장일치**
(unaimity)
➕ unanimous 형 만장일치의

0037

original
[ərídʒənl]

형 최초의, 독창적인 명 오리지널
오리지널 시나리오 – 소설이나 희곡을 각색하지 않은
창작 시나리오, 오리지널 제품
➕ origin 명 기원, 근원 originality 명 독창성

0038

electric
[iléktrik]

형 전기의
일렉트릭 기타 – 전기 기타, 제너럴 일렉트릭(GE) –
에디슨이 설립한 전기조명회사를 모체로 성장한 세계적인 기업
➕ electricity 명 전기

0039

banner
[bǽnər]

명 깃발, 현수막, 배너
인터넷 **배너** 광고

0040

damp
[dæmp]

형 축축한 명 습기
댐(dam) 주변은 **축축하고**(damp) 습기가 많아요.

0041

mineral
[mínərəl]

명 광물, 무기물
여러 가지 무기물이 들어 있는 **미네랄** 워터
➕ mine 명 광산 통 채굴하다 명 나의 것 → 미네랄(mineral)을
캐는 광산(mine)

쉽게 풀어낸 어원

wedding anniversary는 매년 돌아오는 '결혼기념일'이죠.
ann은 년, 해를 뜻합니다.

0042
anniversary
[ænəvə́:rsəri]

몡 기념일
기념일에 컴퓨터를 다운시키는 **애니버서리** 버그
해(ann)마다 돌아오는 기념일(anniversary)

0043
biannual
[baiǽnjuəl]

혱 연 2회의
바퀴가 두 개(bi) 달린 바이크(자전거)
– 둘(bi)과 해(ann)가 결합한 **1년에 두 번의**(biannual)
➕ **biennial** 혱 2년마다의

0044
annual
[ǽnjuəl]

혱 연례의, 1년의 몡 일 년
애뉴얼 플랜 – 연간 계획, 애뉴얼 리포트
➕ **annals** 몡 연대기, 기록

0045
centennial
[senténiəl]

혱 100년마다의
1/100미터를 뜻하는 센티미터
– 100(cent)과 년(ennial → annual)이 결합하면
100년마다의(centennial)가 됩니다.

0046
punctual
[pʌ́ŋktʃuəl]

혱 시간을 잘 지키는
시간을 잘 지키는(punctual) 사람은 약속을 펑크 내는
법이 없어요.

0047
pest
[pest]

몡 해충, 역병, 흑사병
베스트(best)가 되어야지 **해충**(pest)이 되면 안 돼요.

0048
compact
혱 [kəmpǽkt, kámpækt]
동 [kəmpǽkt]

혱 소형의, 밀집한 동 꽉 채우다
콤팩트하다, 콤팩트 카메라, 작고 콤팩트한 디자인

쉽게 풀어낸 어원

연예인 안티 사이트, 잇몸을 튼튼하게 해주는 안티플라그.
이때의 **anti**는 **반(反), 역**을 뜻합니다.

0049

antibody
[ǽntibàdi]

명 항체

몸 안에 침투한 세균으로부터 몸(body)을 보호해주는
항체(antibody)

함께 익혀요 **body** 명 몸, 신체, 집단 → 보디로션 – 몸에 바르는
로션, 보디가드 **embody** 동 구체화하다

0050

antibiotic
[æntibaiάtik]

명 항생물질 형 항생의

신체의 생물학적 리듬인 바이오(bio) 리듬
– 반대(anti)와 생(bio, 生)이 결합되면
항생물질/항생의(antibiotic)가 되죠.

0051

antarctic
[æntά:rktik]

형 남극의 명 남극지방

동그란 아치(arch) 형태인 지구의 끝에는 북극(the Arctic)
이 있죠?
– 반대(anti)와 북극(arctic)이 결합한
남극의/남극지방(antarctic)

➕ **arctic** 형 북극의 명 북극

0052

shadow
[ʃǽdou]

명 그림자 동 그늘지게 하다

(화장) 아이**섀도** – 눈에 그림자를 만드는 것

함께 익혀요 **shade** 명 그늘

0053

drudgery
[drʌ́dʒəri]

명 고된 일, 고역

고된 일(drudgery)을 마친 뒤 피로회복을 위한
약(drug)을 먹다

0054

dramatic
[drəmǽtik]

형 극적인, 연극의

오늘 **드라마틱**한 사건이 벌어졌어!

0055

technique
[tekní:k]

명 기술(= technic)

테크닉이 좋다 – 기술이 좋다, 직장인 재테크

➕ **technical** 형 기술적인, 전문적인 → (농구) 테크니컬 파울
technology 명 기술, 과학기술, 공예학

DAY 02

Workers are paving the surface of the road.

인부들이 도로 포장을 하고 있어요.

Day02.mp3

0056	**slip** [slip]	톰 미끄러지다, 실수하다 슬리퍼를 신을 땐 미끄러질 수 있으니 주의해야 해요. ⊕ **slippery** 톈 미끄러운

0057	**slope** [sloup]	뗑 경사면 스키 리조트에서 **슬로프** 타면 신나겠죠? – slope는 slip(미끄러지다)과 의미/모양이 가까운 **경사면**(slope) 입니다.

0058	**face** [feis]	뗑 얼굴, 표면 톰 직면하다, 맞서다 포커 **페이스** – 속마음을 나타내지 않는 얼굴, 페이스북

0059	**surface** [sə́:rfis]	뗑 겉 표면, 외관 물건에도 얼굴이 있을까요? – 위(sur → sun 연상)와 얼굴(face)이 결합되면 **겉 표면/외관**(surface)이 되지요.

0060	**preface** [préfis]	뗑 서문, 머리말 책에도 얼굴이 있을까요? – 앞(pre)과 얼굴(face)이 결합되면 책의 제일 앞에 오는 **서문**(preface)이 됩니다.

0061	**flour** [fláuər]	뗑 밀가루 밀꽃(flower)이 피었다 지면 밀이 익고 이것이 **밀가루**(flour)가 되지요.

0062	**flourish** [flə́:riʃ]	톰 번영하다 제분소에서 밀가루(flour)를 많이 팔면 **번영하겠죠** (flourish).

"한 단어당 **10초**씩 읽어 보세요."

 목표 시간: **15분**

 걸린 시간: 분

0063 chief
[tʃiːf]

명 우두머리, 장, 추장 형 주된

치프 매니저, 가장 높은 직급이나 계급의 사람을 치프(chief)라고 하죠.

➕ **achieve** 동 성취하다 → 치프(chief)가 되려는 목표를 성취하셨군요(achieve). **achievement** 명 성취, 업적, 달성

0064 mischief
[místʃif]

명 장난, (살짝) 나쁜 짓, 해악

인디언 추장(chief)도 가끔은 **장난**(mischief)을 칠 거예요.

➕ **mischievous** 형 해를 끼치는, 유해한

쉽게 풀어낸 어원

강력한 팔(arm)은 무기가 될 수도 있겠죠?
arm은 **무기**라는 의미가 있습니다.

0065 arms
[aːrmz]

명 무기

➕ **armament** 명 무기, 군사력, 군비 확충 **disarmament**
명 무장해제, 군비 축소 → 벗어난(dis) + 무기(arm)

0066 army
[áːrmi]

명 군대

군대(army)에서 군인들이 팔(arm)을 높이 흔들며 걷죠.

➕ **armor** 명 갑옷

0067 alarm
[əláːrm]

동 놀라게 하다 명 경보, 알람

세상에서 가장 무서운 무기가 알람 시계?
– 모두(all)와 무기(arms → arm)가 결합하면
놀라게 하다/경보/알람(alarm)이 됩니다.

0068 calamity
[kəlǽməti]

함께 익혀요
명 재난, 불행

경보(alarm)를 울려서 **재난**(calamity) 발생을 알리다

0069 fiery
[fáiəri]

형 불의, 열렬한
fire(불)에서 파생한 fiery(**불의**)

0070 fierce
[fiərs]

형 사나운, 격렬한
성난 불의(fiery) 이글거리는 모습은 정말 **사납죠**(fierce).

0071 fury
[fjúəri]

명 분노, 격노
마음속이 불(fire)처럼 부글부글 끓을 때 느끼는 감정이
분노/격노(fury)죠.
➕ furious 형 격노한, 격렬한

0072 fever
[fíːvər]

명 열
전 세계를 열광시킨 김연아 **피버**(fever)
– fever는 불(fe → fire)에 의해 뜨거워진 열(fever)을
뜻해요.
함께익혀요 beverage 명 음료 → 몸이 열(fever)로 뜨거워지면
시원한 음료(beverage)를 마셔요.

0073 confirm
[kənfə́ːrm]

동 확증하다, 확인하다
예약 컨펌 – 예약 확인, 컴펌을 받다 – 확인을 받다
함께익혀요 firm 형 확고한, 굳은, 단단한 명 회사

0074 affirm
[əfə́ːrm]

동 단언하다, 확정하다
confirm(확인하다)의 유의어인 affirm(**확정하다**)
➕ affirmative 형 긍정의, 찬성하는

0075 complex
형 [kəmpléks] 명 [kámpleks]

형 복잡한 명 복합단지, 콤플렉스, 열등감
외모 **콤플렉스**, 스포츠 콤플렉스 – 종합 운동장

0076 complicated
[kámpləkèitid]

형 복잡한
complex(복잡한)의 유의어인 complicated(**복잡한**)
➕ complication 명 합병증, 복잡

쉽게 풀어낸 어원

'자동으로 가는 자전거'를 의미하는 오토바이(autobike).
auto는 **자기 스스로, 저절로**라는 뜻입니다

0077 autograph
[ɔ́:tougræf]

📖 자필, 서명 📖 서명하다
자기 스스로(auto)와 그리다/쓰다(graph)가 결합하면
자필/서명/서명하다(autograph)가 됩니다.

0078 autobiography
[ɔ̀:təbaiágrəfi]

📖 자서전
자기 스스로(auto)와 생(生, bio)과 쓰다(graph)가
합쳐져서 **자서전**(autobiography)이 됩니다.
➕ **biography** 📖 전기(傳記), 일대기 → 김연아 바이오그래피

0079 foundation
[faundéiʃən]

📖 재단, 토대, 기초, (화장품) 파운데이션
박지성 축구재단의 이름인 JS **파운데이션**
기초 색조 화장품 파운데이션
➕ **found** 📖 설립하다, 세우다

0080 profound
[prəfáund]

📖 깊은, 심오한
열공해서 학문의 **심오한**(profound) 기초(foundation)
를 닦읍시다.

0081 fortune
[fɔ́:rtʃən]

📖 행운, 재산
포춘 쿠키 – 속에 운세가 적힌 쪽지가 들어 있는 쿠키
➕ **unfortunate** 📖 불운한 **misfortune** 📖 불운

0082 opportunity
[àpərtjú:nəti]

📖 기회
화성 탐사 로봇 **오퍼튜니티**
– 오(o~)와 행운(portun → fortune)을 연결지으면
기회(opportunity)가 돼요.

0083 fancy
[fǽnsi]

📖 좋아함, 공상 📖 상상하다
팬시점, 팬시 문구

쉽게 풀어낸 어원

연예인 스타,
성경에서 유대인을 구한 별 에스더.
– **star**와 **aster**는 모두 **별**을 뜻하지요.

0084 **star**
[staːr]

명 별, 항성, 별 모양
⊕ **stellar** 형 별의

0085 **stare**
[stɛər]

함께 익혀요
명 응시 동 쳐다보다
밤하늘의 별(star)을 **쳐다보면**(stare) 정말로 아름답죠.

0086 **starve**
[staːrv]

함께 익혀요
동 굶어 죽다, 갈망하다
우주에는 얼마나 많은 별이 있을까요?
– 수많은 별(star)을 다 세다간 **굶어 죽을지도**(starve)
몰라요.
⊕ **starvation** 명 굶주림, 기아

0087 **astrology**
[əstrάlədʒi]

명 점성술
별(astro)을 사람의 인생과 연관 지어 연구하는 학문(logy)
이 **점성술**(astrology)이죠.

0088 **disaster**
[dizǽstər]

명 재앙, 재해, 불행
하늘의 별이 사라지는 건 재앙이겠죠.
– 멀리(dis)와 별(aster)이 결합하면 **재앙/재해/불행**
(disaster)이 됩니다.
⊕ **disastrous** 형 비참한

0089 **satellite**
[sǽtəlàit]

명 위성, 인공위성(= artificial satellite)
밤하늘에 별(satel → aster)처럼 빛(lite → light)을 내는
인공위성(satellite)

0090 **stubborn**
[stʌ́bərn]

함께 익혀요
형 완고한, 고집 센
너는 어느 별(stu → star)에서 태어났길래(born) 그렇게
고집이 세니(stubborn)?

0091 sterile
[stéril]

함께 익혀요
형 메마른, 불모의, 헛된
물이 없는 별(star)은 메마른(sterile) 곳일 거예요.

0092 foster
[fɔ́ːstər]

함께 익혀요
동 기르다, 촉진시키다 명 육성
4명(fo → four)의 스타(ster → star)를 길러낸(foster)
위대한 어머니 연상

0093 fantastic
[fæntǽstik]

형 환상적인, 공상적인, 굉장한
판타스틱하다 – 환상적이다, 기뻐할 '환(歡)' 연상
➕ fantasy 명 공상, 상상, 환상 → 판타지 소설, 판타지 영화

0094 orphan
[ɔ́ːrfən]

명 고아 형 고아의
판타스틱한 환상에서 벗어난(off) 고아 연상
– 벗어난(off)과 환상(phan)이 결합하여 고아(orphan)가
됩니다.
➕ orphanage 명 고아원

0095 dim
[dim]

형 흐릿한, 어두한
댐(dam) 주변은 안개가 껴서 흐릿해요(dim).

0096 utilize
[júːtəlàiz]

동 이용하다
use(이용하다)의 유의어인 utilize(이용하다)
➕ utility 명 효용, 공공요금, 공공시설 → 전기 유틸리티, 컴퓨터
유틸리티, 유틸리티 다운로드
함께 익혀요 utensil 명 가정용품, 식기, 기구

0097 dormitory
[dɔ́ːrmətɔ̀ːri]

명 기숙사, 공동 침실
기숙사형 숙소를 도미토리라고 하죠.
– 기숙사 식당에서 반찬으로 나온 생선 도미 연상
➕ dormant 형 잠자는

0098 fuel
[fjúːəl]

명 연료
주유소에 가서 연료(fuel)를 가득(full) 채우다

쉽게 풀어낸 어원

자동차 오디오(audio) & 가수 오디션(audition).
aud는 듣다를 뜻합니다

0099	**audio** [ɔ́:diòu]	몡 오디오, 음향기계 혱 음성의 ➕ **audition** 몡 오디션 → 높은 경쟁률을 뚫고 오디션에 합격하다
0100	**audience** [ɔ́:diəns]	몡 청중, 관객 공연/강연을 들으러(aud) 온 **청중/관객**(audience)
0101	**audible** [ɔ́:dəbl]	혱 들을 수 있는, 들리는 듣다(aud)와 할 수 있는(ible)이 결합되면 **들을 수 있는/들리는**(audible)이 됩니다. ➕ **auditory** 혱 청각의, 귀의 **audit** 통 (대학 강의) 청강하다, 회계감사하다 몡 회계감사
0102	**auditorium** [ɔ̀:ditɔ́:riəm]	몡 강당, 청중석 듣다(aud)와 장소 접미사(rium)가 결합하여 듣는 장소인 **강당/청중석**(auditorium)이 됩니다.
0103	**aural** [ɔ́:rəl]	혱 귀의, 청각의 듣다(aur → aud)에서 유래된 **귀의/청각의**(aural) 함께 익혀요 **oral** 혱 입의, 구두의 → 오럴케어 – 구강 관리 **orator** 몡 웅변가
0104	**faith** [feiθ]	몡 믿음, 신념 **믿음**(faith)이 가는 얼굴(face) ➕ **faithful** 혱 충실한
0105	**fine** [fain]	혱 멋진, 훌륭한, 날씨가 맑은 몡 벌금 fine day – **좋은 날** – 좋은(fine) 사회를 위해서는 때론 벌금(fine)도 필요하죠.

0106 interfere
[íntərfíər]

동 간섭하다, 방해하다
인터뷰(interview) 중이니까 **방해하지**(interfere) 마세요.

0107 frame
[freim]

명 프레임, 틀, 뼈대, 구조 동 형성하다
프레임에 갇혀 있다
➕ framework 명 틀, 뼈대

0108 perfume
[pə́ːrfjuːm]

명 향수, 향기
향수보다 은은한 **퍼퓸** 샴푸
함께 익혀요 fume 명 연기, 가스 → 향수(perfume) 냄새는 연기 (fume)처럼 사방에 퍼지죠.

0109 giant
[dʒáiənt]

명 거인
(야구) 롯데 **자이언츠** – 거인 구단
➕ gigantic 형 거대한

0110 tenant
[ténənt]

명 세입자, 임차인, 소작인, 주민
세입자(tenant)가 가져온 텐트(tent) 연상

0111 beckon
[békən]

동 손짓 따위로 부르다, 신호하다
뒤(back)에서 손짓으로 **부르다**(beckon)

0112 equipment
[ikwípmənt]

명 장치, 방비
마운틴 **이큅먼트** – 등산 장비, 캠핑 이큅먼트 – 캠핑 장비
➕ equip 동 갖추다, 장비를 갖추다

0113 ware
[wɛər]

명 제품, 상품
하드웨어 vs. 소프트웨어
➕ warehouse 명 창고, 도매점

0114 aware
[əwɛ́ər]

형 알고 있는, 인지하는
깨어 있으면(wake) 돌아가는 상황을 **알고 있겠죠** (aware)?

DAY 03

The candidates had a debate on current issues.

후보자들이 현안들에 대해 토론했어요.

▶ Day03.mp3

쉽게 풀어낸 어원

야구 배트는 공을 때려 쳐내는 도구죠.
이처럼 **bat**는 때리다를 뜻합니다.

0115 **bat**
[bæt]

몡 방망이, 박쥐 통 치다
야구 **배트** – 야구 방망이, 배트맨 – 박쥐 인간
➕ batter 몡 타자 통 두들기다

0116 **combat**
[kámbæt]

몡 전투
전투(combat)가 벌어지면 군인들이 다 같이(com)
적진을 때려 부수지요(bat).
➕ combatant 몡 전투원

0117 **debate**
[dibéit]

통 논쟁하다, 토론하다 몡 논쟁, 토론
말싸움을 하다가 몹시 화가 나면 애꿎은 땅바닥만 발로 차죠.
– 아래(de = down)와 때리다(bat)가 결합되어 말로
논쟁하다/토론하다/논쟁/토론(debate)이 됩니다.

0118 **shatter**
[ʃǽtər]

함께 익혀요
통 산산이 부수다, 파괴하다 몡 파괴, 파편
화가 난 타자(batter)가 야구 방망이를
산산이 부수네요(shatter)!

0119 **scatter**
[skǽtər]

함께 익혀요
통 흩어버리다, 뿌리다
산산이 부순(shatter) 야구 방망이 조각을 관중석으로
뿌리면(scatter) 곤란하겠죠?

0120 **executive**
[igzékjutiv]

혱 집행하는, 관리직의, 고가의 몡 집행부, 경영진
이그제큐티브 룸/라운지 – 호텔의 고급 객실/라운지
➕ execute 통 실행하다, 사형을 집행하다 → 경영진(executive)
이 사업을 실행하지요(execute).

"한 단어당 **10초**씩 읽어 보세요."

 목표 시간: **15분**

걸린 시간: **분**

0121

loose
[lu:s]

형 느슨한, 헐거운
루스하고 느슨한 스케줄
게임이 루스하다 – 게임이 긴장감이 없고 느슨하다
➕ **loosen** 동 늦추다, 느슨해지다, 풀다

0122

lose
[lu:z]

동 분실하다, 잃다, 지다(-lost-lost)
지갑이 느슨하면(loose) 돈을 **잃어버리겠죠**(lose).
➕ **loser** 명 패배자

0123

tight
[tait]

형 꼭 끼는, 팽팽한, 단단한
타이트한 옷을 입으면 몸에 꼭 끼는 느낌이죠?
타이트한 밀착 패션

0124

identify
[aidéntəfài]

동 신원을 확인하다, 동일시하다
동일한 사람인지 확인하는 **ID** 카드(identification card)
➕ **identical** 형 동일한, 일란성의(= identic)

0125

identity
[aidéntəti]

명 신원일치, 동일성, 정체성
(영화) 본 **아이덴티티** – 자신의 정체성을 망각한 스파이 이야기

0126

head
[hed]

명 머리, 우두머리 동 나아가다
헤드폰, (축구) 헤딩 – 머리로 골 넣기

0127

headache
[hédeik]

명 두통, 골칫거리
머리(head) + 통증(ache)
➕ **ache** 명 통증 동 아프다 → 통증(ache)이 있을 땐 에이스 침대에서 자고 나면 개운해지나요?

쉽게 풀어낸 어원

헤어밴드나 고무밴드는 무언가를 고정하는 데 쓰이죠.
band는 묶다의 의미가 있습니다.

0128

band
[bænd]

동 묶다 명 띠, 밴드, 음악대
헤어**밴드**, 고무 밴드, 록 밴드

0129

bandage
[bǽndidʒ]

명 붕대 동 붕대로 감다
대일밴드(band)보다 큰 **붕대**(bandage)

0130

abandon
[əbǽndən]

함께 익혀요
동 버리다
물건을 **버릴**(abandon) 때는 잘 묶어서(band) 버리세요.

0131

ban
[bæn]

함께 익혀요
동 금지하다 명 금지
흉악범을 꽁꽁 묶어서(band) 도망가는 것을 **금지하다**(ban)
➕ **banish** 동 추방하다 → 추방하는(banish) 것은 국내로
들어오는 것을 금지하는(ban) 것이죠.

0132

bend
[bend]

함께 익혀요
동 구부리다, 휘다
고무 밴드(band)는 잘 **휘어지지요**(bend).
➕ **bent** 명 경향 형 구부러진

0133

bundle
[bʌ́ndl]

명 묶음, 다발
bundle은 band(묶다)에서 파생하여 **묶음/다발**(bundle)
을 뜻하지요.

0134

husband
[hʌ́zbənd]

함께 익혀요
명 남편
남편은 집(house)을 묶어주는(band) 기둥이라고 할 수 있죠.
– 하우스 **허즈번드** – 집안일을 하는 남편
함께 익혀요 **wife** 명 아내, 부인, 처

0135

letter
[létər]

명 글자, 편지, 문학(letters)

러브 레터 – 사랑의 편지

➕ literal 형 글자의

0136

literate
[lítərət]

형 박식한

책(글자)을 씹어먹을 정도로 열심히 학문을 연마하는 모습 연상 – 글자(liter)와 먹었다(ate)가 결합하여 **박식한**(literate)이 됩니다.

➕ illiterate 형 문맹의, 읽고 쓰기를 못하는 → 부정의 의미 il literary 형 문학의 literature 명 문학

0137

agitate
[ǽdʒitèit]

동 선동하다, 동요시키다

아지트(agit)에 모여서 범죄를 **선동하다**(agitate)

0138

irritate
[írətèit]

동 화나게 하다, 짜증나게 하다

irritate(**화나게 하다/짜증나게 하다**)는 agitate (선동하다)와 모양도 비슷하고, 둘 다 사람의 감정을 흔드는 말이네요.

0139

habit
[hǽbit]

명 습관, 습성, 기질

사람들이 저마다 갖고(hav → have) 있는 그것(it)이 **습관**(habit)이죠.

➕ habitual 형 습관적인

0140

habitation
[hæ̀bitéiʃən]

명 거주지, 거소, 주거

알래스카 & 열대지방 **거주지** – 거주지(habitation)마다 나름의 독특한 생활 습관 (habit)이 있겠죠?

➕ habitat 명 거주지, 서식지

0141

inhabit
[inhǽbit]

동 살다, 거주하다

거주지(habitat) 안(in)에서 **살다**(inhabit)

➕ inhabitant 명 주민

쉽게 풀어낸 어원

고기를 막대기에 끼워 굽는 바비큐(barbecue),
시위대를 막는 막대기 모양의 바리케이드(barricade).
bar는 **막대기**를 뜻합니다.

0142 **bar** [ba:r]	명 막대기, 법정, 술집 동 금지하다, 가로막다 아이스**바**, 바텐더
0143 **barrier** [bǽriər]	명 장애물, 장벽 막대기(bar)를 쌓아서 **장벽**(barrier)을 만들다
0144 **barren** [bǽrən]	형 불모의, 쓸모없는, 메마른, 황폐한 들판에 막대기(bar)만 꽂혀 있다면 **메마른**(barren) 땅이 겠지요.
0145 **barbarian** [ba:rbέəriən]	명 야만인 형 야만적인, 잔인한 **원시인**(barbarian)이 막대기(bar)를 두 개씩 들고 사냥하러 다니는 모습 연상 ➕ **barbaric** 형 야만의, 미개한
0146 **barber** [bɑ́:rbər]	함께 익혀요 명 이발사 막대기(bar)를 든 원시인의 긴 머리를 잘라주는 사람(er)이 **이발사**(barber)인가요?
0147 **barter** [bɑ́:rtər]	명 물물교환 동 교환하다 개울을 사이에 두고 서로 **물물교환**(barter)을 하려면 긴 막대기(bar)라도 있어야겠죠.
0148 **embarrass** [imbǽrəs]	동 당황하게 하다, 혼란시키다 갑자기 막대기(bar)로 막 휘저으면 상대방을 **당황스럽게 하겠죠**(embarrass). ➕ **embarrassment** 명 당황

쉽게 풀어낸 어원

노래 최저음 베이스(bass),
가장 낮은 소리를 내는 현악기인 콘트라베이스.
이때의 **bas**는 기본, 바닥을 뜻하지요.

0149 **base**
[beis]

명 토대, 기지, 기초 동 기초를 놓다

야구 1루 **베이스**

등산할 때에 근거지로 삼는 곳을 베이스 캠프라고 하죠.

➕ **basis** 명 기초, 근거(복수형 bases)

0150 **basement**
[béismənt]

명 지하실

집의 바닥(bas)이 **지하실**(basement)이죠.

0151 **junior**
[dʒúːnjər]

형 나이 어린, 손아래의 명 후배

주니어 의류 – 아동/청소년용 의류

0152 **senior**
[síːnjər]

형 손위의 명 선배, 연장자

주니어 vs. **시니어** – 후배 vs. 선배,
시니어 일자리 – 노인 일자리, 시니어 모델 – 노인 모델

0153 **luxury**
[lʌkʃəri]

명 사치품, 호사

럭셔리 하우스, 럭셔리 핸드백

➕ **luxurious** 형 사치스러운, 호화로운

0154 **deluxe**
[dəlʌks]

형 호화로운, 사치스러운

(호텔) **디럭스** 룸 – 보통 수준의 객실(스탠더드 룸)보다
한 단계 더 고급스러운 객실

쉽게 풀어낸 어원

전쟁이 나면 군대 막사에 벨(bell)이 요란하게 울리겠죠?
bel은 전쟁을 뜻합니다.

0155
rebel
동 [ribél] 명 형 [rébəl]

동 반역하다 명 반역자 형 반역의
등 뒤에 비수를 꽂는 것이 반역이죠.
– 뒤(re)와 전쟁(bel)이 결합되어 **반역하다/반역자**
(rebel)가 됩니다.
➕ **rebellion** 명 반란, 폭동

0156
bellicose
[bélikòus]

형 호전적인
전쟁(bel)을 좋아하는 **호전적인**(bellicose) 사람

0157
geography
[dʒiágrəfi]

명 지리, 지형
(TV 다큐멘터리) 내셔널 **지오그래픽**
– 땅(지(地), geo)과 그래프(graph)가 결합하여 지리
(geography)가 됩니다.

0158
remedy
[rémədi]

명 치료, 요법 동 고치다
건강했던 사람이 병에 걸리면 다시(re) 의학의(medical)
도움을 받아 **치료해야죠**(remedy).
➕ **medical** 형 의학의 → 메디컬 드라마 – 의학 드라마, 메디컬
센터 – 의료 센터

0159
alcoholic
[ælkəhɔ́:lik]

명 알코올 중독자 형 알코올의
알코올(alcohol) + 중독자(holic)
➕ **alcohol** 명 알코올, 술
함께 익혀요 **workaholic** 명 일 중독자

0160
hostile
[hástl]

형 적대적인, 비우호적인
(냉전 시대 미국과 (구) 소련의) **호스타일** 정책 – 적대 정책
➕ **hostility** 명 적대, 적개심

0161
elegance
[éligəns]

명 우아함, 기품
엘레강스하다 – 우아하다
➕ **elegant** 형 고상한, 우아한

0162 grave
[greiv]

명 무덤 형 무거운, 중대한
(영화) **그레이브**야드 – 무덤을 배경으로 한 무시무시한
이야기
➕ **graveyard** 명 묘지

0163 gravity
[grǽvəti]

명 중력, 인력
무거운(grave) 물체는 **중력**(gravity)에 의해 아래로 떨어지죠.
➕ **gravitation** 명 중력, 인력

0164 grief
[gri:f]

명 슬픔
묘지(grave)에 가면 슬픔(grief)을 느끼게 되는 상황 연상
– grief는 grave(무덤)의 사촌뻘로 **슬픔**(grief)을 뜻합니다.
➕ **grieve** 동 슬퍼하다, 슬프게 하다

0165 host
[houst]

명 남자 주인 동 주최하다, 접대하다
홈쇼핑 쇼**호스트**
➕ **hostess** 명 여자 주인

0166 ghost
[goust]

명 유령
고스트 하우스 – 유령의 집
– 고스트(ghost)는 무덤의 주인(host)인가요?
함께 익혀요 **disgust** 명 혐오, 역겨움 동 불쾌하게 하다 → 유령(ghost)
은 기분을 불쾌하게 하지요(disgust). **disgusting** 형 메스꺼운, 정말
로 싫은

0167 gust
[gʌst]

명 질풍, 돌풍
유령(ghost)이 지나가면서 **돌풍**(gust)을 일으키다

0168 juvenile
[dʒúːvənl]

형 청소년의, 젊은
청소년(juvenile) 시절에는 학교에서 주번 활동을 하죠.

0169 menace
[ménis]

명 협박 동 협박하다
사람들(men)이 갑자기 우르르 몰려오면 **협박**(menace)
처럼 느껴질지도 몰라요.

My expenses exceeded my income.
제 지출이 수입을 초과했어요.

Day04.mp3

0170 **maid**
[meid]

몡 아가씨, 소녀, 하녀

룸메이드 – 호텔 룸을 정리정돈하는 호텔 종업원

0171 **aid**
[eid]

몡 도움 통 도와주다

하녀(maid)는 주인에게 **도움**(aid)을 주지요.

➕ **first-aid kit** 몡 구급상자(응급환자에게 제일 먼저 도움을 주는 상자)

0172 **grace**
[greis]

몡 은혜, 자비

그레이스 자동차는 신의 은총을 받은 사람만 타나요?

➕ **gracious** 혱 은총이 넘치는, 상냥한, 우아한
disgrace 몡 불명예, 창피 **disgraceful** 혱 불명예스러운

0173 **congratulation**
[kəngrǽtʃuléiʃən]

몡 축하

콩그레츄레이션(Congratulations) – 축하합니다!

➕ **congratulate** 통 축하하다

0174 **gratitude**
[grǽtətjùːd]

몡 감사

축하(congratulation)가 있는 곳엔 언제나 **감사**
(gratitude)가 있겠죠.

0175 **maximum**
[mǽksəməm]

몡 최대

맥시멈 스피드 – 최대 속력

0176 **maxim**
[mǽksim]

몡 격언, 행동 원리

가장 큰(위대한, max) 말이 **격언**(maxim)이지요.

"한 단어당 10초씩 읽어 보세요."

 목표 시간: 15분

 걸린 시간: 분

쉽게 풀어낸 어원 cess/ceed ①

우리가 몸에 착용하는 액세서리(accessory)는
우리가 어딜 가든 함께 가죠.
cess 또는 **ceed**는 **가다**라는 뜻이 있어요.

0177
access
[ǽkses]

몡 접근 통 접속하다

(인터넷) **액세스**가 거부되었습니다. – 접근이 거부되었습니다.
– 접근(access)은 가까이 가다(cess)를 의미하지요.

0178
process
[prάses]

몡 진행, 경과, 프로세스

업무 **프로세스**

– 앞으로(pro)와 가다(cess)가 결합하여 진행/경과/
프로세스(process)가 됩니다.

➕ **proceed** 통 나아가다, 계속하다
procedure 몡 진행, 순서, 절차

0179
exceed
[iksíːd]

통 초과하다, 능가하다

달걀 껍데기를 깨고 밖으로(ex) 나온 병아리 연상
– exceed는 밖으로(ex)와 가다(cess)가 결합되어
초과하다/능가하다(exceed)를 뜻합니다.

➕ **excess** 몡 [iksés] 초과, 과잉 혱 [ékses] 초과한, 여분의
excessive 혱 지나친, 과도한

0180
recede
[risíːd]

통 물러가다, 후퇴하다

뒤로(re)와 가다(cede)가 결합한 **후퇴하다**(recede)

➕ **recess** 몡 휴식기간, 휴가, 휴업

0181
concede
[kənsíːd]

통 시인하다, 인정하다, 양보하다

늘 양심과 같이(con) 가는(cede) 사람이라면 잘못도 쉽게
시인하겠죠(concede).

0182 angry
[ǽŋgri]

형 화가 난, 성난
게임 〈앵그리 버드〉에는 화난 새가 등장하죠.
➕ anger 명 화, 분노

0183 danger
[déindʒər]

명 위험
화(anger)를 내면 건강에 **위험**(danger)해요.
스트레스는 몸에 해로우니까요.
➕ dangerous 형 위험한 endanger 동 위험에 빠뜨리다

0184 commission
[kəmíʃən]

명 수수료, 커미션, 위임
(무역) **커미션** – 중개 수수료, 영업 커미션 – 영업 수수료

0185 commit
[kəmít]

동 저지르다, 헌신하다, 맡기다
어떤 사람들은 범죄를 **저지르고**(commit)
커미션(commission)을 받기도 하죠.
➕ commitment 명 약속, 헌신

0186 eminent
[émənənt]

형 저명한, 뛰어난
세상의 모든 에미(어머니)는 **뛰어난**(eminent) 분이에요.

0187 prominent
[prάmənənt]

형 저명한, 눈에 띄는
prominent(**저명한/눈에 띄는**)와 eminent(저명한/
뛰어난)는 형태는 물론 의미까지 매우 유사하지요.

0188 mop
[map]

명 대걸레, 걸레질 동 청소하다
농구장의 **마핑**보이 또는 마핑걸은 경기장 바닥에 묻은 땀을
닦아 주는 사람

0189 mob
[mab]

명 폭도, 군중
폭도(mob)들이 대걸레(mop)를 들고 다니는 모습 연상
함께 익혀요 mock 동 비웃다, 조롱하다 명 조롱

우리가 몸에 착용하는 액세서리(accessory)는
우리가 어딜 가든 함께 가죠.
cess 또는 **ceed**는 **가다**라는 뜻이 있어요.

0190
necessary
[nésəsèri]

혱 필요한, 필수의

정말 필요한 것은 놓고 갈 수 없죠.
– 부정의 의미(ne → not)와 가다(cess)가 결합되어 (놓고)
갈 수 없을 정도로 **필요한/필수의**(necessary)가 됩니다.

➕ necessity 몡 필요, 필수, 필수품

0191
ancestor
[ǽnsestər]

몡 조상, 선조

전에(an → anti)와 가다(ces → cess)와 사람(or)이 결합되
어 먼저 돌아가신 **조상/선조**(ancestor)가 됩니다.

➕ ancient 혱 고대의, 옛날의 [함께 익혀요] antique 혱 고대의 몡
골동품, 앤티크 → 앤티크 인테리어 antiquity 몡 고대, 낡음

0192
archaeology
[à:rkiálədʒi]

[함께 익혀요]
몡 고고학

전에(arch → anti)와 학문(logy)이 결합되면 옛날 학문인
고고학(archaeology)이 됩니다.

0193
succeed
[səksí:d]

동 계승하다, 성공하다

누군가의 위대한 업적을 물려받으려면 그 사람 아래로 가야
해요.
– 아래(sus → subway 연상)와 가다(ceed)가 연계되어
계승하다/성공하다(succeed)가 됩니다.

➕ success 몡 성공 successful 혱 성공한 successive
혱 연속적인 succession 몡 계승, 연속 → 성공한 것은 계승
해야죠. successor 몡 후배, 후계자

0194
precede
[prisí:d]

동 ~보다 앞서다

미리(pre)와 가다(cede)가 결합된 **~보다 앞서다**
(precede)

➕ predecessor 몡 전임자, 선배, 선조
unprecedented 혱 유례없는, 전례 없는 → 부정의 의미(un) +
전에(pre) + 가다(cede)

쉽게 풀어낸 어원

야구 캡, 샤워 캡처럼 머리에 쓰는 것을 캡(cap)이라고 하지요.
이처럼 **cap은 머리, 모자를** 뜻합니다.

0195 **captain**
[kǽptən]

몡 우두머리, 장, 선장, 육군 대위
캡틴 잭스패로 – 영화 〈캐리비안 해적〉의 선장
캡틴 박지성 – 주장 박지성
– captain은 cap(머리)에서 파생된 단어죠.

0196 **capital**
[kǽpətl]

몡 수도, 자본, 대문자 혱 중요한
벤처 **캐피탈**
– capital은 cap(머리)에서 유래하여 국가의 가장 중요한
도시인 수도/자본/대문자/중요한(capital)을 뜻합니다.

0197 **capable**
[kéipəbl]

혱 할 수 있는, 유능한
일을 할 땐 머리를 잘 써야 잘할 수 있어요.
– 머리(cap)와 할 수 있는(able)이 결합된
할 수 있는/유능한(capable)
➕ incapable 혱 ~할 수 없는 capacity 몡 용량, 수용력, 능력

0198 **promise**
[prámis]

몡 약속 동 약속하다
(구약 성경) **프라미스** 랜드 – 약속의 땅
함께 익혀요 compromise 몡 타협 동 타협하다 → 서로 양보하고
같이(com) 약속하는(promise) 것이 타협(compromise)이죠.

0199 **committee**
[kəmíti]

몡 위원회
농식품 위생 & 안전 **커미티** 발족
(한전) 원전 리더십 커미티 개최

0200 **mortgage**
[mɔ́:rgidʒ]

몡 저당권, 주택 융자
모기지론(mortgage loan) – 부동산을 담보로 장기주택자
금을 대출해 주는 제도

0201 **mortal**
[mɔ́:rtl]

혱 죽을 운명의
죽을 운명의(mortal) 말기 환자는 모르핀 주사를 맞기도
하죠.
➕ immortal 혱 불멸의, 불사의 → 부정의 의미 im

0202 mammal
[mǽməl]

명 포유동물

엄마(mam)의 젖을 먹고 자라는 **포유동물**(mammal)

0203 commute
[kəmjúːt]

명 통근 통 통근하다, 바꾸다

회사에 **통근할까요**(commute), 아니면
컴퓨터(computer)로 재택근무 할까요?

➕ commuter 명 통근자 형 통근의
함께 익혀요 mutation 명 변형, 돌연변이

0204 peasant
[péznt]

명 영세 농민, 소작농

땅콩(peanut) 심는 **농부**(peasant)

0205 automatic
[ɔ̀ːtəmǽtik]

형 자동적인, 기계적인

오토매틱 기계장치
오토매틱 드라이브 – 자동 변속기에 의한 자동차 운전

➕ automation 명 자동 조작

0206 arithmetic
[əríθmətik]

명 산수, 셈

고대 그리스의 철학자 아리스토텔레스는 논리학과
셈(arithmetic)의 천재였죠.

0207 microbe
[máikroub]

명 세균

아주 작은(micro)과 존재를 뜻하는 be가 결합하여
세균(microbe)이 되지요.

0208 pave
[peiv]

통 포장하다, 덮다

도로를 **포장하면**(pave) 구불구불한 웨이브(wave)가
없어지고 평평해져요.

➕ pavement 명 포장도로, 보도, 인도
함께 익혀요 wave 명 물결, 파장, 곡선 모양 머리칼

0209 destiny
[déstəni]

명 운명

학생에게 책상(desk)은 **운명**(destiny)이니 열심히
공부합시다.

함께 익혀요 destination 명 운명, 목표, 목적지

쉽게 풀어낸 어원

보너스(bonus)를 받거나
특별한 혜택(베네핏, benefit)이 주어지면 좋겠죠?
bon 또는 **bene**는 좋은 기분을 뜻합니다.

0210
benefit
[bénəfit]

명 혜택, 이익　동 이익이 되다
봉사활동을 하면 여러 사람에게 **베네핏**이 있지요.

함께 익혀요 **profit** 명 이익, 이자　동 이익을 얻다
incentive 명 인센티브, 격려, 장려금

0211
beneficial
[bènəfíʃəl]

형 유익한, 이로운
좋은(bene)과 만들다(fic → 물건을 만드는 factory 연상)
를 연관지으면 **유익한**(beneficial)이 됩니다.

0212
benefactor
[bénəfæktər]

명 은인, 후원자, 자선가
좋은(bene)과 만들다(fac)와 사람 접미사(or)가 결합하면
은인/후원자(benefactor)가 되지요.

0213
paradox
[pǽrədàks]

명 역설
삶의 **패러독스** – 삶의 역설

0214
paradigm
[pǽrədàim]

명 패러다임, 전형, 모범
복지국가 **패러다임**, 건축의 새 패러다임
– 패러다임(paradigm)은 한 시대의 사람들의 견해나
사고를 규정하는 인식의 체계를 말합니다.

0215
alter
[ɔ́:ltər]

동 바꾸다, 변경하다
컴퓨터 키보드에 있는 Alt 키(변경 키)

➕ **alternate** 동 번갈아하다, 교대시키다　형 교대로 하는
명 교체자 **alternative** 명 선택, 대안　형 대안의

0216
Atlantic
[ætlǽntik]

명 대서양　형 대서양의
아틀란티스 – 대서양에 잠겼다는 전설상의 국가
(미국) 애틀랜틱 시티 – 대서양을 품은 도시

0217 recognize
[rékəgnàiz]

동 알아차리다, 분간하다, 인정하다
(성형 수술 후) 네 코구나 하고 알아차리면(recognize)
할 수 없이 인정해야겠죠?
➕ **recognition** 명 인지, 인정 **cognitive** 형 인식의, 인지력 있는

0218 diagnose
[dáiəgnòus]

동 진단하다
의사가 **진단할**(diagnose) 때 코(nose)로 냄새를 맡기도
하나요?
➕ **diagnosis** 명 진찰, 진단

0219 announce
[ənáuns]

동 알리다, 공표하다
아나운서(announcer) – 뉴스를 알리는 사람

0220 renounce
[rináuns]

동 포기하다, 단념하다, 부인하다
곤란할 때 뒤로(re) 기어 들어가듯이 말하는 상황 연상
– 뒤로(re)와 알리다(nounce → announce)가 결합하면
포기하다/부인하다(renounce)가 되지요.

0221 pace
[peis]

명 걸음걸이, 보폭, 속도
너의 **페이스**를 잃지 마, 오버 페이스

0222 brain
[brein]

명 뇌
브레인 스토밍 – 여러 사람이 회의를 통해 뇌를 활성화시켜
아이디어를 구상하는 방법
브레인 푸드 – 뇌에 좋은 음식

0223 harbor
[háːrbər]

명 항구
홍콩 **하버** 시티, 보스턴 하버 근처의 하버드 대학교

0224 lease
[liːs]

명 임대차 계약 동 임대하다
기계, 설비 따위를 임대하는 제도를 **리스**라고 하죠.
리스 회사, 차량 리스

DAY 05

Photography is prohibited during the performance.

공연 중에는 사진촬영을 금합니다.

 Day05.mp3

쉽게 풀어낸 어원

배구에서 상대방의 서브를 '다시(re) 잡는 것을 '리시브(receive)'라고 하죠.
이때의 **ceive**에는 **잡다**라는 의미가 있습니다.

0225 receive
[risíːv]

동 받다, 수령하다
배드민턴 **리시브**, (탁구) 회전하는 공 리시브하는 법
➕ **receipt** 명 영수증 → 물건을 살 때 영수증(receipt)을 꼭 수령하세요(receive). **reception** 명 리셉션, 영접, 환영
→ 리셉션 파티, 리셉션 행사 – 환영 행사

0226 deceive
[disíːv]

동 속이다
카드놀이 할 때 밑장(아래, de)을 잡아서(ceive)
속이는(deceive) 상황 연상
➕ **deceit** 명 속임, 거짓말

0227 perceive
[pərsíːv]

동 알아차리다, 인지하다
코끼리 전체를 만져봐야 코끼리에 대해 제대로 알지요.
– 완전한(per → perfect 연상)과 잡다(ceive)가 합쳐져
알아차리다/인지하다(perceive)가 되죠.
➕ **perception** 명 지각, 인식

0228 fashion
[fǽʃən]

명 유행, 패션
패션쇼에 가면 최신 유행을 알 수 있지요, 패션 모델

0229 passion
[pǽʃən]

명 열정, 열심, 수난
정열(passion)의 패션(fashion)이 있는 브라질 삼바 축제
함께 익혀요 **enthusiasm** 명 열광, 열정, 열심

"한 단어당 10초씩 읽어 보세요."

 목표 시간: 15분

 걸린 시간: 분

0230 infant
[ínfənt]

명 유아 형 유아의
유아들은 아직 소리를 제대로 내지 못하죠.
– 부정의 의미(in)와 소리(fan → phone)가 합쳐져
유아(의)(infant)를 뜻합니다.
➕ **infancy** 명 유년, 초기

0231 prophet
[práfit]

명 예언자
앞(pro)으로 일어날 일을 소리(phet → phone)로 말하는
예언자(prophet)
➕ **prophecy** 명 예언 **prophesy** 동 예언하다

0232 complain
[kəmpléin]

동 불평하다, 항의하다
고객 **컴플레인**
➕ **complaint** 명 불평

0233 complacent
[kəmpléisnt]

형 자기 만족의
자기 만족의(complacent) 자세가 되어 있는 사람은
불평하지(complain) 않죠.

0234 inhibit
[inhíbit]

동 막다, 금지하다
inhibit은 부정의 의미(in)와 가지다(hib → have)가
연계되어 **막다/금지하다**(inhibit)가 됩니다.

0235 prohibit
[prouhíbit]

동 방해하다, 금하다
몸 앞에 방패로 창을 막는 모습 연상
– 앞(pro)과 가지다(hib → have)가 연계된 **방해하다**
(prohibit)

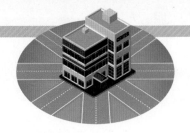

쉽게 풀어낸 어원

쇼핑 센터, 주민 센터의 **center**는
중심, 가운데를 뜻합니다.

0236 **central**
[séntrəl]

형 중심의, 주된, 중추적인
센트럴 파크

0237 **concentration**
[kὰnsəntréiʃən]

명 집중
함께(con)와 가운데(center)가 연관되어 **집중**
(concentration)이 됩니다.
➕ **concentrate** 통 집중하다

0238 **eccentric**
[ikséntrik]

형 중심에서 벗어난, 변덕스런, 괴짜의 명 괴짜
밖(ec)과 중심의(centric)가 결합한
중심에서 벗어난/괴짜(의)(eccentric)

0239 **neutral**
[njú:trəl]

함께 익혀요
형 중립의
DMZ(비무장지대)는 한반도의 가운데(central)에 위치한
중립(neutral) 지대죠.

0240 **professional**
[prəféʃənl]

명 전문가 형 전문적인, 직업의
프로페셔널(전문가)을 줄여서 프로라고 하죠.
프로 야구, 프로 농구
➕ **profession** 명 직업, 직종 함께 익혀요 **prone** 형 ~하기 쉬운,
~하는 경향이 있는 → 프로(pro)는 자기 주장이 강하여 한쪽으로 치
우치기 쉽지요(prone).

0241 **professor**
[prəfésər]

명 교수
교수(professor)는 전문적인(professional) 직업이에요.
➕ **profess** 통 공언하다, 선언하다 함께 익혀요 **confess** 통 고백
하다, 자백하다 → 숙제 해오지 않았다고 교수님(professor)께 고백
하세요(confess).

쉽게 풀어낸 어원

서티피킷(certificate, 증명서)이 있는
제품의 품질은 확실히 믿을 수 있어요.
cert는 **확실한**을 뜻합니다.

0242

certificate
[sərtífikət]

명 증명서

서티피킷 & 자격증 취득 열풍
(호주) 영주권 취득용 결혼 서티피킷

➕ **certify** 동 인증하다, 증명하다 **ascertain** 동 확인하다,
확실시하다

0243

assert
[əsə́:rt]

동 주장하다, 단언하다

근거가 확실해야(cert) **주장**(assert)을 할 수 있어요.

0244

security
[sikjúərəti]

명 안전, 보안

우리 집 안전을 위한 홈 **시큐리티** 시스템
컴퓨터 시큐리티 – 컴퓨터 보안

➕ **secure** 형 안전한, 확실한 동 안전하게 하다, 확보하다

0245

obscure
[əbskjúər]

형 애매한, 희미한, 어두운

벗어난(ab)과 확실한(scure → secure)이 결합된
애매한/희미한/어두운(obscure)

0246

assure
[əʃúər]

동 확실하게 하다, 보증하다

sure(확실한)에서 파생된 assure(**확실하게 하다**)

➕ **ensure** 동 확실하게 하다, 보증하다

0247

insure
[inʃúər]

동 보험에 가입하다, 안전하게 하다

몸속까지 보장해주는 안전한 보험
– 안(in)과 안전한(sure)이 결합하여 **보험에 가입하다/
안전하게 하다**(insure)가 됩니다.

➕ **insurance** 명 보험

쉽게 풀어낸 어원

농구 용어 '인터셉트(intercept)'는 상대편이
패스할 때 중간에서 공을 잡아채는 것을 가리켜요.
cept는 잡다를 뜻합니다.

0248

accept
[æksépt]

동 **받아들이다, 인정하다**

쇼핑할 때 물건을 하나씩 잡아 카트에 담죠.
– 하나(a)와 잡다(cept)가 합쳐져
받아들이다/인정하다(accept)가 됩니다.

0249

except
[iksépt]

동 **제외하다** 전 **~을 제외하고**(= except for)

필요 없는 물건은 카트 밖에 두고 잡지 않겠죠.
– except는 밖(ex)과 잡다(cept)가 결합되어
제외하다/~을 제외하고(except)를 의미합니다.

➕ **exceptional** 형 예외적인, 아주 뛰어난

0250

concept
[kánsept]

명 **개념, 콘셉트**

콘셉트 잡기, 디자인 콘셉트, 콘셉트카 – 신개념 차
– 모든 사람이 머릿속에 같이(con) 잡고(cept) 있는
개념/콘셉트(concept)

➕ **conceive** 동 생각하다, 상상하다, 임신하다
conception 명 개념, 상상, 임신

0251

anticipate
[æntísəpèit]

동 **예상하다**

'오전'을 뜻하는 AM의 A는 전(前)을 뜻하는 anti의 약자
이지요.
– 미리(anti)와 잡다(cip → cept)가 합쳐진
예상하다(anticipate)

0252

participate
[pa:rtísəpèit]

동 **참가하다, 참여하다**

어떤 모임에 참가하면 일정한 역할(부분)을 맡게 되지요.
– 일부분(part)과 잡다(cip → cept)가 합쳐진
참가하다(participate)

➕ **paticipation** 명 참가, 참여

0253

parcel
[pá:rsəl]

명 **꾸러미, 소포**

(아마존) 아이**파슬**(I-Parcel) – 소포 배송업체 이름

쉽게 풀어낸 어원

같은 시간에 똑같은 동작을 펼치는
싱크로나이즈드(synchronized) 스위밍.
chron은 시간을 뜻합니다.

0254
synchronize
[síŋkrənàiz]

동 **동시에 발생하다**
싱크로나이즈드 스위밍에서는 마치 한 몸인 듯 선수들이
동시에 움직여요. 싱크로율 100%

0255
chronic
[kránik]

형 **장기적인, 만성적인**
오랜 시간(chron) 동안 지속되어 온 것을
장기적/만성적(chronic)이라고 하죠.

0256
anachronism
[ənǽkrənìzm]

명 **시대착오**
부정의 의미(ana → anti)와 시간(chron)이 결합된
시대착오(anachronism)

0257
urban
[ə́ːrbən]

형 **도시의**
어번 그래니족(urban granny) – 자신에게 투자를
아끼지 않는 도시적인 여성
도시적이며 우아한 어번 시크(urban chic)

0258
rural
[rúərəl]

형 **시골의**
부정의 의미(r) + 도시의(ur → urban)

0259
suburban
[səbə́ːrbən]

형 **교외의, 도시 주변의**
아래(sub)와 도시의(urban)가 결합된
교외의(suburban)
⊕ **suburb** 명 교외, 변두리

0260
inflation
[infléiʃən]

명 **팽창, 부풀림**
(경제 용어) **인플레이션** – 통화팽창
⊕ **deflation** 명 수축, 물가하락 → 디플레이션 – 통화수축

0261	**symphony** [símfəni]	명 교향곡, 심포니 **심포니** 오케스트라

0262	**phony** [fóuni]	형 가짜의 명 가짜 조랑말(pony)은 **가짜**(phony) 말인가요?

0263	**portrait** [pɔ́:rtrit]	명 초상화 셀프 **포트레이트**(self portrait) – 자화상 ➕ **portray** 동 초상을 그리다, 묘사하다

0264	**exhibition** [èksəbíʃən]	명 전시, 전시회 (스포츠) **엑시비션** 게임 – 시범 경기 ➕ **exhibit** 동 보이다, 전시하다, 드러내다

0265	**potential** [pəténʃəl]	형 가능성 있는, 잠재적인 명 가능성 학생의 잠재력을 보고 선발하는 ○○대학 **포텐셜** 특별전형 ➕ **potent** 형 강한, 강력한

0266	**desire** [dizáiər]	명 욕망, 욕구 동 바라다 아름다움에 대한 **욕망**(desire)이 있어야 멋진 디자인 (design)이 나와요. ➕ **desirable** 형 바람직한

0267	**dwindle** [dwíndl]	동 점점 줄어들다, 저하되다 바람(wind)의 세기가 **점점 줄어드는군요**(dwindle).

0268	**register** [rédʒistər]	동 등록하다, 기재하다 여자대학교에는 자매(sister)만 **등록할**(register) 수 있어요. 남학생 입학 금지

0269	**magnificent** [mægnífəsnt]	형 웅대한, 장대한, 훌륭한 매그너스(Magnus) 자동차는 **웅대한**(magnificent) 세단이에요. ➕ **magnify** 동 확대하다, 과장하다 **magnitude** 명 거대함, 중요성, 규모

0270 solemn
[sáləm]

혱 엄숙한

누구의 아들인지 판별한 솔로몬의 재판은
엄숙한(solemn) 분위기였을 거예요.

0271 sprinkle
[spríŋkl]

동 뿌리다

골프장 **스프링클러**, 스프링클러가 터지다

0272 splendid
[spléndid]

혱 화려한, 훌륭한

헤어 스프레이(spray)를 뿌려서 **화려한**(splendid) 헤어
스타일을 만들다

0273 standard
[stǽndərd]

명 표준, 모범 혱 표준의, 모범적인

글로벌 **스탠더드** – 세계적인 표준
코리안 스탠더드 – 한국적 표준

0274 instant
[ínstənt]

혱 즉석의, 즉각의 명 순간, 즉시

인스턴트 식품

0275 install
[instɔ́:l]

동 설치하다

컴퓨터에 새 프로그램을 **인스톨**하다

➕ **installment** 명 할부금 → 기구를 설치하는(install) 비용을
할부금(installment)으로 분할해서 갚다

0276 strategy
[strǽtədʒi]

명 전략, 전술

권투의 **전술**(strategy)에는 손을 쭉 뻗는 스트레이트
(straight)가 있지요.

0277 steam
[sti:m]

명 증기, 스팀 동 찌다

스팀 청소기, 스팀 세차

0278 instrument
[ínstrəmənt]

명 도구, 기계, 기구, 악기

피아노, 바이올린, 드럼, 베이스를 모두 연주할 수 있는 멀티
전자악기인 **인스트루먼트**예요.

DAY **06**

A high fever is a **symptom** of your illness.
고열이 당신의 질병의 증상이에요.

 Day06.mp3

쉽게 풀어낸 어원

축구장의 센터서클(중앙의 원)처럼
둥근 것을 **circle**이라고 하죠.

0279
circle
[sə́:rkl]

명 원 동 원을 그리다
다크 **서클** – 눈 아랫부분이 둥그렇게 어두워 보이는 것
⊕ **semicircle** 명 반원 (semi : 절반)
circular 형 원의, 순환의 **encirclement** 명 포위, 둘러쌈

0280
circulate
[sə́:rkjulèit]

동 순환하다, 유통하다
우주의 모든 천체는 원(circle)을 그리며 **순환하지요**
(circulate).
⊕ **circuit** 명 순회, 회로

0281
circumstances
[sə́:rkəmstænsiz]

명 환경, 상황
우리 주위에 동그랗게(circum → circle) 서 있는(stance
→ stand) 것이 **환경**(circumstances)이죠.

0282
atom
[ǽtəm]

명 원자, 소량
만화영화 주인공 **아톰**
– 부정의 의미(a)와 자르다(tom)가 결합되어 더 이상 자를
수 없는 원자(atom)가 됩니다.

0283
symptom
[símptəm]

명 징후, 조짐
땅이 다 같이(sym → synchronize 연상) 갈라지고 잘려
나가면(tom) 지진이 발생할 **조짐**(symptom)인가요?

"한 단어당 **10초**씩 읽어 보세요."

 목표 시간: **15분**

 걸린 시간: 분

0284 take
[teik]

동 취하다, 잡다, 가지고 가다, 데리고 가다
테이크 아웃 – 식당 안에서 음식을 먹지 않고 밖으로
가지고 가서 먹는 것, 햄버거 테이크 아웃

0285 mistake
[mistéik]

동 잘못하다 명 잘못, 실수
잘못(miss) 잡는(take) 것이 **실수**(mistake)죠.

0286 undertake
[ʌndərtéik]

동 착수하다, (일을) 떠맡다(-undertook-undertaken)
건설 공사를 **착수하면**(undertake) 아래(under)에서
부터 벽돌을 가지고 건물 위로 가야죠(take).

함께익혀요 **undergo** 동 경험하다, 겪다(-underwent-
undergone)

0287 partake
[pa:rtéik]

동 참여하다, 함께하다(-partook-partaken)
업무의 일부분(part)을 잡으면(take) 그 일에 **참여하는**
(partake) 거죠.

0288 terrible
[térəbl]

형 무서운, 끔찍한
테러블하다 – 끔찍하다
➕ **terror** 명 테러, 두려움 **terrify** 동 무섭게 하다 **tremble** 동 떨다

0289 terrific
[tərífik]

형 매우 훌륭한, 멋진, 무서운
전율을 느낄 정도로 **멋진**(terrific) 영화를 보면 몸을 부르르
떨죠? 사람은 너무 무서워도(terrible) 떨고 너무 멋져도
(terrific) 떨어요.

0290 deteriorate
[ditíəriərèit]

동 악화되다, 더 나빠지다
다리 아래가 썩어들어가면 끔찍하겠죠.
– deteriorate는 아래(de)와 끔찍한(ter)이 연계되어
악화되다(deteriorate)를 뜻합니다.

쉽게 풀어낸 어원

제왕절개로 태어났다는 로마 시저 황제,
축구의 시저스킥(일명 가위차기)은
모두 자르는 가위(scissors)와 관련 있죠.
cid 또는 **cis**는 **자르다, 죽이다**라는 뜻입니다.

0291

scissors
[sízərz]

명 가위

(축구) 오버헤드킥 & **시저스** 킥
호날두의 멋진 시저스 킥(가위차기)

0292

seize
[si:z]

동 붙잡다, 이해하다

가위(scissors)는 **잡아서**(seize) 쓰는 물건이에요.

함께 익혀요 siege 명 포위 공격, 포위 작전 → 도둑을 잡기(seize)
위해서는 먼저 포위(siege)해야 해요.

0293

exercise
[éksərsàiz]

명 운동, 연습   동 운동하다, 연습하다

뼈를 깎는 훈련이라고들 하죠.
– 밖(ex)과 자르다(cise)가 결합하여
운동하다/연습하다(exercise)가 됩니다.

함께 익혀요 exertion 명 노력

0294

precise
[prisáis]

형 정확한, 꼭 들어맞는

의사가 앞(얼굴)을 수술할 때는 정확해야겠죠?
– 앞(pre)과 자르다(cis)가 결합하여
정확한/꼭 들어맞는(precise)을 의미합니다.

0295

decide
[disáid]

동 결정하다, 결심하다

건너갈 다리 아래를 폭파시켜 버리면 돌아가지 않겠다고
결정하는 거겠죠.
– 아래(de)와 자르다(cis)가 합쳐져서
결정하다/결심하다(decide)를 뜻해요.

➕ decision 명 결단, 결정

0296

concise
[kənsáis]

형 간결한

옥수수수염을 다 자르면 간결해지죠.
– 다 같이(con)와 자르다(cis)가 결합된
간결한(concise)

0297 coincide
[kòuinsáid]

동 일치하다, 동시에 일어나다
동전(coin)은 금액에 따라 크기가 일정(일치)하죠.
– coincide는 동전(coin)과 자르다(cid)가 결합되어
일치하다/동시에 일어나다(coincide)가 됩니다.

0298 suicide
[sjúːəsàid]

동 자살하다
자기 스스로 하는 셀프서비스
– 자신(sui → self)과 죽이다(cid)가 결합된
자살(suicide)

0299 homicide
[háməsàid]

명 살인, 살인범
호모(homo) 사피엔스 – 생각하는 사람
– 사람(homi → homo)과 죽이다(cid)가 합쳐진
살인/살인범(homicide)

0300 accident
[æksidənt]

명 사고, 재난, 상해
떨어질 때 악(acc, 떨어질 락(落)) 소리를 지르는 상황 연상
– accident는 악(acc)과 자르다(cid)가 결합된
사고/재난/상해(accident)

함께 익혀요 incident 명 사건, 사고, 생긴 일

0301 triangle
[tráiæŋgl]

명 삼각형
태국, 미얀마, 라오스가 만나는 삼각지대의
골든 **트라이앵글** 관광지
– 셋(tri)과 앵글(각, angle)이 결합되어 삼각형(triangle)이
되지요.

➕ angle 명 각도, 모서리, 철제 쇠붙이 → 카메라 앵글 – 카메라로
사진 찍는 각도, 철제 앵글
함께 익혀요 tangle 동 엉키다, 혼란시키다

0302 trivial
[tríviəl]

형 시시한, 하찮은
셋(tri)에서 유래한 삼류(三流) 제품은 **하찮은**(trivial)
것이지요.
함께 익혀요 trifle 명 사소한 것 동 경시하다

0303	**stumble** [stʌ́mbl]	동 비틀거리다, 걸려 넘어지다 명 비틀거리기 폭풍(storm)이 몰아치면 제대로 서 있을 수 없어 **비틀거리지요**(stumble).
0304	**grumble** [grʌ́mbl]	동 불평하다, 으르렁거리다 길을 가다 돌에 걸려 넘어져(stumble) **불평하다**(grumble)

0305	**adventure** [ædvéntʃər]	명 모험 모험과 신비의 나라 롯데월드 **어드벤처** 워터파크 어드벤처
0306	**venture** [véntʃər]	명 모험, 투기 동 모험하다, 감히 ~하다 모험을 무릅쓰고 사업을 진행하는 **벤처**(venture) 기업

0307	**province** [prɑ́vins]	명 주(州), 도, 지방 남아공 북부의 노던 **프로빈스**(province)에는 세계 최대 규모인 크루거 국립공원이 있어요.
0308	**accuse** [əkjúːz]	동 고소하다, 고발하다 당신을 **고발할까요**(accuse), 아니면 용서(excuse)를 베풀까요?
0309	**hospitality** [hɑ̀spətǽləti]	명 환대, 친절 이 병원(hospital, 호스피털)의 간호사들은 모두 **친절**(hospitality)함이 몸에 배어 있네요. ⊕ **hospitable** 형 친절한
0310	**entertain** [èntərtéin]	동 대접하다, 즐겁게 하다 **엔터테이너**는 TV 등에 나와 보는 사람을 즐겁게 해주는 사람들이죠. ⊕ **entertainment** 명 오락, 연예

쉽게 풀어낸 어원

예술의 전당 리사이트(recite) 홀,
'음악 연주회'를 뜻하는 리사이틀(recital).
cite는 부르다를 뜻합니다.

0311 **recital**
[risáitl]

명 리사이틀, 연주회, 발표회, 암송
➕ recite 통 암송하다, 낭독하다 → 다시(re) 부르다(cite)

0312 **cite**
[sait]

통 인용하다, 소환하다

0313 **digest**
[didʒést]

통 소화하다, 요약하다
(과자) **다이제스트**를 먹으면 소화가 잘 되나요?
➕ digestion 명 소화

0314 **congestion**
[kəndʒéstʃən]

명 혼잡, 밀집, 정체
다 같이(con) 우르르 모여 다이제스트(digest)를 먹으면
혼잡(congestion)하겠죠.

0315 **rebound**
[ribáund]

명 리바운드 통 다시 튀다
농구에서 공이 다시(re) 튀어나오는 것을
리바운드라고 하죠.
➕ bound 명 도약 통 튀어 오르다, 경계를 짓다
bounce 통 튀다, 튀기다 명 튐, 튀어 오름
함께 익혀요 boundary 명 한계, 범위, 경계선

0316 **abound**
[əbáund]

통 풍부하다
바구니 속의 물건이 밖으로 튈(bound) 만큼 **풍부하군요**
(abound).
➕ abundant 형 풍부한, 부유한

쉽게 풀어낸 어원

고객이 제품에 대한 불만이 있어 클레임을 제기할 때는
흥분해서 크게 말하겠죠?
claim은 외치다를 뜻합니다.

0317
claim
[kleim]

동 외치다, 요구하다, 주장하다 명 요구, 주장
고객이 **클레임** 걸다, 홈쇼핑 클레임

함께익혀요 **aim** 명 목적, 표적 동 겨냥하다 → 목적(aim)의 스펠링
을 뒤집으면 미아(mia)가 되죠. 목적을 잃지 맙시다.

0318
exclaim
[ikskléim]

동 소리치다
화가 나면 밖(ex)을 향해 소리치죠?
– 밖(ex)과 외치다(claim)가 결합하여
소리치다(exclaim)가 됩니다.

0319
proclaim
[proukléim]

동 선포하다
정치가는 앞에(pro) 있는 군중을 향해 선포하는 모습 연상
– 앞(pro)과 외치다(claim)가 결합된
선포하다(proclaim)

0320
declare
[dikléər]

동 선언하다, 발표하다
왕이 아래의(de) 백성을 향해 큰 소리로 외치는(clare →
claim) 것이 **선언하다/발표하다**(declare)예요.

0321
scream
[skri:m]

함께익혀요
명 비명 동 비명을 지르다
공포 영화 〈**스크림**〉에서는 등장인물들이 공포에 질려
비명을 지르곤 하죠.
– scream 역시 claim(외치다)과 관련이 깊네요.

0322
enlist
[inlíst]

동 입대시키다, 입대하다
군대에 **입대시킬**(enlist) 사람의 리스트(list, 목록)를
작성하다

0323
symbol
[símbəl]

명 상징, 부호, 심볼
십자가는 기독교의 **심볼**이지요.
올림픽 심볼 – 오륜기, 청춘의 심볼 – 여드름?
➕ **symbolic** 형 상징적인

쉽게 풀어낸 어원

등산 운동 '클라이밍(climbing)'은 경사면을 올라가는 것이에요.
clim 또는 **clin**은 비스듬하다, 기대다를 뜻합니다.

0324 climb
[klaim]

동 오르다
클라이밍 열풍, 클라이밍 다이어트

0325 incline
[inkláin]

명 경사, 비탈 동 기울이다, ~하는 경향이 있다
산을 오르다(climb) 보면 **경사**(incline)진 곳이 있기 마련이죠.
⊕ **inclination** 명 경향, 기울기

0326 decline
[dikláin]

동 거절하다, 쇠퇴하다 동 하락, 쇠퇴
엄지손가락을 아래로 향하면 거절의 표시가 되기도 하죠.
– 아래(de)와 비스듬하다(clin)가 합쳐지면
거절하다/쇠퇴하다/하락/쇠퇴(decline)가 됩니다.

0327 aesthetic
[esθétik]

형 미적인, 심미적 명 미학
에스테틱 화장품, 에스테틱 숍
⊕ **aesthetics** 명 미학 **함께 익혀요** **synthetic** 형 종합의, 합성의, 인조의 → 에스테틱(aesthetic) 제품은 대부분 합성(synthetic) 제품인가요? **synthesize** 동 합성하다

0328 tender
[téndər]

형 부드러운, 상냥한
치킨**텐더**는 부드러워요. (팝송) 러브미텐더(Love me tender) – 나를 부드럽게 사랑해주오.

0329 disturb
[distə́:rb]

동 교란하다, 방해하다
호텔 객실에 'Don't disturb. – **방해하지** 마세요'라는 팻말이 붙어 있는 것을 보신 적 있나요?

0330 wholesale
[hóulsèil]

명 도매 형 도매의
홀세일 판매
함께 익혀요 **wholesome** 형 건강에 좋은, 건전한, 유익한 → 저희 가게는 건강에 좋은(wholesome) 상품만 홀세일(wholesale)합니다.

Did you hear the girl sobbing last night?

어젯밤에 그 여자가 흐느껴 우는 것 들었어요?

0331 **pound**
[paund]

동 세게 치다 명 (무게) 파운드
격투기 선수들의 강력한 **파운딩**

0332 **compound**
[kámpaund]

명 혼합물 형 혼합의, 합성의 동 혼합하다
물건을 다 같이(com) 절구통에 넣고 파운딩해서(pound)
만든 **혼합물**(compound)

0333 **wound**
[wu:nd]

명 상처 동 상처를 입히다
격투기 선수에게 파운딩(pounding)을 당하면
상처(wound)를 입겠죠.

0334 **invasion**
[invéiʒən]

명 침략, 침범
(만화) 시크릿 **인베이전** – 외계 종족의 은밀한 침략
➕ invade 동 침입하다

0335 **evade**
[ivéid]

동 회피하다, 피하다
적군이 침입하면(invade) 밖(e)으로 **피해야죠**(evade).

0336 **absorb**
[əbsɔ́:rb]

동 흡수하다, 열중하다
학문을 가장 잘 **흡수하는**(absorb) 대학은 프랑스
소르본느(Sorbonne) 대학일까요?

0337 **sob**
[sab]

동 흐느끼다
absorb는 '안으로 흡수하다'인 반면 sob는
(밖으로 눈물을 흘리며) **흐느끼다**라는 뜻입니다.

"한 단어당 10초씩 읽어 보세요."

목표 시간: 15분

걸린 시간: 분

0338 treasure
[tréʒər]

명 보물 동 소중히 하다

트레저 아일랜드 – 보물섬

함께익혀요 **tread** 동 밟다 명 밟음 → 보물(treasure)을 함부로 밟으면(tread) 안 돼요.

0339 treachery
[trétʃəri]

명 배신, 반역

탐욕스러운 인간은 보물(treasure)을 차지하기 위해 **배신**(treachery)을 일삼죠.

함께익혀요 **treason** 명 반역죄 → 배신(treachery)하면 반역죄 (treason)로 처단 받지요.

0340 turnover
[tə́:rnòuvər]

명 전복

➕ **overturn** 명 전복 동 전복시키다

0341 tumult
[tjú:məlt]

명 소동, 어지러움

엄청 빨리 돌면(turn) **어지러움**(tumult)이 생길까요?

0342 turtle
[tə́:rtl]

명 거북이

터틀넥 니트 – 마치 거북이처럼 목 부분이 긴 니트 닌자 터틀 – 닌자 거북이

0343 subtle
[sʌtl]

형 미묘한, 민감한

거북이(turtle)는 수온이나 수질에 굉장히 **민감해서** (subtle) 피부병에 걸리기 쉽답니다.

67

쉽게 풀어낸 어원

오픈(open) & 클로즈(close).
clos 또는 **clud**는 닫다를 뜻합니다.

0344
close
동 [klouz] 형 [klous]

동 닫다 형 가까운
(카메라) **클로즈**업
– 가까운 거리에 있는 것처럼 확대하여 촬영하기
➕ **enclose** 동 둘러싸다, 동봉하다

0345
disclose
[disklóuz]

동 누설하다, 폭로하다
부정의 의미(dis)와 닫다(clos)가 합쳐져
비밀을 **누설하다/폭로하다**(disclose)가 됩니다.
➕ **disclosure** 명 폭로, 발각

0346
closet
[klázit]

명 작은 방, 찬장, 변기
문을 닫고(close) 들어가는 화장실(Water Closet, WC)

0347
include
[inklú:d]

동 포함하다
안에(in) 집어넣고 문을 닫으면(clud) **포함하는**(include)
것이죠.

0348
exclude
[iksklú:d]

동 배제하다, 제외시키다
밖(ex)에 두고 문을 닫아서(clud) **배제시키는**(exclude)
모습 연상
➕ **exclusively** 부 독점적으로

0349
seclude
[siklú:d]

동 떼어놓다, 격리하다, 은둔시키다
따로 구분된(se) 섹션신문
– 구분(se)과 닫다(clud)가 결합된
떼어놓다/격리하다(seclude)

0350
conclude
[kənklú:d]

동 끝내다, 결론을 내리다
다 같이 문을 닫으면 영업이 끝난 거죠.
– 다 같이(con)와 닫다(clud)가 결합된
끝내다/결론을 내리다(conclude)
➕ **conclusion** 명 결론, 결말 **conclusively** 부 최종적으로,
결정적으로

쉽게 풀어낸 어원

'회사, 함께 있는 사람들'을 뜻하는 company는
원래 함께(com) 빵(pan)을 먹는 데서 유래했다죠.
col 또는 **com**은 같이, 함께를 뜻합니다.

0351

comrade
[kámræd]

명 친구, 동지

같이(com) 어울리는 **친구/동지**(comrade)

0352

colleague
[káli:g]

명 동료

같이(col) 스포츠 리그(league)를 즐기는 **동료**
(colleague)

0353

common
[kámən]

형 공통의, 보통의

커먼센스(common sense) – 상식(인류 공통의 지식)
커먼웰스 – 영연방

➕ **common sense** 명 상식 　함께 익혀요　 **commonplace** 형
평범한

0354

community
[kəmjú:nəti]

명 공동체, 지역사회

게임 **커뮤니티**, 결혼 커뮤니티 등 온라인 커뮤니티가
정말 많지요?
– 함께(com)와 통합(unity)이 결합된
공동체/지역사회(community)

　함께 익혀요　 **communism** 명 공산주의 → 공동체(community)가
극도로 강조되다 보면 공산주의(communism)에 빠질 수도 있죠.
→ 유로 커뮤니즘, 파시즘과 커뮤니즘

0355

communication
[kəmjù:nəkéiʃən]

명 의사소통, 커뮤니케이션, 통신

통신사 이름이 보통 ○○텔레콤이죠.
이때의 텔레콤(telecom)은 텔레 **커뮤니케이션**
(tele communication)을 줄인 말이에요.

➕ **communicate** 통 전달하다, 통신하다, 의사소통 하다

0356

collide
[kəláid]

통 충돌하다

차를 타고(ride) 서로(col) 마주보고 달려오는 치킨 게임
– 함께(col)와 타다(lide → ride)가 합쳐진 **충돌하다**
(collide)

➕ **collision** 명 충돌

0357 free
[fri:]

형 자유로운, 무료의, 면세의, ~이 없는

(축구) 프리킥 – 상대 팀 선수의 방해를 받지 않고 자유롭게 차는 킥, 프리한 스케줄 – 자유롭고 한가한 일정

0358 freedom
[frí:dəm]

명 자유, 해방

free(자유로운)에서 파생된 freedom(**자유**)

[함께 익혀요] frequent 형 빈번한, 자주 있는 → 한가하니(free) 자주(frequently) 놀러오세요.

0359 frivolous
[frívələs]

형 경솔한

자유로운(free) 기분에 들떠서 길바닥에서 데굴데굴 구르는(vol → ball) 것은 **경솔한**(frivolous) 행동

0360 freeze
[fri:z]

동 얼다, 얼리다(-froze-frozen)

자유로운(free) 것이 지나치면 규제가 생겨 다시 **얼어붙는**(freeze) 게 자연의 섭리

➕ refrigerator 명 냉장고(= fridge) → 다시(re) + 얼리다(frige →freeze) [함께 익혀요] rigid 형 단단한, 완고한 → 얼어붙으면 (freeze) 단단한(rigid) 고체 상태가 되죠.

0361 prison
[prízn]

명 감옥

프리즌 스테이 – 감옥에 체류하는 체험
(미드) 프리즌 브레이크
– 사람을 꼼짝 못하고 얼어붙게(freeze) 만드는 곳이 감옥(prison)이죠.

➕ imprison 동 투옥하다

0362 trick
[trik]

명 계략, 속임수 동 속이다

트릭 쓰지 마! – 속이지 마!

0363 restrict
[ristríkt]

동 제한하다, 한정하다

트릭(trick) 쓰는 사람의 권리를 **제한하다**(restrict)

[함께 익혀요] strict 형 엄격한

쉽게 풀어낸 어원

아코디언(acoordion) 연주는 마음을 울리지요.
cord는 **마음, 심장**을 뜻합니다.

0364

concord
[kánkɔ:rd]

몡 일치, 조화

조화(concord)란 같은(con) 마음(cord)이 되는 것이죠.

0365

accord
[əkɔ́:rd]

몡 조화, 화음 동 일치하다

하나(a)와 마음(cord)이 결합하면 **조화/화음**(accord)이
되지요.

➕ accordance 몡 일치, 조화

0366

discord
[dískɔ:rd]

몡 불화, 불협화음, 충돌 동 다투다

벗어난(dis)과 마음(cord)이 결합되어 **불협화음**
(discord)이 됩니다.

0367

record
몡 [rékərd] 동 [rikɔ́:rd]

몡 기록 동 기록하다

레코드 플레이어

함께 익혀요 cord 몡 전기 코드

0368

core
[kɔ:r]

몡 핵심, 중심부

코어 운동 – 중심부 근육을 단련시키는 운동
– cord(심장)에서 파생한 core(**핵심/중심부**)

함께 익혀요 cordial 부 마음으로부터, 진심으로

0369

courage
[kɔ́:ridʒ]

몡 용기

용기(courage)는 피 끓는 심장(cour → cord)에서
나오는 법

➕ courageous 혱 용감한 encourage 동 용기를 북돋다, 격려
하다, 촉구하다 discourage 동 용기를 잃게 하다, 낙담시키다
함께 익혀요 undaunted 혱 굽히지 않는, 용감한 → un(부정의 의미)
+ don't→이중 부정은 강한 긍정

쉽게 풀어낸 어원

이불 커버, 매트 커버의 **cover**는
덮다를 뜻합니다.

0370 **cover**
[kʌ́vər]

통 덮다, 감추다, 충당하다 명 표지

0371 **discover**
[diskʌ́vər]

통 발견하다
벗어난(dis)과 덮다(cover)가 결합한 **발견하다**
(discover)

➕ discovery 명 발견 → 우주왕복선 디스커버리호를 타고
우주를 발견하러 갈까요?
함께 익혀요 uncover 통 발견하다, 폭로하다

0372 **recover**
[rikʌ́vər]

통 회복하다
약점을 다시(re) 덮어서(cover) 이미지를 **회복하다**
(recover)

➕ recovery 명 회복

0373 **train**
[trein]

명 열차, 행렬, 연속 통 훈련하다
코레일 백두대간 협곡열차 V-**트레인**
트레이닝 복 – 훈련할 때 입는 옷

0374 **strain**
[strein]

명 당기는 힘, 긴장 통 잡아끌다, 긴장시키다
줄다리기를 할 때는 기차(train)처럼 길게 서서 **잡아끌죠**
(strain).

0375 **restrain**
[ristréin]

통 제지하다, 억누르다, 감금하다
몹시 흥분한 사람을 뒤로(re) 당기면(strain)
제지하다/억누르다(restrain)가 됩니다.

➕ restraint 명 규제, 통제 함께 익혀요 constrain 통 강제하다,
감금하다 → 힘이 센 죄수는 같이(con) 잡아끌어서(strain)
감금해야죠(constrain). constraint 명 강제, 압박

0376 version
[vɔ́:rʒən]

명 버전, 번역문, 판
PC **버전**, 윈도우 버전

0377 abide
[əbáid]

동 살다, 머무르다
내 삶의 가장 중요한 abcde는 내가 머무르는 주택
– abide는 abcde의 중간에 나(i)를 집어넣은 것으로
살다/머무르다(abide)를 뜻하지요.
➕ abode 명 숙소

0378 fade
[feid]

동 색이 바래다, 시들다, 없어지다
영화의 **페이드**아웃(fade-out) 효과는 처음에는 밝았다가
점점 어두워지는 효과를 말하죠.

0379 orbit
[ɔ́:rbit]

명 (천체의) 궤도
끝도 없이 광활한 우주~ 그 위에 뭐가 있을까요?
– orbit은 위에(orb → over)와 그것(it)이 결합되어 천체의
궤도(orbit)를 뜻합니다.
함께 익혀요 **over** 전 ~위에, ~이상 형 끝나고 → 오버하지 마!

0380 accelerate
[æksélərèit]

동 속도를 더하다, 촉진하다
(자동차) **액셀러레이터** – 속력을 내는 장치

0381 transient
[trǽnʃənt]

형 덧없는, 일시적인
기차(train)가 휙 지나가듯이 일시적이고 **덧없다**(transient)
➕ transition 명 변천, 과도기

0382 district
[dístrikt]

명 구역, 지역
(미국 수도) 워싱턴 DC(DIstrict of Columbia)

0383 trip
[trip]

명 여행
tour(여행)와 trip(**여행**)은 모양도 의미도 유사하죠.
함께 익혀요 **troop** 명 군대, 무리, 떼 → 단체로 여행(trip)을 가면
떼(troop)로 무리지어 다니지요.

0384 constrict
[kənstríkt]

동 오그라들다, 위축시키다
부모님과 선생님이 다 같이(con) 엄격하면(strict) 학생을
위축시킬지도(constrict) 몰라요.

Make haste, or we will miss the train.

서둘러요. 안 그러면 우리는 기차를 놓칠 거예요.

Day08.mp3

0385 veteran
[vétərən]

명 베테랑, 숙련가, 퇴역 군인
여러분은 어느 분야의 **베테랑**인가요?

0386 veterinarian
[vètərənéəriən]

명 수의사
엄청나게 많은 동물을 치료하고 관리하는 **수의사**
(veterinarian)는 베테랑(veteran)이겠죠.

0387 taste
[teist]

명 맛, 미각, 취미 동 맛이 나다
맛이 좋은 **테이스터스** 초이스 커피
➕ tasty 형 맛있는 [함께 익혀요] flavor 명 맛, 향기 동 맛을 내다
→ 프라보노 껌의 맛(flavor)과 향기

0388 haste
[heist]

명 서두름 동 서두르다
맛(taste)있는 음식이라고 **서둘러**(haste) 먹지는 마세요.
➕ hasty 형 성급한, 서두르는

0389 count
[kaunt]

동 세다, 중요하다 명 백작
노**카운트** – 점수를 계산하지 않는 것, 카운트다운
– 백작은 100까지 카운트할 수 있어서 백작인가요?
1,000까지 세면 천작?
➕ countless 형 무수한 → less는 '~이 없는'을 뜻하죠.
discount 명 할인 동 할인하다 → 디씨/DC(디스카운트)
[함께 익혀요] countenance 명 표정, 안색 → 백작(count)의 안색
(countenance)

0390 account
[əkáunt]

명 계산, 셈, 은행 계좌 동 설명하다
은행 **어카운트** – 은행 계좌
이메일 어카운트 – 이메일 계정
– account는 count(세다)에서 파생한 단어죠.

"한 단어당 **10초**씩 읽어 보세요."

⏱ 목표 시간: 15분
✓ 걸린 시간: 분

쉽게 풀어낸 어원

유태인 600만 명을 희생시킨 홀로코스트(Holocaust)와
같은 민족끼리 싸운 한국전쟁을 생각하면 정치는 크레이지한 것 같아요.
crazy와 유사한 발음의 **cracy**는 **정치, 통치**를 뜻합니다.

0391
democracy
[dimάkrəsi]

명 민주주의

종종 거리에서 데모하는 사람들을 볼 수 있죠.
– 사람들(demo)과 정치(cracy)가 결합하면 사람이 주인인
민주주의(democracy)가 되지요.

➕ **demonstrate** 동 보여주다, 논증하다, 시위하다 → (컴퓨터)
데모 버전 – 사람들(demo)에게 홍보하기 위한 프로그램
[함께 익혀요] **epidemic** 명 유행병, 전염병 → 유행병(epidemic)은
사람(dem)들 사이에 퍼져 전염되는 병이죠.

0392
aristocracy
[ærəstάkrəsi]

명 귀족정치

아테네 귀족 아리스토텔레스
– 아리스토텔레스처럼 귀족이 통치(cracy)하는
귀족정치(aristocracy)

0393
anarchy
[ǽnərki]

명 무정부 상태

부정의 의미(a) + 정치(archy → cracy)
아나키즘 – 무정부주의, 아나키스트 – 무정부주의자

0394
customer
[kΛstəmər]

명 단골고객

커스터머 서비스 – 고객 서비스,
제이커스터머(Jaycustomer) – 불량 고객

0395
accustom
[əkΛstəm]

동 익히다, 익숙하게 하다, 습관을 붙이다

단골고객(customer)은 자주 찾는 가게에 가면
익숙하겠죠(accustom).

쉽게 풀어낸 어원

레크리에이션(휴양, 오락, recreation)은 지친
몸과 마음을 '다시(re) 창조한다'는 의미이지요.
cre는 창조하다를 뜻합니다

0396 **recreation** [rèkriéiʃən]	명 휴양, 오락, 레크리에이션 ➊ recreate 동 기분 전환을 하다, 즐기다, 휴양하다 creation 명 창조
0397 **create** [kriéit]	동 창조하다 ➊ creator 명 창조사 creature 명 창조물, 생물 함께 익혀요 criticize 동 비판하다 → 비판은 창조의 어머니? critic 명 비평가, 평론가 criticism 명 비평, 비판

0398 **after** [ǽftər]	전 ~뒤에, ~후에, ~을 본떠서 접 ~한 다음에 물건을 산 다음에는 **애프터**서비스(AS)를 받죠. 애프터 스쿨 – 방과 후
0399 **noon** [nu:n]	명 정오 굿 애프터**눈**(Good afternoon) – afternoon은 뒤에(after)와 **정오**(noon)가 결합된 말

0400 **fire** [faiər]	명 불 동 불을 붙이다, 해고하다, 발사하다 캠프**파이어**(campfire) 함께 익혀요 hire 동 고용하다 → '해고하다(fire)'와 상반된 개념인 '고용하다(hire)'
0401 **admire** [ædmáiər]	동 감탄하다, 숭배하다 원시인은 불(mire → fire)을 보고 얼마나 **감탄했을까요** (admire)? ➊ admiration 명 감탄 admiral 명 해군 대장, 제독

0402 **adult**
[ədʌ́lt, ǽdʌlt]

명 성인 형 성인의

키즈 vs. 애덜트
– 우리말로는 '애들'이 '아이들'을 뜻하는데 영어에서는
어른(애덜트, adult)을 뜻하나요?

0403 **adolescent**
[ædəlésnt]

명 청소년 형 청소년의

성인(adult)과 보다 작게(less)가 합쳐진
청소년/청소년의(adolescent)

➕ adolescence 명 청소년기 함께 익혀요 agile 형 민첩한
→ 청소년(adolescent)은 민첩하죠(agile).

0404 **bra**
[bra:]

명 브라, 브래지어

여성용 **브라**(bra)를 모르는 브라질 사람은 없겠죠?

0405 **zebra**
[zí:brə]

명 얼룩말

지브라 무늬 – 얼룩말 무늬
요즘 지브라 무늬가 유행이에요.

0406 **algebra**
[ǽldʒəbrə]

명 대수학(代數學)

얼룩말(zebra)의 줄무늬 개수를 세다가 **대수학**(algebra)
이 발달했을까요?

0407 **add**
[æd]

동 더하다, 추가하다

원래 없었던 대사나 멜로디를 더해서 즉흥적으로 연기/연주
하는 **애드**리브(ad-lib)

➕ addition 명 추가, 덧셈 함께 익혀요 odd 형 홀수의, 이상한 →
odd는 부족한 것을 추가할(add) 필요가 있는 '홀수의/이상한(odd)'
을 뜻합니다. even 형 균등한, 평평한 명 짝수 부 ~조차도 → 이븐
플로어 – 짝수 층, 이븐 넘버 – 짝수

0408 **addict**
동 [ədíkt] 명 [ǽdikt]

동 탐닉시키다, 중독시키다 명 중독자

음주량을 계속 더해 가면(add) 알코올 **중독자**(addict)가
될지도 몰라요.

➕ addiction 명 중독

0409 agent
[éidʒənt]

> 명 중개인, 대리인
> 스포츠 **에이전트**, 부동산 에이전트
> ➕ **agency** 명 대리점

0410 detergent
[ditə́ːrdʒənt]

> 명 세제, 합성세제
> **세제**(detergent) 중개상(agent)

0411 meet
[miːt]

> 동 만나다, 만족시키다(-met-met)
> **미팅** & 소개팅

0412 greet
[griːt]

> 동 인사하다
> 만나면(meet) 우선 **인사부터**(greet) 해야죠.
> ➕ **greeting** 명 인사, 축하

0413 vibrate
[váibreit]

> 동 떨리다, 진동하다
> (노래) **바이브레이션** 연습, 흉식 바이브레이션
> ➕ **vibration** 명 떨림, 진동 **vibrator** 명 진동기

0414 violate
[váiəlèit]

> 동 위반하다
> (농구) 워킹 **바이얼레이션** – 공을 들고 세 걸음 이상 걸어
> 가는 반칙
> ➕ **violation** 명 위반 **violence** 명 폭력, 난폭 → 폭력
> (violence)은 법을 위반하는(violate) 거죠.

0415 paste
[peist]

> 명 밀가루 반죽, 풀 동 풀로 붙이다
> (컴퓨터 용어) **페이스트** – 잘라낸 내용 붙이기
> 카피 & 페이스트(copy & paste)

0416 snatch
[snætʃ]

> 동 잡아채다, 강탈하다 명 납치
> 농구를 하다보면 공을 그냥 잡을(catch) 때도 있지만
> **잡아챌**(snatch) 때도 있어요.
> 함께 익혀요 **dispatch** 동 급파하다, 신속히 보내다 명 급파 →
> 납치(snatch) 사건이 발생했으니 구조대를 급파해야겠군요
> (dispatch). **patch** 명 헝겊 조각, 작은 조각

쉽게 풀어낸 어원

크레디트 카드(credit card)를 마구 사용하다가는 신용불량이 되기 쉽죠.
cred는 믿다, 신뢰하다를 뜻합니다.

0417 credit
[krédit]

몡 신용, 외상, 학점 동 신용하다

➕ **creditor** 몡 채권자

0418 credible
[krédəbl]

혱 신뢰할 수 있는

믿다(cred)와 할 수 있는(ible)이 결합된
신뢰할 수 있는(credible)

➕ **incredible** 혱 믿을 수 없는, 굉장한 → in은 부정의 의미

0419 credulous
[krédʒuləs]

혱 잘 믿는, 속기 쉬운

사기꾼을 믿으면(cre) **속기 쉽지요**(credulous).

0420 creed
[kri:d]

몡 신조, 교리

creed는 cre(믿다)에서 파생하여 **신조/교리**(creed)를
뜻합니다.

함께 익혀요 **greed** 몡 탐욕 → 종교의 교리(creed)에서는 탐
욕(greed)을 버리라고 가르치죠. **greedy** 혱 탐욕스러운
discreet 혱 사려 깊은, 신중한 → 신조(creed)를 지키며 사려 깊
은(discreet) 사람이 됩시다. **discretion** 몡 분별, 신중

0421 decree
[dikrí:]

함께 익혀요
몡 명령, 포고 동 명령하다, 포고하다

신이 아래(de)에 있는 인간들에게 신조(creed)를 지키며
살라고 **명령하다**(decree)

0422 adopt
[ədɑ́pt]

동 채택하다, 양자로 삼다

양자로 삼는(adopt) 것은 필수가 아닌 선택(option)이
지요.

함께 익혀요 **option** 몡 선택, 선택권 → 풀옵션 차량

0423 adapt
[ədǽpt]

동 적응시키다

전기 **어댑터**

➕ **adaptation** 몡 적응

쉽게 풀어낸 어원

덴탈(dental) 케어, 덴탈 용품, (제품) Dento 치약.
dent는 치아, 이를 뜻합니다.

0424 **dental**
[déntl]

형 치아의, 치과의

0425 **dentist**
[déntist]

명 치과의사
치아(dent)와 사람 접미사(ist)가 결합되어 **치과의사**
(dentist)가 되지요.

0426 **deny**
[dináj]

함께 익혀요
동 부인하다, 거절하다
날카로운 이(dent)를 드러내고 으르렁거리면서 사육사의
손길을 **거부하는**(deny) 살쾡이

⊕ denial 명 부인, 부정 함께 익혀요 defy 동 도전하다, 무시하다
→ 거절(deny)을 당하면 무시(defy)당했다고 생각할 수도 있겠죠.
defiance 명 도전, 무시

0427 **curse**
[kə:rs]

명 저주 동 저주하다
스코틀랜드의 **커스**(저주)라고 들어보셨나요?

0428 **aptitude**
[ǽptətjùːd]

명 재능, 소질, 기질
아파트(APT)에 고층에 살면 생길 수 있는 계단 오르기
재능(aptitude)이 계발되지요.

0429 **editor**
[édətər]

명 (책 · 영화 · 방송 등의) 편집자
잡지 **에디터**. 필름 에디터
⊕ editorial 형 편집자의 명 사설

0430 **planet**
[plǽnit]

명 행성, 유성, 혹성
비행기(plane)를 타고 **행성**(planet)을 한 바퀴 돌까요?

쉽게 풀어낸 어원

말하는 내용을 받아쓰는 것을 딕테이션(dictation)이라고 하죠.
dic 또는 **dict**는 **말하다**를 뜻합니다.

0431 dictation
[diktéiʃən]

몡 구술, 받아쓰기, 명령

➕ dictate 통 받아쓰게 하다, 명령하다 dictator 몡 독재자
→ 독재자(dictator)는 무섭게 명령하겠죠(dictate).

0432 dictionary
[díkʃənèri]

몡 사전

저 사람은 워킹 **딕셔너리**야. – 저 사람은 걸어 다니는
사전이야(아는 것이 엄청 많아).
– 사전(dictionary)은 말하는(dic) 것을 모아 놓은 것이죠.

0433 contradict
[kàntrədíkt]

통 반박하다, 부정하다, 모순되다

상점의 카운터를 기준으로 고객과 종업원은 반대편에 있죠.
– 반대의(contra)와 말하다(dict)가 결합된
반박하다(contradict)

함께 익혀요 contrary 혱 반대의 몡 반대 contrast 통
[kəntrǽst, kántrǽst] 대조하다, 대조를 이루다 몡 [kántrǽst] 대조
controversy 몡 논쟁, 토론

0434 indicate
[índikèit]

통 가리키다, 지적하다

안(in)을 향해 말하며(dic) 뭔가를 **가리키는**(indicate)
상황 연상

0435 verdict
[vɔ́:rdikt]

몡 판정, 판단

서울대 교훈 Veritas lux mea – 진리는 나의 빛
진리(veri)와 말하다(dict)가 결합된 (올바른)
판정/판단(verdict)

함께 익혀요 verify 통 확증하다, 확인하다, 증명하다

0436 dedicate
[dédikèit]

통 헌신하다, 바치다

제사장은 제단 아래(de)에 엎드려 말하며(dic) 신에게
제물을 **바치죠**(dedicate).

0437 predict
[pridíkt]

통 예언하다, 예견하다

미리(pre)와 말하다(dict)가 합쳐진 **예언하다**(predict)

DAY 09

Donating **blood is one way of helping others.**

헌혈은 다른 사람들을 돕는 한 가지 방법입니다.

쉽게 풀어낸 어원

도네이션(donation)은 자신의 것을 아낌없이
나누어주는 기부 행위를 말하죠.
do는 **주다**를 뜻합니다.

0438
donation
[dounéiʃən]

명 기부
블러드(blood) **도네이션** – 헌혈
➕ donate 동 기부하다 donor 명 기부자

0439
antidote
[ǽntidòut]

명 해독제
독약을 반대로(anti) 중화시키기 위해 주는(do) 것이
해독제(antidote)죠.

0440
endow
[indáu]

함께 익혀요
동 기부하다, 주다, 부여하다
endow(**기부하다/주다/부여하다**)는
donate(기부하다)와 의미적으로 관련이 깊어요.
➕ **endowment** 명 기부, 재능

0441
ally
[əlái]

명 동맹국 동 동맹하다
파트너와 동맹하려면 자신의 것을 모두 줄 각오를 해야죠.
– 모든(all) 것을 함께하는 **동맹국/동맹하다**(ally)
➕ alliance 명 동맹, 연합

0442
almost
[ɔ́ːlmoust]

부 거의, 대체로
all(모든)에서 파생한 almost(**거의**)
➕ most 형 최대의 명 최대한도 utmost 형 최대한도의, 극도의
명 최대한도

"한 단어당 10초씩 읽어 보세요."

 목표 시간: 15분

 걸린 시간: 분

0443 rest
[rest]

동 쉬다 명 휴식, 나머지
레스트룸(restroom, 화장실)은 편안하게 **쉬는**(rest) 곳
함께 익혀요 amnesty 명 사면 동 사면하다 → 죄인을 사면하면 (amnesty) 집에 가서 푹 쉬겠죠(rest).

0444 restore
[ristɔ́:r]

동 회복시키다, 복구하다
충분한 휴식(rest)을 통해 건강을 **회복시키다**(restore)

0445 forest
[fɔ́:rist]

명 숲, 삼림
숲(forest)에서 삼림욕을 하면서 푹 쉬다(rest)
➕ rainforest 명 열대우림

0446 arrest
[ərést]

동 체포하다, 저지하다 명 체포
범인이 체포되면 쉬지 못하겠죠.
– 부정의 의미(a → anti)와 쉬다(rest)가 결합된
체포하다/저지하다/체포(arrest)

0447 delivery
[dilívəri]

명 배달, 출산, 분만
24시간 **딜리버리** 서비스
– 출산이란 신생아를 세상에 배달(delivery)하는 것이기도 하죠.
➕ deliver 동 배달하다, 구출하다, 출산하다

0448 diligent
[dílədʒənt]

형 부지런한
신속한 배달(delivery)을 위해서는 매우 **부지런해야**
(diligent) 해요.

0449 delicious
[dilíʃəs]

형 맛있는
밤늦은 시각에 딜리버리(delivery)시켜 먹는 통닭이
맛있죠(delicious).
함께 익혀요 delicate 형 정교한, 섬세한, 민감한 → 요리사가 섬세한
(delicate) 솜씨로 만든 맛있는(delicious) 음식

쉽게 풀어낸 어원

'인터넷 도메인(domain) 주소'라는 말 많이 들어보셨죠?
dom은 **영토, 지배**를 뜻합니다.

0450 **domain**
[douméin]

명 영토, 범위, 소유지
⊕ dominate 통 통치하다, 지배하다 dominant 형 지배적인
predominant 형 뛰어난, 우세한, 지배적인 → 앞(pre)까지
지배하는(dominant)

0451 **domestic**
[dəméstik]

형 국내의, 가정의
도메스틱 공항 – 국내 공항
– 국가 혹은 가족이 지배(dom)하는 국내의/가정의
(domestic)
⊕ domesticate 통 길들이다

0452 **rude**
[ru:d]

형 무례한
루드한 행동 – 무례한 행동
함께 익혀요 crude 형 거친, 천연 그대로의 → rude(무례한)와
발음이 비슷한 crude(거친)

0453 **intrude**
[intrú:d]

동 들이밀다, 강요하다
무례한(rude) 사람은 억지로 **강요하기도**(intrude) 해요.

0454 **valley**
[væli]

명 골짜기, 계곡
실리콘 **밸리** – 미국 산타클라라 계곡의 산업단지
강남 테헤란 밸리(고층 건물 사이가 마치 골짜기 같지요.)

0455 **alley**
[æli]

명 오솔길, 골목
골짜기(valley)에는 예쁜 **오솔길**(alley)이 있겠죠.

0456 application
[æpləkéiʃən]

명 적용, 지원, 신청
스마트폰 어플(application)
⊕ apply 동 적용하다, 신청하다 applicant 명 지원자, 신청자

0457 appliance
[əpláiəns]

명 가정용 기구, 가정용 전자제품, 장치
컴퓨터 어플(application)이 더 편리한가요, 아니면
가정용 전자제품(appliance)이 더 편리한가요?

0458 lack
[læk]

동 ~이 없다, 부족하다 명 부족
빛이 **없다면**(lack) 세상은 온통 검은색(black)이겠죠.

0459 practice
[præktis]

동 연습하다 명 연습, 실천, 습관
실력이 부족한(lack) 사람은 열심히 **연습해야**(practice)
해요.

0460 sway
[swei]

동 동요하다, 흔들리다 명 흔들림
땅이 갈라진 듯 길(way)이 여러 개(s → 명사의 복수형)로
보이면 사람들이 **동요하겠죠**(sway).

0461 dismay
[disméi]

명 당황, 걱정 동 실망시키다
흔들림(sway)이 심하면 **걱정**(dismay)이 될 거예요.

0462 amplify
[æmpləfài]

동 확대하다
앰프(amplifier, 확성기)는 소리를 **확대하는**(amplify)
장치
⊕ ample 형 충분한, 아주 많은, 살찐

0463 emphasize
[émfəsàiz]

동 강조하다
확대하다(emp → amp)와 크기(size)를 연관지으면
강조하다(emphasize)가 됩니다.
⊕ emphasis 명 강조

0464 muse
[mjuːz]

동 명상하다, 곰곰이 생각하다

명상 음악(music)을 들으며 **명상하면**(muse) 효과가 좋겠죠?

0465 amuse
[əmjúːz]

동 즐겁게 하다, 재미나게 하다

경쾌한 음악(music)은 기분을 **즐겁게 하죠**(amuse).

0466 analyst
[ǽnəlist]

명 분석가

증권 **애널리스트** – 증권 분석 전문가

➕ analyze 동 분석하다 analysis 명 분석, 분해

함께 익혀요 anal 형 항문의, 지나치게 꼼꼼한 → 분석하는(analyze) 사람은 성격이 꼼꼼하겠죠(anal)?

0467 analogy
[ənǽlədʒi]

명 유사, 비슷함

분석가(analyst)들의 분석 내용이 전부 비슷하네요 (analogy).

0468 end
[end]

명 종료, 끝 동 끝내다

해피**엔드** – 행복한 결말(끝)

0469 endeavor
[indévər]

명 노력 동 노력하다

끝(end)까지 **노력합시다**(endeavor).

0470 ankle
[ǽŋkl]

명 발목

앵클 부츠– 발목까지 덮는 부츠

0471 anxious
[ǽŋkʃəs]

형 열망하는, 걱정하는, 근심하는

발목(ankle)을 다칠까봐 **걱정하다**(anxious)

➕ anxiety 명 열망, 걱정, 불안

쉽게 풀어낸 어원

테니스에서 듀스(deuce)가 되면 연장전에 들어가 게임을 끌게 되죠.
duce에는 **끌다**라는 뜻이 있어요.

0472 **producer**
[prədjúːsər]

명 생산자
TV **프로듀서**(PD)
⊕ **produce** 동 생산하다 명 농산물 **reproduce** 동 재생산하다,
복제하다, 번식하다 **by-product** 명 부산물 → 곁에(by) +
상품(product)

0473 **reduce**
[ridjúːs]

동 감소시키다, 줄이다
백태클 상황 연상
– 뒤(re)와 끌다(duce)가 결합한 **감소시키다/줄이다**
(reduce)
⊕ **reduction** 명 축소

0474 **introduce**
[intrədjúːs]

동 소개하다, 도입하다
안으로(intro)와 끌다(duce)가 결합된
도입하다/소개하다(introduce)
⊕ **introduction** 명 도입, 소개 함께 익혀요 **induce** 동 권유하다,
유인하다

0475 **educate**
[édʒukèit]

동 교육하다
○○**에듀**. 교육회사 이름에 에듀라는 말이 많이 들어가죠.
– 누군가를 교육하는(educate) 것은 그 사람의 숨어 있던
재능을 밖으로(e) 끌어내는(duce) 것이죠.
⊕ **education** 명 교육 **coeducation** 명 남녀공학
coed 형 남녀공학의

0476 **subdue**
[səbdjúː]

동 정복하다, 진압하다, 완화하다
정복한다는 것은 상대의 무릎을 꿇리는 것이죠.
– 아래(sub → subway 연상)와 끌다(due → duce)가
합쳐진 **정복하다**(subdue)

0477 **conduct**
동 [kəndʌ́kt] 명 [kándʌkt]

동 인도하다, 행동하다 명 지도, 행동
수많은 여행객을 인도하는 투어 **컨덕터**(여행 인솔자)
– 같이(con)와 끌다(duct → duce)가 합쳐지면
인도하다(conduct)가 됩니다.
⊕ **conductor** 명 안내자, 지휘자 **semiconductor** 명 반도체

쉽게 풀어낸 어원

바이올린 듀엣(duet) 공연, 듀엣은
듀오(duo)라고도 하는 '이중주'를 말하죠.
du는 둘을 뜻합니다.

0478 **dual**
[djúːəl]

형 둘의, 이중의
두 가지 번호가 가능한 **듀얼**(dual) 폰, 듀얼 모니터
함께 익혀요 **duel** 명 결투, 투쟁 → 결투(duel)는 둘(dual) 간의
대결이죠. **mutual** 형 상호의, 서로의 → dual(둘의)과 사촌뻘인
mutual(상호의)

0479 **duplicate**
명 [djúːplikət] 동 [djúːpləkèit]

명 복사 동 복사하다
하나를 두 개(du)로 만드는 것이 **복사**(duplicate)죠.

0480 **doubt**
[daut]

명 의심 동 의심하다
의심(doubt)은 마음이 두 개(dou → du)가 되는 것이겠죠.
– **다우트** 게임 – 앞의 플레이어의 카드가 의심이 되면
'다우트'라고 외치세요.

0481 **diploma**
[diplóumə]

명 졸업장
영국이나 호주의 대학 편입을 위한 **디플로마** 과정이 있죠.
– 졸업장(diploma)은 보통 큰 종이를 반으로 접어
두(di → du) 페이지가 마주보도록 만들어요.

0482 **alien**
[éiljən]

형 외국의, 성질이 다른 명 외국인, 외계인
영화 〈**에이리언**〉에는 외계 생물이 등장하죠.
함께 익혀요 **foreign** 형 외국의, 외국산의

0483 **pledge**
[pledʒ]

명 맹세, 서약 동 맹세하다
신 앞에서 **맹세**(pledge)하면 신을 기쁘게(please) 하는
걸까요?
함께 익혀요 **please** 부 제발 동 기쁘게 하다

0484 **surf**
[səːrf]

명 파도 동 파도타기를 하다
서핑 – 파도타기, 인터넷 서핑

쉽게 풀어낸 어원

다이너마이트(dynamite)는
폭파 시 엄청난 힘을 발휘하죠.
dyna는 힘을 뜻합니다.

0485 **dynamic**
[dainǽmik]

형 동적인, 활력 있는

다이나믹하고 역동적인 사람. 힘 력(力)
– dynamic은 dyna(힘)에서 파생되어 역동적인
(dynamic)을 뜻합니다.

➕ **dynamics** 명 역학

0486 **dynasty**
[dáinǝsti]

명 왕조, 왕가

힘(dyna)이 없는 왕조(dynasty)는 결국 멸망하죠.

0487 **nasty**
[nǽsti]

함께 익혀요
형 역겨운, 더러운, 불쾌한, 형편없는

부패하고 **더러운**(nasty) 왕조(dynasty)는 멸망하겠죠?

0488 **urge**
[ǝːrdʒ]

동 재촉하다, 다그치다

긴급한 상황이라면 억지라도 부리며 **재촉해야**(urge) 해요.

➕ **urgent** 형 긴급한, 절박한

0489 **interval**
[íntǝrvǝl]

명 간격, 거리

운동 중간에 잠깐 간격을 두고 다시 하는 **인터벌** 운동
인터벌 달리기

0490 **allergy**
[ǽlǝrdʒi]

명 알레르기, 이상 과민 반응

진드기 **알레르기**, 알레르기 예방

➕ **allergic** 형 알레르기의

0491 **applaud**
[ǝplɔ́ːd]

동 박수갈채를 보내다, 칭찬하다

박수갈채를 보내면(applaud) 엄청 시끄러울(loud)
거예요.

➕ **applause** 명 박수갈채, 칭찬 **함께 익혀요** **loud** 형 큰 소리의,
시끄러운 **arouse** 동 깨우다, 자극하다

DAY
10

Adequate exercise is necessary for good health.

적절한 운동은 건강에 꼭 필요해요.

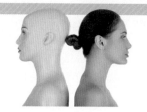

🎧 Day10.mp3

쉽게 풀어낸 어원

인간(man)을 본떠 만든 마네킹(mannequin).
equi 또는 **equa**는 똑같은, 동등한을 뜻합니다.

0492
equator
[ikwéitər]

몡 적도

남극과 북극에서 같은(equa) 거리에 있는 **적도**(equator)

★잠깐 상식 에콰도르(Ecuador)는 스페인어로 적도라는 의미죠. 에콰도르의 수도 키토에서 30분 거리에 적도 탑이 있어요.

➕ equate 통 동등시하다, 평균하다

0493
equal
[íːkwəl]

형 동등한, 감당할 수 있는 통 동등하다, 필적하다

수학 공식의 하나인 **이퀄**(= equal)

➕ unequal 형 동등하지 않은 equality 몡 평등

0494
adequate
[ǽdikwət]

형 적절한, 어울리는

기준과 같으면(equa) **적절한**(adequate) 것이죠.

➕ inadequate 형 불충분한

0495
quality
[kwáləti]

몡 질, 특질, 성질

정해 놓은 품질 기준보다 위에 있으면 좋은 제품, 밑에 있으면 나쁜 제품

– quality는 (기준과) 같은(qua → equa) 정도를 나타내는 **질/특질**(quality)을 뜻합니다.

➕ qualify 통 자격을 주다 → 질(quality)이 좋은 경우에만 자격을 줘야겠죠(qualify).

0496
quantity
[kwántəti]

함께 익혀요
몡 양

공부는 질(quality)이 중요한가요, 아니면 **양**(quantity)이 중요한가요?

0497
equivalent
[ikwívələnt]

형 동등한

똑같은(equi)과 가치(val → value)가 합쳐진 **동등한** (equivalent)

"한 단어당 10초씩 읽어 보세요."

 목표 시간: 15분

 걸린 시간: 분

0498 anguish
[ǽŋgwiʃ]

명 고민, 고뇌
잉글리시(English)를 잘 못해서 **고민**(anguish)이
많으세요?

0499 abolish
[əbáliʃ]

동 폐지하다
대입수능 영어(English) 시험을 **폐지할까요**(abolish)?
함께 익혀요 demolish 동 파괴하다, 폐지하다
demolition 명 파괴, 타파

0500 wear
[wɛər]

동 입다, 닳다, 지치다, 지치게 하다
스포츠**웨어**. 언더웨어 – 속옷(겉옷 아래(under)에 입는 옷)
함께 익혀요 weary 형 피로한, 싫증나는

0501 swear
[swɛər]

동 맹세하다, 욕하다(-swore-sworn)
엄숙히 **맹세할**(swear) 때는 옷을 갖추어 입어야겠죠
(wear).

0502 study
[stʌ́di]

동 공부하다, 연구하다 명 학문, 논문
스터디 그룹, 스터디 후기, 스터디 플래너

0503 sturdy
[stə́:rdi]

형 튼튼한, 강건한, 기운찬
열심히 공부하면(study) 지적으로 **강건한**(sturdy) 학생이
될 거예요.

0504 stupid
[stjú:pid]

형 어리석은
공부하지(study) 않는 학생은 돼지(pig)처럼
미련해질지도(stupid) 몰라요.

집 밖으로 나갈 땐 출구(exit)를 이용하죠.
ex는 밖을 뜻합니다.

0505 **excel** [iksél]	동 능가하다, ~보다 낫다 MS 엑셀이 생기면서 문서 작업하기가 이전보다 **나아졌어요**(excel). – 평범함 밖(ex)으로 튀어나가야 경쟁자를 능가할(excel) 수 있어요. ⊕ **excellent** 형 우수한, 뛰어난
0506 **exile** [égzail]	동 추방하다 명 망명 사회에 해악을 끼치는 사람들은 대한민국 밖(ex)으로 **추방할까요**(exile)?
0507 **exist** [igzíst]	함께 익혀요 동 존재하다, 살아가다 매일같이 출구(exit)를 출입하며 **살아가죠**(exist). ⊕ **existence** 명 존재, 생존 **coexist** 동 공존하다 함께 익혀요 **exit** 명 출구 동 나가다
0508 **exhaust** [igzɔ́:st]	함께 익혀요 동 다 써버리다, 지치게 하다 흥청망청 인생을 살다보니(exist) 돈을 다 **써버렸군요** (exhaust). ⊕ **exhausted** 형 고갈된, 힘이 다 빠진
0509 **exotic** [igzátik]	형 외국풍의, 이국적인 이국적인 풍의 **이그조틱** 패션 – 국경의 출구(exit)를 벗어나면 이국적인(exotic) 경치가 펼쳐지죠.
0510 **conference** [kánfərəns]	명 회의 경영 **컨퍼런스**(회의)에 참가하다, 국제 재난 경감 컨퍼런스
0511 **apron** [éiprən]	명 앞치마 와이프(wife)가 두른 **에이프런**(apron)

0512

ardent
[á:rdnt]

형 열심인, 열렬한, 열정적인

공부를 잘하는 학생(student)은 공부에 **열정적이죠** (ardent).

0513

prudent
[prú:dnt]

형 사려 깊은, 신중한

모범적인 학생(student)은 매사에 **신중하지요** (prudent).

함께 익혀요 impudent 형 뻔뻔스러운, 염치없는

0514

impair
[impéər]

동 해치다, 손상시키다

자전거에 바퀴가 하나 없다면(짝을 이루지 못한다면) 손상된 것이죠.
– 부정의 의미(im)와 짝(pair)이 합쳐진
해치다/손상시키다(impair)

⊕ impairment 명 손상

0515

despair
[dispéər]

명 절망 동 절망하다

짝 잃은 상실감
– 벗어난(des → dis)과 짝(pair)이 합쳐진
절망/절망하다(despair)

⊕ desperate 형 절망적인, 필사적인

0516

counterfeit
[káuntərfit]

형 위조의, 가짜의 명 가짜

상점 카운터를 기준으로 고객과 점원은 서로 반대편에 있죠?
– 반대로(counter)와 만들다(feit → fic)가 결합된
위조의/가짜의(counterfeit)

함께 익혀요 forfeit 명 벌금, 박탈 동 박탈당하다 → 가짜(counterfeit)
를 만들어 내는 사람들에겐 벌금(forfeit)을 물려야 해요.

0517

fiction
[fíkʃən]

명 소설, 허구

괜찮은 역사 **픽션** 소설 추천 좀 해주세요.
– fiction은 만들어낸(fic) 이야기인 소설/허구(fiction)를
말하지요

⊕ nonfiction 명 논픽션, 수필, 산문, 비소설

쉽게 풀어낸 어원 fac/fec/fic①

팩토리 아울렛 – 공장(factory) 직판매장.
팩토리(공장)는 무언가를 만들어내는 곳이죠?
fac, fec 또는 **fic**는 만들다를 뜻합니다.

0518

effect
[ifékt]

명 결과, 효과 동 이루다

스페셜 **이펙트** – 특수 효과
다 만들어서 밖으로 보여주는 게 결과이지요.
– 밖(e)과 만들다(fect)가 결합된 **결과/효과**(effect)

➕ **effective** 형 효과적인, 유효한

0519

defect
[difékt]

명 결점, 부족

하수가 만든 물건은 결함이 많겠죠.
– 아래(de, 하수)와 만들다(fect)가 합쳐진
결점/결함(defect)

0520

affect
[əfékt]

동 감동시키다, 영향을 미치다, ~인 체하다

뭔가를 멋지게 만들어서(fec) 사람들을 **감동시키고**
(affect) 싶어요.

➕ **affection** 명 영향, 감정, 애정

0521

infect
[infékt]

동 오염시키다, 감염시키다

폐수가 흘러들어오면 강물이 오염되지요.
– 안에(in)와 만들다(fect)가 결합되어 **오염시키다**
(infect)가 됩니다.

➕ **infection** 명 감염, 전염

0522

manufacture
[mænjufǽktʃər]

명 제조, 수공업 동 제조하다

손(man → 매니큐어 연상)과 만들다(fac)가 연계되어
제조/수공업/제조하다(manufacture)가 되지요.

0523

factor
[fǽktər]

명 요소, 요인

원료가 있어야 물건을 만들지요.
– factor는 무언가를 만들기(fac) 위한 **요소/요인**
(factor)을 말합니다.

➕ **factual** 형 실제의

0524 facilitate
[fəsílətèit]

동 ~을 쉽게 하다, ~을 용이하게 하다

facilitate는 fac(만들다)에서 유래하여 **~을 쉽게 하다/ ~을 용이하게 하다**(facilitate)를 뜻하지요.

➕ facilities 명 편의시설, 기관

0525 faculty
[fǽkəlti]

명 능력, 재능, 학부, 교수진

faculty는 뭔가를 만들(fac) 수 있는 **능력/재능**(faculty) 을 말하지요.

0526 approach
[əpróutʃ]

동 접근하다 명 접근

(골프) **어프로치**샷 – 공을 홀컵에 접근시키는 샷

함께 익혀요 approximate 형 [əprǽksəmət] 대략의, 유사한 동 [əprǽksəmèit] ~에 가까워지다 → 접근(approach)하면 거리가 가까워지죠(approximate).

0527 reproach
[ripróutʃ]

동 비난하다 명 비난, 질책

어프로치(approach) 샷을 쳤는데 골프공을 뒤로(re) 보내면 주변에서 **비난할**(reproach) 거예요.

0528 compare
[kəmpɛ́ər]

동 비교하다, 대조하다, 비유하다

비교란 짝(상대방)과 자신을 비교하는 거죠. – 함께(com)와 짝(pare → pair)이 합쳐진 **비교하다/ 대조하다/비유하다**(compare)

➕ comparison 명 비교, 대조, 비유 함께 익혀요 pair 명 짝, 쌍, 한 켤레 → 원 페어 – 한 쌍

0529 prepare
[pripɛ́ər]

동 준비하다

미리(pre) 짝(pare → pair)을 맞추는 게 **준비하는** (prepare) 것이죠.

쉽게 풀어낸 어원 fac/fec/fic②

팩토리 아울렛 – 공장(factory) 직판매장.
팩토리(공장)는 무언가를 만들어내는 곳이죠?
fac, fec 또는 **fic는 만들다를 뜻합니다.**

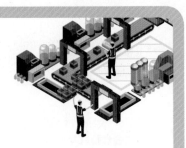

0530
efficient
[ifíʃənt]

형 유능한, 능률적인
유능한(efficient) 사람은 밖(e)에서도 잘 만들(fic) 거예요.
➕ efficiency 명 능률, 효력

0531
proficient
[prəfíʃənt]

형 숙달한, 능숙한
프로(pro)라면 무엇을 만들(fic) 때 **능숙한**(proficient)
솜씨를 발휘하겠죠.

0532
sufficient
[səfíʃənt]

형 충분한
너무 많이 만들면 넘쳐서 아래로 흐르죠.
– 아래(suf → subway 연상)와 만들다(fic)가 합쳐진
충분한(sufficient)
➕ suffice 동 충분하다, 족하다

0533
deficient
[difíʃənt]

형 부족한, 불충분한
항아리 아래(de) 구멍을 만들면(fic) 내용물이 새어나와
부족해지겠죠(deficient).

0534
difficult
[dífikʌlt]

형 어려운
실력이 아래로(de) 떨어지는 사람이라면 잘 만들기(fic)
어렵지요(difficult).

0535
superficial
[sùːpərfíʃəl]

형 피상적인, 얄팍한
수박 겉핥기
– 뜬 구름 잡듯이 위쪽만(super) 좋게 만드는(fic)
피상적인/얄팍한(superficial)

0536
bond
[band]

명 본드, 접착제, 속박, 구속, 채권
본드를 사용해 붙이세요, 본드 제거
➕ bondage 명 노예 신분, 속박 → 노예 신분(bondage)은
주인에게 본드(bond)처럼 속박되어 있죠.

0537 ball
[bɔːl]

명 공, 무도회
(축구) 마이볼 – 내 공이야
볼룸 댄스 – 무도회장에서 추는 사교춤

0538 oval
[óuvəl]

형 달걀 모양의, 타원형의 명 달걀 모양
O형의 공(val → ball) 같은 모양이 **타원형이죠**(oval).

0539 boil
[bɔil]

동 끓다, 끓이다
보일러에서 물이 펄펄 끓어요.

0540 soil
[sɔil]

명 흙, 땅
화산 폭발은 **땅**(soil)이 끓는(boil) 것

0541 anchor
[ǽŋkər]

명 닻, 앵커
뉴스 **앵커** – 뉴스를 끝내는(닻을 내리는) 사람
릴레이 마지막 주자를 앵커맨(anchor man)이라고 하죠.

0542 patent
[pǽtnt]

명 전매특허, 명백 형 명백한
부모(parent)만이 가능한 위대한 **전매특허**(patent)가
자식이지요.

0543 apprehend
[æprihénd]

동 염려하다, 체포하다, 이해하다
사랑하는 사람이 머나먼 아프리카(Africa)로 떠나려고 한다면
몹시 **염려가 되겠죠**(apprehend)? 못 가게 하는 마음을
이해할까요?

함께 익혀요 **comprehend** 동 이해하다, 포함하다 → apprehend
(이해하다)와 comprehend(이해하다)는 의미도 모양도 유사하네요.
comprehension 명 이해

0544 architecture
[ɑ́ːrkitèktʃər]

명 건축, 건축술
이슬람 **건축**(architecture)은 둥그런 아치(arch) 모양의
돔(dome) 양식이 많지요

➕ **architect** 명 건축가, 설계자

DAY 11

The system has a structural fault.

그 시스템에는 구조적 결함이 있어요.

Day11.mp3

쉽게 풀어낸 어원

야구장에 갔더니 관중석 쪽으로
파울 볼이 떨어지네요(fall).
fal은 떨어지다, 실패를 뜻합니다.

0545 **fall**
[fɔ:l]

명 가을, 폭포(falls) 통 떨어지다(-fell-fallen)
가을(fall)에는 낙엽이 떨어지고, **폭포**(falls)에서는 물이
떨어지지요.
➕ **befall** 통 생기다, 일어나다, 신변에 닥치다(-befell-befallen)

0546 **fail**
[feil]

통 실패하다
실패는 성공의 어머니
– fail은 fal(실패)에서 파생하여 **실패하다**(fail)를 의미
하지요.
➕ **failure** 명 실패

0547 **fault**
[fɔ:lt]

명 허물, 결점
(테니스) **폴트** – 서브 실패, 배드민턴 폴트
– fault 역시 실패(faul → fal)와 밀접한 관계의 의미로
허물/결점(fault)을 뜻합니다.
➕ **fallacy** 명 허위, 잘못, 오류 **falsify** 통 잘못을 입증하다

0548 **ground**
[graund]

명 땅, 운동장 통 착륙하다
(스포츠) 홈 **그라운드** – 자기 팀 본거지에 있는 운동장
(야구) 그라운드 홈런 – 장내 홈런
➕ **background** 명 배경, 이유

0549 **grind**
[graind]

통 갈다, 빻다
흙(ground)은 누가 **갈았길래**(grind) 그토록 고울까요?

"한 단어당 10초씩 읽어 보세요."

 목표 시간: 15분

 걸린 시간: 분

0550 range
[reindʒ]

명 범위, 한계, 열, 산맥

가스가 나오는 범위가 정해져 있는 가스**레인지**

0551 strange
[streindʒ]

형 이상한, 낯선

일정한 범위(range)를 벗어나면 **이상한**(strange) 것이
지요.

➕ **stranger** 명 이상한 사람, 낯선 사람

0552 shame
[ʃeim]

명 부끄럼, 수치, 치욕

그냥 봐서는 진품과 거의 같은(same) 짝퉁을 만들어내는
사람들은 **부끄럼**(shame)을 느껴야 해요.

➕ **ashamed** 형 부끄러워하는 **shameful** 형 치욕의
함께 익혀요 **same** 형 같은

0553 sane
[sein]

형 제정신의, 온전한

일반인과 정신세계가 같은(same) 사람은 **제정신인**
(sane) 거죠.

➕ **insane** 형 미친 → 부정의 의미 in

0554 touch
[tʌtʃ]

명 느낌, 촉감 동 만지다, 감동시키다

돈 **터치**(Don't touch) – 만지지 마,
(배구) 네트터치 – 손으로 네트(그물)를 만지는 반칙

0555 attach
[ətǽtʃ]

동 붙이다, 부착하다

잠깐 만지지만(touch) 말고 아예 **붙여놓으세요**
(attach).

함께 익혀요 **detach** 동 떼어놓다, 파견하다

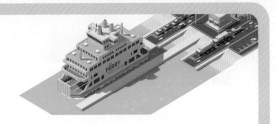

쉽게 풀어낸 어원

홍콩에서 페리(ferry)를 타고
환상적인 홍콩 야경을 구경할까요?
fer는 **나르다**를 뜻합니다.

0556
ferry
[féri]

몡 나루터, 나룻배

한강 셔틀 **페리** 운항, 여객을 태우거나 자동차를 실어
운반하는 배를 페리라고 하죠.

0557
offer
[ɔ́:fər]

동 제안하다, 제공하다

오퍼상들은 물건의 가격을 제안하는 등 무역 거래의
거래 조건을 조정해요.

0558
prefer
[prifə́:r]

동 선호하다

좋아하는 것은 미리(pre) 챙기겠죠?
– 미리(pre)와 나르다(fer)가 합쳐진 **선호하다**(prefer)

➕ preferable 혱 더 마음에 드는, 더 바람직한

0559
different
[dífərənt]

혱 다른, 다양한

잠수함을 타고 물 아래로 내려가면 다양한 광경이 펼쳐져요.
– 아래(di)와 나르다(fer)가 결합된 **다른/다양한**(different)

➕ differ 동 다르다 indifferent 혱 무관심한 → 부정의 의미(in)
+ 다른(different) → 다 똑같은 것들뿐이라면 무관심하겠죠.

0560
suffer
[sʌ́fər]

동 고통받다, 겪다

통나무 아래에(suf → subway 연상) 깔리면 고통스럽겠죠.
– 아래에(suf)와 나르다(fer)가 결합된 **고통받다/겪다**
(suffer)

0561
refer
[rifə́:r]

동 언급하다, 참조하다

여행을 다녀와서 뭘 봤는지 다시 언급하는 상황 연상
– 다시(re)와 (말을) 나르다(fer)가 합쳐진
언급하다/참조하다(refer)

➕ reference 몡 언급, 참조 함께 익혀요 referee 몡 심판 동 심판
하다 → 경기가 끝나면 심판이 공을 다시(re) 나르죠(fer).

0562 transfer
[trænsfə́:r]

동 갈아타다, 옮기다 명 송금
지하철이나 비행기를 환승하는 것도 **트랜스퍼**라고 하죠.

0563 fame
[feim]

명 명성, 명예
명성(fame)이란 이름(name)이 널리 알려진 것이죠.
➕ **famous** 형 유명한 **infamous** 형 악명 높은 → 부정의 의미
in

0564 famine
[fǽmin]

명 기근(식량이 모자라서 굶주리는 일)
인생지사 새옹지마~ 아무리 명성(fame)이 뛰어났던
사람이라도 **기근**(famine)에 처하지 말라는 법은 없어요.

0565 blame
[bleim]

동 비난하다, 나무라다 명 비난
누가 자신의 이름(name)을 더럽히면 그 사람을
비난하죠(blame).

0566 arrive
[əráiv]

동 도착하다
농경사회에서는 생명줄 역할을 했던 강(river)에
도착하면(arrive) 그야말로 만사형통이었어요.
➕ **arrival** 명 도착

0567 derive
[diráiv]

동 유래하다, ~을 얻다
강 아래에서 건져낸 모세는 유태인을 이집트에서 구해낸
민족 영웅이죠.
– 아래(de)와 강(rive → river)이 합쳐진 **유래하다**
(derive)

0568 thrive
[θraiv]

동 번영하다, 발전하다
강(river)을 따라 농업이 **발전하지요**(thrive).

0569 ass
[æs]

몡 멍청이, 당나귀, 엉덩이
멍청이(ass)와 **당나귀**(ass) 중 누가 더 모자랄까요?

0570 ethnic
[éθnik]

혱 인종의, 민족의
몽고 **인종의**(ethnic) 특징은 엉덩이(ass)에 몽고반점이 있다는 것이지요.

0571 assassination
[əsæsənéiʃən]

몡 암살
암살은 엉덩이 안쪽을 두 번 때려서 시키나요?
– ass와 ass 다음에 안(in)이 연결되어
암살(assassination)이 되었네요.
➕ **assassin** 몡 암살자 → (영화) 닌자 어쌔신(Ninja Assassin)

0572 assume
[əsú:m]

통 가정하다, 추측하다, ~인 체하다
코끼리 엉덩이(ass)가 얼마나 큰지 **상상해봐요**(assume).
➕ **assumption** 몡 가정 함께 익혀요 **presume** 통 상상하다, 생각하다

0573 sore
[sɔːr]

혱 아픈, 쑤시는
쏘가리에게 쏘이면 **아프지요**(sore).

0574 thorn
[θɔːrn]

몡 가시
손가락을 아프게 쏜 **가시**(thorn)

0575 throne
[θroun]

몡 왕위, 왕좌
'가시가 없으면 **왕좌**도 없다(no thorn – no throne)'라는 영어 속담이 있어요.

0576 throng
[θrɔːŋ]

몡 군중, 다중 통 떼지어 모이다
왕을 알현하러 수많은 신하가 몰려오는 상황 연상
– 왕좌(throne) 주위에 모여 있는 **군중**(throng)

쉽게 풀어낸 어원

올림픽 폐막식인 피날레(finale)가 더 멋질까요,
월드컵 결승전인 파이널(final) 경기가 더 환상적일까요?
fin은 끝을 뜻합니다.

FINAL MATCH

0577
confine
[kənfáin]

명 경계, 한도 동 한정하다, 감금하다

confine은 서로(con)와 끝(fin)이 결합되어
경계/한도(confine)를 의미하지요.

0578
infinite
[ínfənət]

형 무한한

신(神)은 시작도 끝도 없는 무한한 존재인가요?
– 부정의 의미(in)와 끝(fin)이 합쳐진 **무한한**(infinite)

➕ finite 형 유한한

0579
definite
[défənit]

형 명확한, 확정된, 한정된

밑도(de → down) 끝도 없으면 정말 막막하겠죠.
– definite은 밑(de → down)과 끝(fin)이 정해져 있어
명확한(definite)이 됩니다.

➕ definition 명 정의 define 동 정의하다, 한계 짓다

0580
cow
[kau]

명 암소, 젖소

암소를 몰고 다니는 **카우**보이(목동)

0581
coward
[káuərd]

명 겁쟁이 형 비겁한

암소(cow)처럼 겁이 많은 **겁쟁이**(coward)

➕ cowardice 명 겁, 비겁

0582
mow
[mou]

동 풀을 베다

암소(cow)에게 줄 **풀을 베다**(mow)

쉽게 풀어낸 어원

구부릴(flex) 수 있는 플렉서블(flexible) 스마트폰.
flex는 구부리다를 뜻합니다.

0583
flexible
[fléksəbl]

형 유연한, 융통성 있는

➕ flexibility 명 유연성, 융통성
inflexible 형 구부러지지 않는,
불굴의 → 부정의 의미 in

0584
perplex
[pərpléks]

동 당황하게 하다

완전히 구부리면 부러실까봐 당황스럽겠죠?
– 완전한(per → perfect 연상)과 구부리다(flex)가
합쳐진 **당황하게 하다**(perplex)

0585
reflect
[riflékt]

동 반사하다, 숙고하다

'반사'란 들어온 빛을 구부려서(flec → flex) 다시 보내는 것
이죠.
– 다시(re)와 구부리다(flec)가 합쳐진
반사하다/숙고하다(reflect)

➕ reflection 명 반사, 숙고

0586
fly
[flai]

동 날다 명 파리

(야구) 파울 플라이 – 파울볼이 높게 날아가는 것
(권투) 플라이급 – 펄펄 날 만큼 가벼운 경량급

함께 익혀요 flea 명 벼룩 flea market 명 벼룩시장

0587
fling
[fliŋ]

동 내던지다 명 투척

종이비행기를 위로 힘껏 **내던지면**(fling) 멀리
날아가겠죠(fly).

쉽게 풀어낸 어원

믿음직한 우리 아버지(father).
fide는 아버지에서 유래하여 **믿다**를 뜻합니다.

0588 **confidence**
[kάnfədəns]

명 신뢰, 자신감

서로(con) 믿는(fide) 것이 **신뢰**(confidence)

➕ **confident** 형 확신하는, 자신만만한
confide 동 비밀을 말하다, 위탁하다

0589 **confidential**
[kὰnfədénʃəl]

형 기밀의, 극비의

다 같이(con) 믿는(fide) 사람만 알 수 있는
극비(極秘) 사항

0590 **sphere**
[sfiər]

명 구(球), 범위

물체를 빠르게 회전시키면(spin) 둥그런 **구**(sphere) 모양
으로 보여요.

➕ **hemisphere** 명 반구

0591 **atmosphere**
[ǽtməsfiər]

명 공기(空氣), 대기, 분위기

만화영화 주인공 아톰(atom, 원자)
– 원자(atmo → atom)와 구(sphere)가 합쳐지면 지구
주위에 있는 **공기**(atmosphere)가 되죠.

0592 **stone**
[stoun]

명 돌

스톤 아트 – 돌로 만든 예술

0593 **astonish**
[əstάniʃ]

동 놀라게 하다, 깜짝 놀라다

갑자기 어디선가 돌(stone)이 날아오면 깜짝 **놀라겠죠**
(astonish).

➕ **astound** 동 놀라게 하다

DAY 12

Please distribute handouts to the audience.
청중들에게 유인물을 나누어 주시기 바랍니다.

 Day12.mp3

0594
march
[ma:rtʃ]

몡 행진 툉 행진하다

웨딩 **마치** – 결혼 행진

함께 익혀요 **martial** 휑 전쟁의, 군대의, 용감한
mar 툉 상하게 하다 **Mars** 몡 화성, 전쟁

0595
military
[mílitèri]

몡 군대 휑 군인의

밀리터리 패션 – 군대 패션
– 군대(military)에서는 **행진하지요**(march).

0596
merchant
[mə́:rtʃənt]

몡 상인(商人)

전국 방방곡곡을 행진하고 다니는 행상(보부상)
– merchant는 march(행진하다)에서 유래하여
상인(merchant)을 뜻합니다.

0597
merchandise
[mə́:rtʃəndàiz]

몡 상품, 제품

상인(merchant)이 파는 **상품**(merchandise)

0598
context
[kántekst]

몡 문맥

독서할 때는 앞뒤 문맥을 함께 이해해야 해요.
– 함께(con)와 글(text)이 결합된 **문맥**(context)

➕ **text** 몡 글, 문서 → 텍스트 파일

0599
texture
[tékstʃər]

몡 직물, 천

중국 후한(後漢) 시대의 채윤은 직물(넝마와 헌 어망)을
이용해서 글을 쓰는 종이를 발명했죠.
– 글(text)과 **직물**(texture)은 태생부터 밀접한 관계가
있어요.

➕ **textile** 몡 직물 휑 직물의

"한 단어당 10초씩 읽어 보세요."

 목표 시간: 15분

 걸린 시간:　분

0600
tone
[toun]

명 톤, 어조, 말투
여러분은 어떤 **톤**으로 얘기하세요? 혹시 허스키톤?

0601
attorney
[ətə́:rni]

명 대리인, 변호사
대리인이 의뢰인과 하나의(a, 같은) 말투(torn → tone)로
얘기하면, 즉 의뢰인과 한마음이라면 최고의 **대리인**
(attorney)이겠죠.

0602
tongue
[tʌŋ]

명 말, 말씨, 혀, 언어
마더**텅**(mother tongue) – 모국어
– 말(tongue)의 목적은 서로 통(通)하기 위해서예요.

0603
tribe
[traib]

명 종족, 부족
(게임) 정글 트롤 **트라이브** – 정글 속 부족 이야기
➕ tribal 형 부족의, 종족의

0604
attribute
명 [ǽtrəbjùːt] 동 [ətríbjuːt]

명 특질, 속성 동 ~의 탓으로 돌리다
마사이족은 귀를 크게 만드는 것으로 유명하죠.
– 아프리카 부족(tribe)들은 저마다 고유한 **특질**
(attribute)이 있어요.

0605
contribute
[kəntríbjuːt]

동 공헌하다
다 같은(con) 마음으로 부족(tribe)들이 협력하면서
아프리카 발전에 **공헌하다**(contribute)
함께 익혀요 contrive 동 연구해내다, 고안하다, 궁리하다

0606
distribute
[distríbjuːt]

동 분배하다
아프리카 중심부를 벗어난(dis) 오지의 부족(tribe)에게
구호물자를 **분배하다**(distribute)

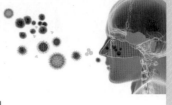

쉽게 풀어낸 어원

플루(독감)는 사람 사이를 흘러 다니며 전염되죠.
flo 또는 **flu**는 **흐르다**를 뜻합니다.

0607
flu
[fluː]

명 독감, 유행성 감기
플루 백신 – 독감 백신

0608
influenza
[ìnfluénzə]

명 전염성 독감
조류 **인플루엔자**, 인플루엔자 백신

0609
fluid
[flúːid]

명 유동체 형 유동적인
flu에서 파생된 fluid(**유동적인**)

0610
influence
[ínfluəns]

명 영향 동 영향을 미치다
나쁜 공기가 집 안에 흘러들어오면 건강에 안 좋은 영향을
끼치겠죠.
– 안(in)과 흐르다(flu)가 결합된
영향/영향을 미치다(influence)

0611
fluent
[flúːənt]

형 유창한, 달변인
물 흐르듯이(flu) **플루언트한**(유창한) 영어를 구사하고
싶으세요?
➕ **fluency** 명 유창함

0612
flow
[flou]

명 흐름 동 흐르다
(경제 용어) 캐시**플로** – 현금 흐름
함께익혀요 plow 명 쟁기 동 갈다, 경작하다 ➙ 농부는 강물이
흐르는(flow) 곳 주위에 밭을 경작하지요(plow).

0613
float
[flout]

동 떠다니다, 표류하다
물 위를 둥둥 떠다니는 **플로팅** 마켓(수상시장)은
태국 여행의 명소죠.

0614
flood
[flʌd]

명 홍수 동 물에 잠기다
물이 너무 많이 흐르면(flo) 홍수(flood)가 나죠.

0615 **explode**
[iksplóud]

함께 익혀요

동 폭발시키다, 폭발하다

홍수로 댐이 무너지면 난리가 나겠죠.
– explode는 밖(ex)과 홍수(plode → flood)가 합쳐져
폭발시키다/폭발하다(explode)를 뜻합니다.

⊕ explosion 명 폭발

0616 **superfluous**
[supə́:rfluəs]

형 남는, 여분의

위에(super)와 흐르다(flu)가 결합하여 **남는/여분의**
(superfluous)가 됩니다.

0617 **temple**
[témpl]

명 절, 사원

템플스테이 – 사원에 체류하기

0618 **contemplate**
[kɑ́ntəmplèit]

동 명상하다, 숙고하다, 응시하다

다 같이(con) 절(temple)에서 **명상을 하다**
(contemplate)

0619 **tempt**
[tempt]

동 유혹하다

오늘 밤 PC방에 갈까요, 아니면 노래방에 갈까요?
– 절(temple)을 떠나니 많은 것들이 **유혹하네요**
(tempt).

⊕ temptation 명 유혹

0620 **attempt**
[ətémpt]

동 시도하다 명 시도

친구가 유혹해서(tempt) 한 번쯤은 학원을 빠지고 PC방에
가는 일탈을 **시도한**(attempt) 적 있나요?

0621 **contempt**
[kəntémpt]

명 경멸, 멸시

맨날 같은 유혹에 넘어가서 하루 종일 PC방에 있으면
멸시와 모욕을 받을 수도 있어요.
– 같은(con)과 유혹하다(tempt)가 합쳐진 **경멸/멸시**
(contempt)

⊕ contemptuous 형 경멸적인, 업신여기는

쉽게 풀어낸 어원

포스(force)가 있다는 말은 힘이 있다는 뜻이고,
음악 용어 포르테(forte)는 힘을 줘서
세게 연주한 후 곧 약하게 연주하라는 의미죠.
이처럼 **forc** 또는 **fort**는 힘을 뜻합니다.

AIR FORCE

0622
force
[fɔːrs]

명 힘, 무력 동 강요하다

에어**포스** – 공군
에어**포스**원 – 미국 대통령이 타는 공군 1호기

➕ **enforce** 동 강요하다, 실시하다

0623
effort
[éfərt]

명 노력

밖(e)으로 힘(fort) 쓰며 **노력**(effort)합시다.

0624
comfort
[kʌ́mfərt]

명 편안, 위로 동 편안하게 하다, 위로하다

함께(com) 힘(fort)을 합해 노력해야 모두들 **편
안**(comfort)을 만끽할 수 있어요.
– 누구는 실컷 놀고 누구는 일하면 불만이 생기기 마련이지요.

➕ **comfortable** 형 편안한, 안락한 **uncomfortable** 형 불편한

0625
fortress
[fɔ́ːrtris]

명 요새, 성벽

힘(fort)을 써서 지켜야 하는 **요새/성벽**(fortress)

0626
fortify
[fɔ́ːrtəfài]

동 강화하다

몸에 지속적인 힘을 가하면 멋진 근육이 만들어지겠죠.
– 힘(fort)을 가하는 것이 **강화하다**(fortify)죠.

함께 익혀요 **reinforce** 동 강화하다
→ 다시(re) 안으로(in) 힘을(force) 쓰면 강해지겠죠.

0627
utter
[ʌ́tər]

동 말하다 형 완전한

버터(butter)를 많이 먹으면 **말하기가**(utter)
부드러워질지도 몰라요.

0628

decade
[dékeid]

몡 10년, 10개

저 아케이드(arcade)를 만드는 데 **10년**(decade)이 걸렸어요.

0629

decent
[dí:snt]

혱 고상한, 예의바른

무례하고 제멋대로인 사람이라도 10년(decade) 동안 교육받으면 좀 **고상해지겠죠**(decent).

0630

salute
[səlú:t]

몡 인사, 경례, 절 툉 인사하다

선생님(sir)을 보면 **인사하세요**(salute).

0631

author
[ɔ́:θər]

몡 창시자, 저자

오~ 위대한 창시자

– 오(au → o)와 선생님(thor → sir)을 합치면 **창시자/저자**(author)가 되죠.

함께 익혀요 **authentic** 혱 진짜의, 믿을 만한 → 위대한 창시자 (author)가 만든 물건은 100% 믿을 만한(authentic) 걸작품일 거예요.

0632

authority
[əθɔ́:rəti]

몡 권위, 당국, 관청

위대한 창시자(author)는 **권위**(authority)가 있지요.

➕ **authorize** 툉 위임하다, 인가하다

0633

fiber
[fáibər]

몡 섬유, 섬유질

(섬유 음료) 미에로 **화이바**

0634

caution
[kɔ́:ʃən]

몡 조심, 경고

코브라(cobra) **조심**(caution)!

➕ **precaution** 몡 예방 → '미리'를 의미하는 pre

0635

auction
[ɔ́:kʃən]

몡 경매 툉 경매하다

소더비 **옥션**은 세계 최대의 경매회사이죠.

쉽게 풀어낸 어원

축구에서 포워드(forward)는 전방에서 공격을 담당하죠.
fore는 앞을 뜻합니다.

0636 **forward**
[fɔ́:rwərd]

분 앞으로, 전방으로

(축구) 센터**포워드** – 중앙 공격수

➕ backward 분 후방에, 뒤쪽으로 toward 전 ~쪽으로

함께 익혀요 **awkward** 형 어색한, 서투른, 난처한 → 어느 쪽으로 (ward) 가야 할지 모르면 난처하겠죠(awkward).

0637 **forehead**
[fɔ́:rhèd]

명 이마

앞에(fore) 있는 머리(head)가 **이마**(forehead)

0638 **forearm**
[fɔ́:rs]

명 팔뚝

앞(fore)과 팔(arm)이 결합된 **팔뚝**(forearm)

0639 **foremost**
[fɔ́:rmoust]

형 최초의, 주요한

앞(fore)과 대부분의(most)가 합쳐진 **최초의/주요한** (foremost)

0640 **foresight**
[fɔ́:rsait]

명 선견지명

미리(fore)와 보기(sight)가 결합된 **선견지명**(foresight)

0641 **foretell**
[fɔ:rtél]

동 예언하다

앞(fore)과 말하다(tell)가 결합된 **예언하다**(foretell)

➕ tell 동 말하다, 영향을 주다(-told-told) → 스토리텔링

0642 **forecast**
[fɔ́:rkæst]

명 예상, 예보 동 예상하다, 예보하다(-forecast-forecast)

어떤 주술사는 뼈를 앞으로 던져서 갈라지는 모습을 보고 점을 보기도 하죠.
– 앞(fore)과 던지다(cast)가 합쳐지면 **예상[예보]하다** (forecast)가 됩니다.

함께 익혀요 **sarcastic** 형 비꼬는, 냉소적인

0643 absolute
[ǽbsəlùːt]

형 절대적인, 완전한

앱솔루트 파워 – 절대 권력

0644 twilight
[twáilàit]

명 여명, 황혼, 희미한 빛

'해와 달' 두 개의(twi → two) 빛(light)이 비치는 이른 새벽이나 **황혼**(twilight) 무렵에는 빛이 희미하지요?

0645 commercial
[kəmə́ːrʃəl]

형 상업의

상업광고를 뜻하는 CF는 **커머셜** 필름(commercial film)의 약자

➕ commerce 명 상업

0646 beaver
[bíːvər]

명 비버 통 부지런히 일하다

벌(bee)은 **부지런히 일해요**(beaver).

0647 monetary
[mánətèri]

형 화폐의, 통화의

money(돈)에서 유래한 monetary(**화폐의**)

0648 imitation
[ìmətéiʃən]

명 모방, 모조품

이미테이션 가방 – 명품을 모방하여 만든 가방
이미테이션 보석 – 모조 보석

➕ imitate 통 모방하다

0649 extravagant
[ikstrǽvəgənt]

형 사치스러운, 낭비하는

가방은 한두 개만 있으면 충분한데 엑스트라(extra, 별도의) 가방(vag → bag)을 너무 많이 갖고 있다면 **낭비하는**(extravagant) 것이죠.

0650 mimic
[mímik]

통 모방하다 형 흉내 내는 명 모방자

mimic(**모방하다**)은 앞(mi)과 뒤(mic)의 모양이 비슷하네요.
– 단어 자체가 흉내를 내고 있군요.

0651 Confucian
[kənfjúːʃən]

형 유교의, 공자의

유교의(Confucian) 가르침을 따르는 중국인들은 쿵후(kung fu)를 잘할까요?

DAY 13

The fragile package should be handled with care.

깨지기 쉬운 짐은 주의해서 다뤄야 해요.

▶ Day13.mp3

0652 shake
[ʃeik]

통 흔들다, 떨리다 명 동요
딸기 밀크 셰이크 – 딸기와 우유를 믹서기에 넣고 갈아 흔들어 만들죠.

0653 quake
[kweik]

통 흔들리다 명 흔들림
quake(흔들리다/흔들림)는 shake(흔들다)와 발음도 의미도 유사하네요.
➕ **earthquake** 명 지진

0654 forsake
[fərséik]

통 버리다, 그만두다(-forsook-forsaken)
병 속의 내용물을 **버릴**(forsake) 때는 잘 흔들어서(shake) 버리세요.

0655 bald
[bɔːld]

형 대머리의
대머리인(bald) 사람의 머리는 공(ball) 모양을 닮았어요.

0656 ballot
[bǽlət]

명 투표용 작은 공, 투표용지, 투표 통 투표하다
옛날엔 **투표**(ballot)를 할 때 작은 공(ball)을 이용했다고 해요.

0657 avenge
[əvéndʒ]

통 복수하다
영화 〈어벤저스〉는 '복수자들'이라는 의미죠.
– 철천지 원수에게 **복수할**(avenge) 땐 펜치를 쓰기도 할까요?

0658 revenge
[rivéndʒ]

명 복수, 원한 통 복수하다
다시(re) 한 번 펜치로 **복수하다**(revenge)
(권투) 리벤지 매치 – 복수 경기

"한 단어당 10초씩 읽어 보세요."

 목표 시간: 15분

 걸린 시간: 분

쉽게 풀어낸 어원

fragile의 발음이 프래자일에서 '뿌러질'이 연상되세요?
frac 또는 **frag**은 깨다를 뜻합니다.

0659
fragile
[frǽdʒəl]

형 깨지기 쉬운, 허약한

프래자일 글라스 – 깨지기 쉬운 유리

0660
fragment
[frǽgmənt]

명 파편, 깨진 조각

fragment는 frag(깨다)에서 파생하여
파편/깨진 조각(fragment)을 의미합니다.

0661
fracture
[frǽktʃər]

명 골절

더블 **프랙처** – 이중 골절
– fracture는 뼈가 깨진(frag) 골절(fracture)을 뜻하지요.

0662
fraction
[frǽkʃən]

명 단편, 일부, (수학) 분수

수학의 분수는 분자와 분모로 나눠지죠.
– fraction은 물건이 깨지면(frac) 생기는
단편/일부/분수(fraction)를 뜻합니다.

➕ refraction 명 굴절

0663
garage
[gərάːdʒ]

명 차고, 격납고

차고(garage)는 차가 가고 오는 거래지(去來地)?

0664
garbage
[gάːrbidʒ]

명 쓰레기, 찌꺼기

남들이 안 본다고 차고(garage)에 **쓰레기**(garbage)를
버리지 마세요.

함께 익혀요 ravage 명 황폐 동 황폐해지다

쉽게 풀어낸 어원

새 유니폼(uniform)을 입고 폼 좀 잡아볼까요?
form은 **모양, 형태**를 뜻합니다.

0665 **form**
[fɔ:rm]

뗑 모양, 형태 됭 형성하다
➕ **formal** 뼹 형식적인, 공식적인
informal 뼹 비공식의, 약식의 → 부정의 의미 in
former 뼹 이전의, 과거의 → form이 생기기 전(前)의

0666 **uniform**
[jú:nəfɔ̀:rm]

뗑 유니폼, 제복
하나의(uni) + 폼(form)

0667 **information**
[ìnfərméiʃən]

뗑 정보, 지식
정보를 제공하는 **인포메이션** 센터
➕ **inform** 됭 알리다

0668 **perform**
[pərfɔ́:rm]

됭 연주하다, 실행하다
악기를 **연주할**(perform) 때는 완벽한(per → perfect)
폼(form)도 중요해요.
➕ **performance** 뗑 실행, 성과, 공연, 연주

0669 **transform**
[trænsfɔ́:rm]

됭 변형시키다, 바꾸다
영화 〈**트랜스포머**〉는 변신 로봇의 진수를 보여주죠.

0670 **deform**
[difɔ́:rm]

됭 변형시키다, 불구로 만들다
탁자의 다리 하나를 부러뜨리면 제 기능을 할 수 없죠.
– 아래(de → down)와 모양/형태(form)가 결합하여
(나쁘게) **변형시키다/불구로 만들다**(deform)가
됩니다.

0671 **reform**
[rifɔ́:rm]

됭 개선하다, 개혁하다 뗑 개혁
모양을 다시 만드니 더 좋아졌다고요?
– 다시(re)와 모양/형태(form)이 결합된
개선하다/개혁하다(reform)

0672

conform
[kənfɔ́:rm]

통 일치시키다, 순응하다

다 같은(con) 모양(form)으로 머리를 깎은 군인들은
상관의 명령에 **순응하지요**(conform).

➕ conformity 명 적합, 일치

0673

formula
[fɔ́:rmjulə]

명 공식, 수학공식

모양/형태(form)를 정형화시킨 **공식/수학공식**
(formula)

➕ formulate 통 공식화하다

0674

avail
[əvéil]

통 쓸모있다, 이롭게하다 명 쓸모, 이익

베일 속에 가려져 있으면 무용지물
– 부정의 의미(a → anti)와 베일(vail → veil)이 합쳐진
쓸모있다/이롭게하다/쓸모/이익(avail)

➕ available 형 이용할 수 있는

0675

prevail
[privéil]

통 우세하다, 유행하다

베일 앞에 과감히 나서야 상대방을 압도하겠죠.
– 앞(pre)과 베일(vail → veil)이 결합된
우세하다/유행하다(prevail)

➕ prevalent 형 널리 퍼진

0676

reveal
[rivíːl]

통 드러내다, 폭로하다

베일(veal → veil) 뒤(re)의 더러운 모습까지
폭로하다(reveal)

0677

nightmare
[náitmɛ̀ər]

명 악몽

(영화) **나이트메어** 엘름 가의 악몽

함께 익혀요 mare 명 암말, 암탕나귀

0678

dare
[dɛər]

명 용기 통 감히 ~하다

저 암말(mare)은 **용기**(dare)가 있어요

➕ daring 명 용기 형 대담한

쉽게 풀어낸 어원

호텔에 들어서면 가장 먼저 눈에 띄는 것은
앞쪽에서 손님들을 맞는 프런트죠.
front는 앞을 뜻합니다.

FRONT DESK

0679

front
[frʌnt]

명 전면, 전방

호텔 **프런트** – 호텔 로비에서 접수&안내 사무를 보는 곳
호텔 프런트에 열쇠를 맡기세요.

0680

frontier
[frʌntíər]

명 국경, 변경 형 **국경의**

(미국) **프런티어** 정신 – 서부 개척 정신
– 앞(front)과 비교급 접미사(er)가 합쳐져 국가의 제일
앞에 있는 **국경**(frontier)이 됩니다.

0681

confront
[kənfrʌ́nt]

동 직면하다, 맞서다

군인들은 다 같이(con) 국경 앞에서(front) 적군에
맞서죠(confront).

0682

affront
[əfrʌ́nt]

명 모욕, 무례한 행동 동 모욕하다

생쥐 한(a) 마리가 앞에서(front) 알짱거리며
모욕하다(affront)

0683

damage
[dǽmidʒ]

명 손해, 손상 동 손상을 입히다

데미지를 입히다 – 손상을 입히다
데미지 케어 샴푸 – 손상모 관리용 샴푸

0684

damn
[dæm]

동 비난하다 명 저주 감 (속어) 젠장

손상(damage)을 입으면 상대방을 **비난하겠죠**(damn).
➕ **condemn** 동 저주하다, 비난하다, (형을) 선고하다 → '함께
(con)'와 '저주(demn→damn)'가 결합하여 '저주하다/비난
하다(condemn)'가 됩니다.

0685	**fee** [fi:]	몡 (의사 · 변호사 등에 대한) 보수, 요금

멤버십 **피** – 회비

함께 익혀요 **fare** 몡 운임, 요금

0686	**farewell** [fɛ̀ərwél]	몡 작별인사, 안녕 혱 작별의

택시 요금(fare)을 냈으면 운전기사와 **작별인사**
(farewell) 해야죠.

0687	**bark** [ba:rk]	통 개가 짖다

날이 어둑어둑해지면(dark) 멀리서 개들이 **짖는**(bark)
소리가 들리곤 했죠.

0688	**embark** [imbá:rk]	통 배를 타다, 시작하다, 종사하다

이른 새벽 아직 어두울(dark) 때 어부들은 **배를 타고**
(embark) 고기잡이를 시작해요.

0689	**owner** [óunər]	몡 주인, 소유주

오너 드라이버 – 자기 자동차를 직접 운전하는 사람

➕ **own** 통 소유하다 혱 자신의

함께 익혀요 **possess** 통 소유하다, ~의 마음을 사로잡다

0690	**ornament** 통 [ɔ́:rnəmènt] 몡 [ɔ́:rnəmənt]	통 장식하다 몡 장식, 꾸밈

집주인(owner)은 자기 집이니까 정성들여 잘 **꾸미지만**
(ornament) 세입자는 그렇지 못하죠.

0691	**owe** [ou]	통 빚지고 있다, 신세지고 있다

own(소유하다)과 owe(**빚지고 있다**)는 유사한 생김새와
는 달리 의미가 상반되죠.

0692	**awe** [ɔ:]	몡 두려움, 경외

빚지고(owe) 있다면 **두려움**(awe)을 느낄 수도 있죠.

➕ **awful** 혱 무서운, 끔찍한 **awesome** 혱 아주 멋진 → 전율
(awe)을 느낄 만큼 좋은

쉽게 풀어낸 어원

다양한 음식을 섞어서 만든 퓨전(fusion) 음식.
fuse는 녹다, 붓다라는 뜻이지요.

0693
fuse
[fju:z]

[동] 녹다, 녹이다, 융합하다 [명] 전기 퓨즈

전기 **퓨즈**, 자동차 퓨즈
비바람이 몰아쳐서 퓨즈가 나갔어요.

0694
confuse
[kənfjúːz]

[동] 혼동하다, 어리둥절하다, 혼란시키다

전기 퓨즈가 다 같이 녹으면 불이 나가고 혼란스러워지죠.
– confuse는 다 같이(con)와 녹다(fuse)가 결합되어
혼란시키다(confuse)를 뜻합니다.

0695
diffuse
[difjúːz]

[동] 흩뜨리다, 확산시키다, 보급하다

오염물질을 아래(di)로 부어서(fuse) **확산시키면**
(diffuse) 곤란해요.

0696
refuse
[rifjúːz]

[동] 거절하다

거절할 때 물을 다시 퍼붓는 상황 연상
– 다시(re)와 붓다(fuse)가 합쳐진 **거절하다**(refuse)

➕ **refusal** [명] 거절
[함께 익혀요] **refute** [동] 반박하다, 이의를 제기하다

0697
refuge
[réfjuːdʒ]

[함께 익혀요]
[명] 피난처, 은신처

레퓨지 캠프 – 난민촌
– 부당한 체포를 거부하고(refuse) 피난처(refuge)에
숨어서 지내다.

➕ **refugee** [명] 피난자, 망명자

0698
embrace
[imbréis]

[동] 포옹하다 [명] 포옹

블루스 음악에 맞춰 춤을 추면서 **포옹하는**(embrace)
모습 연상

쉽게 풀어낸 어원

'펀드 매니저' 혹은 '펀드 수익률' 같은 말 많이 들어보셨죠?
fund는 기금, 자금을 뜻합니다.

0699
fund
[fʌnd]

명 기금, 자금   동 자금을 제공하다
펀드 매니저 – 자금 관리인, 적립식 펀드

0700
refund
명 [ríːfʌnd] 동 [rifʌ́nd]

명 환불, 반환금   동 환불하다
택스 **리펀드**(tax refund) – 세금 환급
– 다시(re) 자금(fund)을 돌려주면 환불/반환금/환불하다
(refund)가 되겠죠?

0701
fundamental
[fʌ̀ndəméntl]

형 근본적인   명 근본
자본주의는 자금(fund)이 **근본**(fundamental)이 되지요.

0702
wail
[weil]

동 울부짖다   명 통곡
항해하다가(sail) 배가 침몰하면 **울부짖겠죠**(wail).
➕ **bewail** 동 비통해하다
함께 익혀요 **sail** 동 항해하다 → 파라세일, 요트 세일

0703
bait
[beit]

명 미끼, 유혹   동 미끼로 꾀다
(영화 상식) 오스카 **베이트** – 오스카 수상을 낚기 위해
(겨냥하여) 만든 영화
– 베이커리(bakery, 제과점) 빵을 미끼(bait)로 쓸까요?

0704
await
[əwéit]

동 ~을 기다리다
음식점의 웨이터(waiter)는 손님을 **기다리는**(await)
사람

0705
pang
[pæŋ]

명 심한 고통, 양심의 가책
인정사정없는 갱(gang, 폭력단)들도 마음의 **고통**(pang)
을 느끼기는 할까요?

0706
panic
[pǽnik]

명 공황, 당황
나 요즘 **패닉** 상태야.

121

I'm considering moving into a new house.

저는 새 집으로 이사 갈까 생각 중이에요.

Day14.mp3

0707 bear
[bɛər]

명 곰 동 낳다, 참다

(야구) 두산 베어스 – 곰 구단
테디 베어 – 테디(Teddy)라고 불리는 곰 인형

함께 익혀요 forbear 동 참고 견디다, 삼가다 → 미련하게 곰(bear)
처럼 참는군요(forbear). birth 명 출생, 혈통 → 해피 버스데이

0708 bare
[bɛər]

형 벌거벗은

벌거벗은(bare) 곰(bear)
➕ barefoot 형 맨발의, 맨발로
barely 부 가까스로, 거의 ~않다

0709 reindeer
[réindìər]

명 순록

'루돌프 사슴코'에 등장하는 사슴(deer)이 바로
순록(reindeer)이에요.
➕ rein 명 고삐

0710 sneer
[sniər]

동 비웃다, 냉소하다

사슴(deer)이 순록을 보면 코가 빨갛다고 **비웃겠죠**
(sneer)?

0711 puppy
[pʌ́pi]

명 강아지

puppy가 **강아지**를 뜻하는 건 지나가던 개도 알 거예요.

0712 pupil
[pjú:pl]

명 학생, 눈동자

어린 **학생**(pupil)의 해맑은 **눈동자**는 강아지(puppy)를
닮았어요.

"한 단어당 10초씩 읽어 보세요."

⏱ 목표 시간: 15분

✓ 걸린 시간: 분

쉽게 풀어낸 어원

선글라스(sunglasses)에 햇살이 비치면 반짝반짝 빛이 나죠.
gla, gli 또는 **glo**가 들어가는 단어들은 **빛**과 관련이 있어요.

0713

glare
[glɛər]

명 번쩍임 형 빛나는 동 빛나다

함께 익혀요 **glitter** 명 반짝임 동 반짝이다
glimmer 명 희미한 빛 동 희미하게 빛나다

0714

glory
[glɔ́:ri]

명 영광 동 찬미하다

모닝 **글로리** 문구는 반짝이나요?
– glory는 glo(빛나다)에서 파생하여 (신의) 영광/찬미하다
(glory)를 뜻합니다.

➕ **glorious** 형 영광스러운, 명예로운

0715

gloom
[glu:m]

함께 익혀요
명 어둠

glory(영광)의 반대 개념인 gloom(**어둠**)

➕ **gloomy** 형 어두운, 우울한 → 영화 〈글루미 선데이〉

0716

side
[said]

명 옆, 측면, 옆구리 동 편들다

(자동차) **사이드** 브레이크 – 운전석 옆에 있는 브레이크
사이드 미러 – 옆에 붙어 있는 거울

0717

consider
[kənsídər]

동 숙고하다, 고려하다

뭔가를 숙고할 때는 한쪽만 보지 말고 옆까지 함께 봐야 해요.
– 함께(con)와 옆(side)이 결합된 **숙고하다/고려하다**
(consider)

➕ **considerate** 형 사려 깊은, 동정심이 많은 **considerable**
형 상당한 → 고려할(consider) 만큼 양이 많은

쉽게 풀어낸 어원 gen ①

성별을 뜻하는 젠더(gender),
동력을 만들어내는 엔진(engine)에서
gen은 **낳다** 또는 **유전**을 뜻합니다.

0718
gender
[dʒéndər]

명 성(性), 성별

함께 익혀요 gene 명 유전자 genre 명 장르, 유형

0719
generator
[dʒénərèitər]

명 발전기, 제너레이터

디젤 **제너레이터**, 자동차 제너레이터

⊕ generate 동 일으키다, 발생시키다 degenerate 동 퇴보
하다, 타락하다 → de는 '아래(down)'를 뜻함.

0720
generation
[dʒènəréiʃən]

명 세대, 발생

가수 '소녀시대'의 영어 이름은 '걸스 **제너레이션**
(Girls' Generation)'이죠.

0721
general
[dʒénərəl]

형 일반적인 명 장군

제너럴 호스피털 – 종합병원(일반적인 병원),
모든 것을 낳을 수 있다면 일반적인 것이죠?
– 낳다(gen)와 모두(all)가 결합된 일반적인/장군(general)

⊕ generalize 동 일반화하다, 보편화하다
generalization 명 일반화, 보편화

0722
generous
[dʒénərəs]

형 관대한, 후한

일반적인(general) 것은 까다롭지 않고
관대하죠(generous).

⊕ generosity 명 관대함, 너그러움

0723
funeral
[fjú:nərəl]

함께 익혀요
명 장례식 형 장례의

모든 사람은 언젠가 죽기에 **장례식**(funeral)은 일반적인
(general) 의식이라고 할 수 있어요. 두 단어는 생김새도
비슷하네요.

0724

extinct
[ikstíŋkt]

형 멸종된, 불이 꺼진

불꽃이 밖(ex)으로 튕겨 나오면(tin) **불이 꺼지죠**(extinct)

➕ extinguish 동 끄다

0725

distinguish
[distíŋgwiʃ]

동 구별하다

궤도를 벗어나서(dis) 튕겨 나오는(tin) 것이 별똥별인지 혜성인지 잘 **구별해야죠**(distinguish).

➕ distinct 형 명백한, 명확한

0726

bet
[bet]

동 돈을 걸다, 내기하다(-bet-bet)

경마 **베팅**, 경륜 베팅

0727

better
[bétər]

형 더 좋은, ~보다 우수한

더 좋은(better) 것에 돈을 걸다(bet)

0728

mustache
[mʌ́stæʃ]

명 콧수염

콧수염(mustache)을 뽑으면 코가 무지무지 아프겠죠 (ache).

➕ ache 명 통증 동 아프다 → 통증(ache)은 에이스 침대에서 자면 말끔히 사라지나요?

0729

beard
[biərd]

명 턱수염

맥주(beer)를 마시다가 흘리면 **턱수염**(beard)이 젖겠죠.

0730

whisker
[wískər]

명 구레나룻, 위스커

위스키(whiskey)를 많이 마시는 서양인들에게 **구레나룻** (whisker)이 더 많아요.

쉽게 풀어낸 어원 gen ②

성별을 뜻하는 젠더(gender),
동력을 만들어내는 엔진(engine)에서
gen은 **낳다** 또는 **유전**을 뜻합니다

0731 **genius**
[dʒíːnjəs]

명 천재, 귀재
천재는 우리 가운데서 탄생하나요? 혹시 나?
– 낳다(gen)와 우리들(us)이 결합되어
천재(genius)가 됩니다.

0732 **ingenious**
[indʒíːnjəs]

형 재간이 있는, 영리한, 독창적인
천재의 머리 안에는 뭐가 들었을까요?
– 안(in)과 천재(genious → genius)가 결합되면
재간이 있는/영리한(ingenious)이 됩니다.

0733 **genial**
[dʒíːnjəl]

형 따뜻한, 친철한
같은 유전(gen) 형질을 지닌 가족들에게는 특별히
따뜻한(genial) 마음이 들죠.

0734 **congenial**
[kəndʒíːnjəl]

형 취미가 같은, 성미에 맞는
같은(con) 유전자(gen)를 지닌 사람들은
취미도 비슷할까요(congenial)?

0735 **genuine**
[dʒénjuin]

형 진짜의, 순수 혈통의
진돗개 뱃속에서 나와야 진짜 진돗개
– 낳다(gen)와 안(in)이 합쳐진
진짜의/순수 혈통의(genuine)

0736 **pregnant**
[prégnənt]

형 임신의, 비옥한
사람은 태어나기 전에 280일 동안 엄마 뱃속에 있지요.
– 전(pre)과 낳다(gnan → gen)가 결합하면
임신의/비옥한(pregnant)이 됩니다.

0737 **embed**
[imbéd]

동 파묻다, 깊이 간직하다
침대(bed) 밑에 보물을 **깊이 간직하다**(embed)

0738 fellow
[félou]

명 녀석, 동료　형 동료의
동료(fellow)끼리는 '헬로우(hello)' 하면서 잘 지내겠죠?
➕ fellowship 명 친교, 협력 → 펠로우십 프로그램 – 친교 프로그램

0739 follow
[fálou]

통 따르다, 따라가다
친구(fellow) 따라(follow) 강남 간다고 하죠.

0740 consume
[kənsúːm]

통 소비하다, 다 써버리다
스마트 컨슈머 – 현명한 소비자, 블랙 컨슈머 – 부당한 이익을 얻으려고 악성 컴플레인을 제기하는 소비자
➕ consumer 명 소비자　consumption 명 소비

0741 resume
[rizúːm]

통 다시 시작하다, 되찾다, 회복하다
리줌 기능 – 정지 시점에서 다시 재생되는 기능
함께 익혀요 résumé [rézumèi] 명 이력서

0742 shed
[ʃed]

통 눈물을 흘리다, 떨구다, 옷을 벗다
그녀(she)가 눈물을 흘리네요(shed).

0743 steer
[stiər]

통 조정하다, 나아가다
(자동차) 파워 스티어링 – 동력에 따른 조향 장치
스티어링 민감도 – 조향 장치의 반응 (자동차 핸들(조향 장치)의 올바른 표현은 steering wheel이죠.)

0744 peer
[piər]

명 동료, 또래, 귀족
직장 동료(peer)끼리는 종종 맥주(beer)도 마시지요.

0745 usher
[ʌʃər]

통 안내하다　명 수위, 안내인
손님을 안내할(usher) 때 '어서 옵쇼' 하는 발음 연상

0746 instinct
[ínstiŋkt]

명 본능
본능이란 마음 안(in)에서 서 있는(stin → stan) 것

쉽게 풀어낸 어원

여기서도 그래~ 그래~, 저기서도 그래~ 그래~
greg는 떼, 무리를 뜻합니다.

0747
gregarious
[grigέəriəs]

형 군생하는, 떼 지은, 사교적인
'떼, 무리'를 뜻하는 greg에서 파생한
gregarious(떼 지은/군생하는)

0748
congregate
[káŋgrigèit]

동 모이다, 소집하다
함께(con)와 무리(greg)가 결합되어
모이다/소집하다(congregate)가 됩니다.

0749
segregate
[ségrigèit]

동 격리하다, 격리되다
주제별로 구분하여 기사가 실리는 섹션신문
– 구분(se)과 무리(greg)가 결합하여
격리되다/격리하다(segregate)가 됩니다.

0750
behalf
[bihǽf]

명 편들기, 이익
상대방에게 내가 가진 것의 절반(half)을 준다면 그 사람에게
커다란 **이익**(behalf)이 되겠죠?
⊕ half 명 절반, 30분 in behalf of ~를 위해
on behalf of ~를 대신하여

0751
disguise
[disgáiz]

명 변장 동 변장하다
여행 가이드(guide)가 **변장**(disguise)하면 여행객들이
못 알아보겠죠.

0752
toss
[tɔːs]

동 가볍게 던지다
(배구) **토스**, 그 공 나한테 **토스**해 봐.

0753
behave
[bihéiv]

동 (예의 바르게) 행동하다, 처신하다
영어에서 be동사와 have동사는 가장 많이 쓰이는 동사이니
대표 동사답게 예의 바르게 **행동해야죠**(behave).
⊕ behavior 명 행위, 태도(= behaviour)

쉽게 풀어낸 어원

영어 실력을 업그레이드(upgrade)시키고 싶으세요?
grade의 **grad**는 계단을 뜻합니다.

0754

upgrade
[ʌ́pgrèid]

명 업그레이드, 오르막길, 향상 동 승급시키다
➊ **degrade** 동 퇴화시키다, 타락시키다, 타락하다
→ 아래(de→down)
grade 명 등급, 정도, 학년, 성적
→ 학년(grade)은 한 계단(grad)씩 차곡차곡 올라가지요.
gradual 형 점차적인, 조금씩의
[함께 익혀요] **ingredient** 명 성분, 원료 → 원료(ingredient)에도
등급(grade)이 있지요.

0755

graduate
명형 [grǽdʒuət] 동 [grǽdʒuèit]

명 졸업생 형 대학원생의 동 졸업하다
학문의 계단(grad)을 다 올라가면 **졸업하겠죠**
(graduate).
➊ **graduation** 명 졸업, 졸업식 → 그레듀에이션 링 – 졸업 반지

0756

degree
[digrí:]

명 등급, 도, 정도, 학위
등급(degree)이 낮은 초급반 학생들은 아래(de) 계단
(gre → grad)으로 내려가세요.

0757

hinder
[híndər]

동 방해하다
걸어가고 있는데 누가 뒤에서(behind) 잡아당긴다면 걸음을
방해하는(hinder) 것이죠.
➊ **hindrance** 명 방해 [함께 익혀요] **behind** 전 ~의 뒤에 →
비하인드 스토리 – 뒤에 숨어 있는 이야기

0758

shallow
[ʃǽlou]

형 얕은, 얇은
low(낮은)에서 파생한 shallow(**얕은**)

0759

row
[rou]

명 줄, 열 동 노를 젓다
군대에서 계급이 낮은(low) 병사들은 줄(row)을 맞춰 걸어
가지요.

0760

environment
[inváiərənmənt]

명 환경
호주의 바이런 베이는 아름다운 해변과 훼손되지 않은 자연
환경(environment)으로 유명해요.

You have made good progress in Chinese.

당신은 중국어 실력이 매우 좋아졌군요.

Day15.mp3

0761	**wild** [waild]	뒝 난폭한, 거친, 야생의 **와일드**한 성격 – 거친 성격, 와일드 애니멀 – 야생 동물 ⊕ wilderness 뗑 황무지, 황야, 난폭
0762	**bewilder** [biwíldər]	뙝 당황하게 하다 너무 난폭하면(wild) 상대방을 **당황하게 하겠죠** (bewilder).

0763	**wonder** [wʌ́ndər]	뗑 불가사의, 놀라움 뙝 놀라다, 궁금해하다 **원더**우먼 – 불가사의한 여자, 슈퍼맨 & 원더우먼 ⊕ wonderful 뒝 훌륭한, 멋진 <함께 익혀요> ponder 뙝 곰곰이 생각하다, 숙고하다 → 원더(wonder)우먼이 진짜 있는지 곰곰이 생각해(ponder)볼까요?
0764	**wander** [wʌ́ndər]	뙝 헤매다, 배회하다 뗑 방랑 슈퍼맨과 원더우먼(wonder woman)을 실제로 보면 경이로움에 사로잡혀서 거리를 **헤맬지도**(wander) 몰라요.

0765	**rent** [rent]	뙝 빌리다, 임차하다 뗑 임대료, 집세 **렌트**카, 정수기 렌탈 <함께 익혀요> lend 뙝 빌려주다, 대여하다(-lent-lent)
0766	**render** [réndər]	뙝 주다, 제공하다, ~이 되게 하다 **주는**(render) 것은 빌리는(rent) 것과 반대되는 개념이지요.
0767	**surrender** [səréndər]	뗑 항복 뙝 항복하다, 넘겨주다 **항복할**(surrender) 때는 손을 위로(sur → sun 연상) 들고 자신이 가진 모든 것을 다 주지요(render).

"한 단어당 10초씩 읽어 보세요."

⏱ 목표 시간: 15분

✓ 걸린 시간: 분

쉽게 풀어낸 어원

컴퓨터에서 작업 진행률을 표시해주는 긴 막대 그래프를
'프로그레스(progress)' 바라고 하죠.
gress는 가다를 뜻합니다.

0768

progress
명 [prágres] 동 [prəgrés]

명 전진, 발전 동 진행하다, 진보하다

➕ **progressive** 형 진보적인, 혁신적인

0769

aggress
[əgrés]

동 침략하다, 공격하다

적진에 침투할 때는 한방에 기습공격 해야겠죠?
– 한방에(a)와 가다(gress)가 결합되어
침략하다/공격하다(aggress)가 됩니다.

➕ **aggressive** 형 공격적인, 진취적인

0770

congress
[káŋgris]

명 회의, 의회(Congress)

회의할 때 여러 사람이 우르르 몰려가는 모습 연상
– 같이(con)와 가다(gress)가 결합되어
회의(congress)가 되지요.

0771

lame
[leim]

동 불구가 되다 형 불구의, 절름발이의

레임덕 – 대통령 임기 말의 권력누수 현상(절름발이처럼
뒤뚱뒤뚱 걷는 오리(duck)에서 유래)

0772

lament
[ləmént]

동 한탄하다, 슬퍼하다

불구가 되어(lame) 신세를 **한탄하다**(lament)

★잠깐 상식 미국 상원의원이었던 프랭클린 루즈벨트가 청천벽력
같은 소아마비에 걸린 것은 39세 하지만 루즈벨트는 불굴의 의지
로 도전을 계속하여 미국 역사상 최초이자 마지막으로 네 번이나
대통령을 역임한 위대한 정치가가 되었답니다.

0773 **shepherd**
[ʃépərd]

명 양치기, 목자　동 안내하다
개 품종의 하나인 **셰퍼드**는 원래 양치기 개였다죠.
➕ sheep 명 양　herd 명 짐승의 떼, 무리
함께 익혀요 sheer 형 순전한, 완전한 → 흠이 없고 순전한(sheer)
양(sheep)

0774 **shrewd**
[ʃru:d]

형 영리한, 빈틈없는
셰퍼드(shepherd) 종은 참 **영리하죠**(shrewd).

0775 **blood**
[blʌd]

명 피, 혈액
블러드 타입(blood type) - 혈액형

0776 **bleed**
[bli:d]

동 피가 나다, 피를 흘리다
blood(피)에서 파생한 bleed(**피를 흘리다**)

0777 **breed**
[bri:d]

동 낳다, 기르다
부모님은 피(blood)처럼 진한 희생을 바탕으로 자식을 낳고
기르시죠(breed).
➕ breeding 명 번식

0778 **bride**
[braid]

명 신부
꽃가마를 타고(ride) 오는 **신부**(bride)

0779 **bridegroom**
[bráidgrù:m]

명 신랑
신부(bride)를 위해 집(방, room)을 마련하는
신랑(bridegroom)
➕ groom 명 신랑

0780 **bribe**
[braib]

명 뇌물, 미끼　동 뇌물을 주다
어떤 나라에서는 신랑이 신부(bride)의 부모에게 결혼지참금
을 지급한다죠? 이것도 일종의 **뇌물**(bribe)일까요?

쉽게 풀어낸 어원

찰거머리는 여기(here) 저기에 찰싹 잘 달라붙죠.
here는 달라붙다를 뜻합니다.

0781 **adhere**
[ædhíər]

통 달라붙다, 집착하다, 고수하다
➕ adherent 형 부착해 있는 명 추종자, 지지자

0782 **cohere**
[kouhíər]

통 밀착하다, 일관되다
같이(co)와 달라붙다(here)가 결합한
밀착하다/일관되다(cohere)
➕ coherent 형 일관된, 조리 있는

0783 **heredity**
[hərédəti]

명 유전
내 몸의 곳곳에 붙어 있는(here) **유전**(heredity)의 형질
➕ inherent 형 타고난, 고유의

0784 **blow**
[blou]

명 타격 통 때리다, 바람이 불다
(권투) 바디 블로 – 몸통을 타격하는 것

0785 **bloom**
[blu:m]

명 꽃 통 꽃이 피다
봄바람이 불면(blow) **꽃이 피죠**(bloom).
➕ blossom 명 꽃

0786 **blend**
[blend]

통 섞다, 혼합하다 명 혼합
블렌드 커피 – 여러 가지 원두를 섞어서 로스팅한 커피

0787 **blender**
[bléndər]

명 믹서, 혼합기
음식물을 갈아서 섞어주는 기계는 '믹서'가 아니라
블렌더(blender)가 정확한 영어식 표현이지요.

0788 hold
[hould]

통 잡다, 개최하다(-held-held) 명 개최
컵홀더 – 컵을 잡아주는 장치
(농구) 홀딩(holding) 파울
– 상대방 선수를 손으로 잡는 파울

0789 uphold
[ʌphóuld]

통 지지하다, 유지하다, 돕다(-upheld-upheld)
아이를 목말 태울 때는 위(up)에 탄 아이를 꼭 잡아서
(hold) 떨어지지 않게 **유지하지요**(uphold).

0790 withhold
[wiðhóuld]

통 억제하다, 자제하다, 보류하다(-withheld-withheld)
힘이 센 멧돼지를 **억제하기**(withhold) 위해서는 여럿이
함께(with) 멧돼지를 잡고(hold) 있어야겠죠.

0791 behold
[bihóuld]

통 보다, 주시하다(-beheld-beheld)
사물을 제대로 **보려면**(behold) 눈동자가 다른 곳을
향하지 않도록 초점을 잡아야(hold) 하죠.

0792 bless
[bles]

통 축복하다
에이브러햄 링컨의 명언 "God bless America!"
– 신이 미국을 **축복할지어다**!
➕ blessing 명 축복

0793 bliss
[blis]

명 행복, 환희, 희열
신의 축복(bless)을 받으면 **행복**(bliss)을 느끼겠죠.

0794 blind
[blaind]

형 눈 먼
창문에 **블라인드**를 치면 밖이 안 보여요.

0795 blunt
[blʌnt]

형 무딘, 둔한, 무뚝뚝한
눈이 보이지 않는다면(blind) 일하는 게 **둔할**(blunt) 수
있어요.

미국 헤리티지(heritage) 재단(미국 보수주의 성향의 학술재단)은
문화유산에 대해서도 연구할까요?

herit는 유산을 뜻합니다.

0796
heritage
[hérɪtɪdʒ]

몡 유산, 상속재산

herit(유산)에서 파생된 **유산/상속재산**(heritage)

➕ inherit 통 상속하다, 계승하다

0797
heir
[ɛər]

몡 상속인, 후계자

➕ heiress 몡 여자 상속인

0798
vaccine
[væksíːn]

몡 백신 혱 백신 접종의

백신 접종

➕ vaccinate 통 예방 접종을 하다

0799
bias
[báiəs]

몡 편견, 선입관

바이러스(virus)는 무조건 나쁘다는 **편견**(bias)을 버리세요.
해피 바이러스, 나눔 바이러스처럼 좋은 바이러스도 있잖아요.

➕ biased 혱 편견을 지닌, 치우친

0800
quote
[kwout]

통 인용하다

밍크 코트를 **인용해서**(quote) 고급 의류에 대해 설명을
해볼까요?

0801
sibling
[síbliŋ]

몡 형제자매

자매(sister)와 형제(brother)를 합치면 **형제자매**(sibling)가 되지요.
– '레이디스&젠틀맨'처럼 영어에서는 여성을 먼저 호칭한다는
것도 알아두세요.

0802
ranch
[ræntʃ]

몡 목장, 대농장

커다란 **목장**(ranch)에는 나무도 많고 나뭇가지(branch)도
많아요.

쉽게 풀어낸 어원

사람 냄새가 진한 휴먼(human) 드라마를 좋아하세요?
hum은 사람이 죽으면 돌아가는 **흙, 땅**을 뜻합니다.

0803 **human**
[hjú:mən]

명 인간, 사람 형 인간의, 인간다운
감동적인 한 편의 **휴먼** 드라마
휴먼 다큐

0804 **humanism**
[hjú:mənìzm]

명 인도주의
인도주의에 입각한 **휴머니즘** 정신, 휴머니스트
➕ humanity 명 인류, 인간성

0805 **humble**
[hʌmbl]

형 겸손한, 비천한
겸손한(humble) 사람은 자신의 몸을 낮추니까
땅(hum)에 가까워지겠군요.

0806 **humiliate**
[hju:mílièit]

동 굴욕을 주다, 창피를 주다
땅(hum) 바닥을 기게 만들면 **굴욕을 주는**(humiliate)
것이죠.

0807 **humid**
[hjú:mid]

형 축축한, 습기찬
땅을 파면 샘이 나오지요.
– 땅(hum) 가운데(mid)는 원래 **축축하죠**(humid).
➕ humidity 명 습기

0808 **wreck**
[rek]

명 난파, 파괴 동 난파시키다
바위(rock)를 던져서 장애물을 **파괴**(wreck)하다

0809 **wretched**
[rétʃid]

형 비참한, 불쌍한
난파(wreck)당한 배의 **비참한**(wretched) 모습

쉽게 풀어낸 어원

하늘 높은(high) 곳에서
물방울이 뚝뚝 떨어져요.
hydro는 물을 뜻합니다.

Hydrogen Station

0810
hydrogen
[háidrədʒən]

몡 수소
하이드로젠 자동차 – 수소 자동차
(수소를 연료로 이용하는 자동차)
– 물(hydro, H_2O)의 구성요소인 수소(hydrogen)

0811
dehydration
[dì:haidréiʃən]

몡 탈수
세탁기는 아래에 배수를 위한 구멍이 뚫려 있어요.
– 아래(de → down)와 물(hydro)이 결합되어
탈수(dehydration)가 되지요.
➕ **dehydrate** 통 탈수하다, 건조시키다
dehydrator 몡 탈수기

0812
hygiene
[háidʒi:n]

몡 위생, 위생학
깨끗한 물(hyg → hydro)에서 유래한 **위생/위생학**
(hygiene)

0813
fast
[fæst]

혱 빠른, 고정된 믜 빨리 몡 단식 통 금식하다
패스트푸드 – 주문하면 빨리 나오는 음식
(야구) 패스트 볼 – 빠른 볼

0814
shuffle
[ʃʌfl]

통 뒤섞다
MP3 플레이어의 **셔플** 기능은 음악이 무작위로 섞여서
재생되는 기능이죠.
➕ **reshuffle** 몡 개편, 조직 개혁 통 개편하다

0815
glacier
[gléiʃər]

몡 빙하
미국의 **글래이셔** 국립공원은 마지막 빙하기가 남긴
걸작품이에요.
– 빙하(glacier)는 유리(glass)처럼 반짝이죠.
➕ **glacial** 혱 빙하의, 얼음의

DAY 16

The elderly are vulnerable to heat.

노인들은 더위에 취약합니다.

▶ Day16.mp3

0816 **burn**
[bə:rn]

통 불타다, 태우다, 굽다
캠핑을 가면 휴대용 **버너**에 고기를 굽지요.
에코 버너 – 친환경 버너

0817 **vulnerable**
[vʌ́lnərəbl]

형 상처받기 쉬운, 취약한
뜨거운 햇빛에 피부를 데이면(burn)
상처입기 쉬워져요(vulnerable).

0818 **burst**
[bə:rst]

통 폭발하다, 파열하다(-burst-burst) 명 폭발
화로에 밤을 오래 구우면(burn) 결국 **폭발하죠**(burst).

0819 **combustible**
[kəmbʌ́stəbl]

형 가연성의, 불에 잘 타는
폭발하는(bust → burst) 것들을 함께(com) 모아놓으면
불에 잘 타겠죠(combustible).
➕ combustion 명 연소

0820 **engage**
[ingéidʒ]

통 약혼하다, 약속하다, 속박하다
새가 새장(cage)에 갇히듯이 **약혼하면**(engage)
사랑의 구속을 받지요.
함께 익혀요 cage 명 새장, 우리 → 토끼 케이지

0821 **rage**
[reidʒ]

통 격노하다 명 격노
멀쩡한 사람을 새장(cage)에 가두면 **격노하겠죠**(rage).
함께 익혀요 wrath 명 격노, 분노

0822 **suffrage**
[sʌ́fridʒ]

명 참정권, 투표
국민의 **참정권**(suffrage)을 박탈하면 온 국민이
격노하겠죠(rage).

"한 단어당 10초씩 읽어 보세요."

 목표 시간: 15분

 걸린 시간: 분

0823 risk
[risk]

명 위험 동 위험을 무릅쓰다

리스크 관리 – 위험 관리, 리스크 최소화

0824 brisk
[brisk]

형 활발한, 상쾌한

위험(risk) 앞에서 주눅 들고 위축되지만, 위험을 벗어나면 **활발한**(brisk) 모습을 되찾죠.

0825 catalog
[kǽtəlɔ̀:g]

명 목록, 카탈로그(= catalogue)

쇼핑 **카탈로그**

0826 category
[kǽtəgɔ̀:ri]

명 분류, 범주

백화점 카탈로그(catalog)를 보니 상품이 **카테고리**
(category) 별로 깔끔하게 분류되어 있네요.

0827 bull
[bul]

명 황소

불독(bulldog) – 황소와 싸울 만큼 용감한 개
불도저(bulldozer) – 황소처럼 힘이 좋은 건설 장비

0828 bullet
[búlit]

명 총알

황소(bull)의 뿔이 더 겁나세요, 아니면 **총알**(bullet)이
더 무서우세요?

0829 bulletin
[búlitən]

명 뉴스 속보, 게시

속보 전쟁, 정보는 총알처럼 빨리 알려야겠죠?
– 총알(bullet) 같은 속도로 정보를 전달하는
뉴스 속보/게시(bulletin)

비행기의 제트(jet) 엔진은 엄청난 괴력이 있죠?
ject 또는 **jet**는 분출하다, 던지다를 뜻합니다.

0830

project
명 [prάdʒekt] 동 [prədʒékt]

명 프로젝트, 연구 과제, 사업, 계획 동 계획하다
화성 탐사 **프로젝트**

0831

reject
[ridʒékt]

동 거절하다, 거부하다
거절할 때 뒤로(re) 방귀를 뀌기도 할까요?
– 뒤로(re)와 분출하다(ject)가 결합되어
거절하다/거부하다(reject)가 됩니다.

0832

subject
명 형 [sΛbdʒikt] 동 [səbdʒékt]

명 신하, 복종, 제목 형 지배받는 동 종속시키다
신하는 왕 아래에 던져진 사람
– 아래(sub → subway 연상)와 던지다(ject)가 합쳐지면
신하/복종/제목/지배받는/종속시키다(subject)가
됩니다.
➕ **subjective** 형 주관적인

0833

object
명 [άbdʒikt] 동 [əbdʒékt]

명 목적, 대상 동 반대하다
목표는 잘 볼 수 있게 위쪽에 걸어 두어야죠.
– 위(ob → over)와 던지다(ject)가 결합되어
목적/대상/반대하다(object)가 됩니다.
➕ **objection** 명 반대 **objective** 형 객관적인

0834

inject
[indʒékt]

동 주사하다, 주입하다
안(in) + 분출하다(ject)
➕ **eject** 배출하다 → 밖(e) + 분출하다(ject)

0835

abject
[ǽbdʒekt]

형 비참한, 절망적인, 천한
저 멀리 구석에 처박혀 있으면 신세가 처량하겠죠.
– 멀리(ab)와 던지다(ject)가 합쳐져
비참한/절망적인(abject)이 됩니다.

0836
case
[keis]

圐 상자, 경우, 소송 사건

케이스를 열어 봐. – 상자를 열어 봐.

➕ suitcase 圐 서류 가방

0837
occasion
[əkéiʒən]

圐 기회, 경우

상자 안에 어떤 보물이 있을까요?
– occasion은 오~(O~)와 상자(cas → case)가
결합되어 **기회/경우**(occasion)를 뜻합니다.

➕ occasionally 凰 때때로, 가끔

0838
cancel
[kǽnsəl]

图 취소하다

캔슬 차지(cancel charge) – 취소 수수료

0839
cancer
[kǽnsər]

圐 암

사람의 1/3이 암으로 죽는다는 사실을 아세요?
– 삶 자체를 취소하게(cancel) 만들 수 있는 **암**(cancer)

0840
bronze
[branz]

圐 청동

청동(bronze)으로 만든 동메달은 갈색(brown)이죠.

0841
shrug
[ʃrʌg]

图 어깨를 으쓱하다

허그(hug)하고 쑥스러워서 **어깨를 으쓱하는**(shrug)
상황 연상

함께 익혀요 hug 图 껴안다, 끌어안다

0842
bulk
[bʌlk]

圐 대부분, 부피, (포장하지 않은) 상품 圐 대량의
图 부피가 커지다

벌크선 – 포장하지 않은 화물을 적재할 수 있는 화물선
벌크 포장 상품 – 개별 포장이 안 된 상품

➕ bulky 圐 거대한, 부피가 큰

쉽게 풀어낸 어원

법과 정의의 신 제우스(zeus)에서 유래한
jus 또는 jur는 법, 정의, 정당성을 뜻합니다.

0843
justice
[dʒʌ́stis]

명 정의

justice는 jus(정의)에서 유래하여 **정의(justice)**를 뜻합니다.

➕ **justify** 통 정당화하다 **justification** 명 정당화, 정당성을 증명함

0844
adjust
[ədʒʌ́st]

통 맞추다, 조정하다, 적응시키다

정확한(just) 기준에 **맞추다(adjust)**

➕ **just** 형 공정한, 정확한 부 단지

0845
jury
[dʒúəri]

명 배심원

정의(jur)를 수호하는 법원의 보석(jewelry, 주얼리) 같은 존재가 **배심원(jury, 주어리)**이지요.

0846
injure
[índʒər]

통 상처 입히다, 손상시키다

부정의 의미(in)와 법(jur)이 결합하여 (불법적으로) **상처 입히다/손상시키다(injure)**가 됩니다.

➕ **injury** 명 상해, 손상 → (축구) 인저리 타임 – 부상 치료로 소비한 시간만큼의 연장 시간

0847
judge
[dʒʌ́dʒ]

명 재판관 통 판단하다

정의(jur)를 수호하고 범죄를 저지(沮止)하는 사람이 **재판관(judge)**이죠.

0848
prejudice
[prédʒudis]

명 선입견, 편견

선입견(prejudice)이란 미리(pre) 정한 자의적인 법 (jud → jus)에 따라 판단하는 것이지요.

0849
indulge
[indʌ́ldʒ]

통 탐닉하다, 쾌락에 빠지다

지루하지(dull) 않고 너무 재밌으면 계속 빠져들게 돼요. – 부정의 의미(in)와 재미없는(dul → dull)이 합쳐져 **탐닉하다/쾌락에 빠지다(indulge)**가 되지요.

➕ **dull** 형 단조로운, 재미없는, 우둔한

0850

sullen
[sʌ́lən]

형 뚱한, 시무룩한

썰렁한 사람은 **뚱한가요**(sullen)?

0851

lynch
[lintʃ]

동 린치를 가하다, 개인적으로 처벌하다, 죽이다

집단 **린치** – 린치는 법에 의존하지 않고 잔인한 폭력을 가하는 것을 말합니다.

함께 익혀요 wrench 명 렌치 동 비틀다, 뒤틀리다 slay 동 죽이다
slaughter 명 도살, 대학살

0852

launch
[lɔːntʃ]

동 발사하다, 물에 띄우다, 착수하다

홈쇼핑 **론칭**, 신제품 론칭

0853

bouquet
[boukéi]

명 부케, 꽃다발

결혼식 **부케**, 신부의 부케

0854

carbon
[kάːrbən]

명 탄소, 카본

카본 자전거 – 섬유 형태의 탄소가 쓰인 가벼운 자전거
카본 난방 – 탄소 난방

➕ carbon dioxide 명 이산화탄소
함께 익혀요 dioxide 명 이산화물 → di는 '둘'을 의미

0855

cabin
[kǽbin]

명 오두막, 객실, 선실

장식장(cabinet, 캐비닛)이 설치되어 있는
오두막/객실/선실(cabin)

0856

calculate
[kǽlkjulèit]

동 계산하다

음식의 칼로리를 **계산하다**(calculate)
➕ calculator 명 계산기

0857

campaign
[kæmpéin]

명 사회운동, 선거운동, 군사행동 동 선거운동을 하다

우리 강산 살리기 **캠페인**

0858

candidate
[kǽndidèit]

명 지원자, 후보자

국회의원 **후보자**(candidate)는 미래에 무엇을 할 수 있으며(can) 과거에 무엇을 했다며(did) 선거 날짜(date)에 자신에게 투표해 달라고 하지요.

쉽게 풀어낸 어원

랭귀지(language) 스쿨, 해외여행 가서
말이 통하지 않을 땐 바디 랭귀지가 최고죠.
lang 또는 **ling**은 **말, 혀**를 뜻합니다.

0859

language
[lǽŋgwidʒ]

몡 언어, 말
랭귀지 스쿨 – 언어를 가르치는 학교
바디랭귀지 – 몸짓 언어
➕ lingual 혱 말의, 언어의 linguistic 혱 언어의, 언어학의

0860

slang
[slæŋ]

몡 속어, 슬랭
미국에서 자주 사용되는 슬랭 30가지
– 옆(side)과 말(lang)이 결합하여 표준말을 벗어난
속어/슬랭(slang)이 됩니다.

0861

bilingual
[bailíŋgwəl]

혱 2개 국어를 말하는
둘(bi)과 말의(lingual)가 합쳐져 **2개 국어를 말하는**
(bilingual)이 됩니다.
➕ multilingual 혱 다국어를 구사하는

0862

translate
[trænsléit]

통 번역하다
가로질러(trans → train 연상)와 말(late → lang)이
합쳐진 **번역하다**(translate)
함께 익혀요 interpret 통 통역하다

0863

dialect
[dáiəlèkt]

몡 방언
다른 지역의 전화번호로 다이얼(dial)을 돌리면 듣게 되는
말(lect → lang)이 **방언**(dialect)

0864

via
[váiə, víːə]

젼 ~를 경유하여, ~를 통하여
여러 나라를 **경유하려면**(via) 비자(visa)가 필요해요.

의상 컬렉션(collection)에 가면 멋진 옷을 골라서 모아 놓았겠죠?
lect는 **고르다**라는 뜻입니다.

0865

collection
[kəlékʃən]

명 모음, 수집

우표 **컬렉션**, 동전 컬렉션

➕ collect 동 모으다, 수집하다 recollection 명 회상, 추억
(recollections)

0866

select
[silékt]

동 고르다, 선택하다

쇼핑할 때 선택한 물건을 구분해서 장바구니에 담지요.
– 구분(se → 섹션신문 연상)과 고르다(lect)가 결합하면
선택하다(select)가 되죠.

0867

neglect
[niglékt]

동 무시하다, 소홀히 하다

부정의 의미(neg → no)와 고르다(lect)가 합쳐지면
고르지 않는 것, 즉 **무시하다**(neglect)가 됩니다.

➕ negligent 형 무관심한, 부주의한

0868

lecture
[léktʃər]

명 강의 동 강의하다

교수님은 아는 게 참 많으세요.
– 수많은 이론 중에서 고르고(lect) 추려낸 **강의**(lecture)

0869

intelligence
[intélədʒəns]

함께 익혀요

명 지능, 지성

AI(= artificial intelligence) – 인공지능

➕ intelligent 형 지적인, 지능 있는 intellect 명 지력, 지능
intellectual 형 지적인 명 지식인

0870

elect
[ilékt]

동 선거하다

선거는 대표자를 골라내는 것이죠.
– 밖(e)과 고르다(lect)가 결합되어 **선거하다**(elect)가
됩니다.

➕ election 명 선거

0871

kindle
[kíndl]

동 불을 붙이다

양초(candle)에 **불을 붙이다**(kindle)

함께 익혀요 candle 명 양초 → 아로마 캔들 – 향이 나는 양초

DAY 17

When is the deadline for application?

지원 마감일이 언제인가요?

 Day17.mp3

0872

word
[wə:rd]

명 말, 언어, 단어
패스**워드** – 암호(통과하는 말), 키워드 – 중요한 단어

0873

worth
[wə:rθ]

명 가치 형 ~의 가치가 있는
이왕이면 **가치**(worth) 있는 말(word)을 합시다.
➕ worthwhile 형 가치 있는, 보람 있는

0874

sword
[sɔ:rd]

명 칼, 무력, 폭력
날카로운 말(word)은 언어 **폭력**(sword)이 될 수도 있죠.

0875

cart
[ka:rt]

명 손수레, 짐수레
대형 마트 **카트**, 쇼핑 카트
함께 익혀요 caravan 명 (사막의) 대상(隊商), 대형 포장마차

0876

caricature
[kǽrikətʃər]

명 풍자적 만화
캐리커처
– 무거운 수레(cari → cart)를 끌고 가는 사람을 우스꽝
스럽게 그린 것에서 유래한 **풍자적 만화**(caricature)

0877

cure
[kjuər]

동 치료하다, 고치다 명 치료
매니**큐어**, 페디큐어
➕ incurable 형 불치의 명 불치병 환자 → 부정의 의미 in

0878

curious
[kjúəriəs]

형 호기심이 있는
의사가 환자를 치료할(cure) 때 환자에게 **호기심을**
(curious) 갖고 이것저것 물어봐야겠죠.
➕ curiosity 명 호기심

"한 단어당 10초씩 읽어 보세요."

 목표 시간: 15분

 걸린 시간:　　분

쉽게 풀어낸 어원

육상경기의 골라인(goal line)은 도착 지점에 그어놓은 선이죠.
line은 선, 줄을 뜻합니다.

0879
line
[lain]

몡 선, 끈
라인을 진하게 그리다
➕ linear 혱 직선의, 길이의

0880
deadline
[dédlàin]

몡 사선(死線), 최종시한
데드라인 – 넘어서면 죽게 되는 선
신문, 잡지 따위에서 원고를 마감하는 시간

0881
casual
[kǽʒuəl]

혱 평상복의, 격식 없는, 우연한
캐주얼한 평상복 패션
편하게 신는 캐주얼 신발

0882
casualty
[kǽʒuəlti]

몡 사고, 사상자
험한 히말라야 산맥을 등정하면서 캐주얼(casual)을
입는다면 **사고**(casualty)의 위험이 있을지도 몰라요.

0883
pioneer
[pàiəníər]

몡 개척자, 선구자, 창시자
챔피언(champion)도 **개척자**(pioneer) 시절이
있었겠죠.

0884
chamber
[tʃéimbər]

몡 방, ～실(室)
chamber는 챔피언(champion)만 들어가는
방(chamber)일까요?

쉽게 풀어낸 어원

드라마 촬영 시 현지 로케를 했다고 하면 특정한 장소에 가서 촬영했다는 뜻이죠. **loca**는 장소, 자리를 뜻해요.

0885 **location**
[loukéiʃən]

명 장소, 위치

➕ **locate** 동 ~에 위치하다 **local** 형 장소의, 현지의, 지역의
→ 로컬 음식 – 현지 음식

함께 익혀요 **place** 명 장소, 설치 동 두다 → 핫플레이스 – 뜨거운
장소(인기가 많은 장소) **misplace** 동 잘못 놓다, 잘못 두다
→ 잘못(mis) + 두다(place) **replace** 동 교체하다 →
다시(re) + 두다(place)

0886 **allocate**
[ǽləkèit]

동 할당하다, 배정하다, 분배하다

한 사람씩 자리를 배정해주는 상황 연상
– 하나의(a)와 자리(loca)가 결합된
할당하다/배정하다(allocate)

0887 **celebrate**
[séləbrèit]

동 축하하다

셀폰(스마트폰)으로 쉽게 검색되는 유명 인사로 등극했다면
축하해줘야겠죠(celebrate).

➕ **celebration** 명 기념, 축하 **celebrated** 형 유명한

0888 **celebrity**
[səlébrəti]

명 유명 인사, 명사

월드컵 조 추첨에 전 세계 **셀리브리티** 총 출동
유명 인사(celebrity)는 셀폰으로 쉽게 검색되지요.

0889 **charge**
[tʃɑ:rdʒ]

명 충전, 요금, 비난, 책임 동 요금을 부과하다, 비난하다

배터리 **차지** – 배터리 충전
(호텔) 싱글룸 차지 – 1인실 요금

0890 **discharge**
[distʃɑ́:rdʒ]

동 면제하다, 해고하다, 석방하다

벗어난(dis)과 책임(charge)이 결합되어 **면제하다/
석방하다/해고하다**(discharge)가 됩니다.

0891 peril
[pérəl]

명 위험, 위태
페리오(perioe) 치약을 사용하지 않으면 치아가
위험(peril)하다오~

0892 perish
[périʃ]

동 멸망하다, 죽다
극도의 위험(peril)에 처하면 **죽을**(perish) 수도 있지요.

0893 cherish
[tʃériʃ]

동 소중히 하다, 마음에 품다
모든 죽어 가는(perish) 것들을 **소중히**(cherish)
여깁시다.

0894 cast
[kæst]

명 배역, 던지기, 주조 동 던지다, (배우를) 뽑다
기상 **캐스터**, 뉴스 캐스터
캐스팅 디렉터 – 영화의 배역에 맞는 배우들을 선정하고
계약하는 업무의 책임자

0895 broadcast
[brɔ́:dkæst]

명 방송 동 방송하다
KBS는 Korea broadcasting system의 약자

0896 broad
[brɔ:d]

형 넓은
뉴욕 맨해튼의 **브로드**웨이는 엄청 넓은 길이죠.

0897 triumph
[tráiəmf]

명 승리 동 승리하다
우승 트로피(trophy)를 받으면 경기에서 **승리한**
(triumph) 거죠.
⊕ triumphant 형 승리를 얻은
함께 익혀요 trophy 명 트로피, 전리품, 우승 기념품

0898 catastrophe
[kətǽstrəfi]

명 파국, 재난
끔찍한 **재난**(catastrophe)은 악마로부터 받은 트로피
(trophy)일지도 몰라요.

쉽게 풀어낸 어원

책의 머리말은 프롤로그(prologue),
책의 맺음말은 에필로그(epilogue)라고 하죠.
log는 말, 학문을 뜻합니다.

0899
logic
[ládʒik]

명 논리학, 로직
log(말)에서 유래한 logic(**논리학**)
➕ **logical** 형 논리적인

0900
dialog
[dáiəlɔ̀:g]

명 대화(= dialogue)
친구와 전화로 **대화**(dialog)하려면 일단 전화
다이얼(dial)을 눌러야겠죠.

0901
eloquence
[éləkwəns]

명 웅변
밖에(e) 나가 청중을 향해 하는 말(log)이
웅변(eloquence)이지요.
➕ **eloquent** 형 웅변적인

0902
colloquial
[kəlóukwiəl]

형 구어의, 구어체의
일상생활에서 다 같이(col) 쓰는 말(log)이
구어(colloquial)죠.

0903
biology
[baiálədʒi]

명 생물학
바이오(생(生), bio)와 학문(logy)이 결합된
생물학(biology)
함께 익혀요 **chemistry** 명 화학 → 쇠로 금을 만들기 위해 애쓴
연금술사 → 화학(chemistry)은 금을 '캐'는 학문인가요?
chemist 명 화학자

0904
geology
[dʒiálədʒi]

명 지질학
땅(땅 지(地), geo)과 학문(logy)이 결합된
지질학(geology)

0905
psychology
[saikálədʒi]

명 심리학
사이코(psycho)는 '정신병 환자' 또는 '정신병의'를 뜻하죠.
– 사이코(psycho)에 학문(logy)이 결합된
심리학(psychology)

0906

anthropology

[ӕnθrəpάlədʒi]

명 인류학, 인간학

인간은 저 멀리 안드로메다에서 왔을까요? 그래서 인류학이
anthropology(앤스로폴로지)인가봐요.

0907

race

[reis]

명 경주, 인종, 민족

카레이스 – 자동차 경주

카레이서 – 자동차 경주를 직업으로 하는 사람

➕ **racial** 형 인종의 → 다양한 인종의(racial) 사람들이 올림픽에서
경주(race)를 하지요. **racism** 명 인종 차별

0908

trace

[treis]

명 자국 동 흔적을 쫓다

F1 그랑프리 경주(race)가 벌어진 곳에는 차량이 질주한
자국(trace)이 남겠죠.

0909

cosmos

[kάzməs]

명 우주, 조화

가을이 되면 조화롭게 피어나는 **코스모스**(cosmos)

0910

cosmopolitan

[kὰzməpάlətn]

명 세계인 형 세계적인

화성 탐사까지 가능해진 21세기의 인류는 우주(cosmos)
속의 **세계인**(cosmopolitan)이죠.

➕ **cosmopolis** 명 국제 도시

0911

chaos

[kéias]

명 혼돈, 무질서

카오스 이론 – 혼돈 이론

– 우주/조화(cosmos)의 반대 개념인 **혼돈/무질서**
(chaos)

쉽게 풀어낸 어원

롱패스, 롱스커트에서 **long**은 긴을 뜻하지요.

0912
long
[lɔːŋ]

혱 긴 툉 동경하다, 갈망하다

롱스커트
– 사랑하는 사람을 갈망하느라(long) 목이 빠지겠군요
(길어지겠군요).

➕ **length** 몡 길이 **lengthen** 툉 길게 하다

0913
belong
[bilɔ́ːŋ]

툉 ~에 소속되다(to)

주인 없는 물건을 오래 갖고 있으면 자기 것이 될까요?
– be(~이다)와 long(긴!)이 결합하여 **~에 소속되다**
(belong)가 됩니다.

➕ **belongings** 몡 소지품, 소유물

0914
prolong
[prəlɔ́ːŋ]

툉 연장하다

앞(pro)과 긴(long)이 결합된 **연장하다**(prolong)

0915
longitude
[lándʒətjùːd]

몡 경도

longitude은 위아래 길게(long) 내리 그은 **경도**
(longitude)를 뜻합니다.

함께 익혀요 **latitude** 몡 위도

0916
colony
[káləni]

함께 익혀요
몡 식민지, 공동체

식민지란 제국주의의 땅따먹기 싸움의 결과지요.
– 함께(col)와 긴(lony → long)이 결합되어 자기 땅에
붙여서 길게 만드는 **식민지/공동체**(colony)가 됩니다.

0917
cosmetic
[kazmétik]

혱 미용의 몡 (~s) 화장품

화장품 브랜드에는 **코스메틱**이라는 표현이 많이 들어가죠.

0918
career
[kəríər]

몡 경력, 직업, 생애

커리어 우먼 – 직업을 갖고 있는 여성
커리어 경력 개발 연구소

쉽게 풀어낸 어원

여러분 책상 조명의 럭스(Lux, 조명도)는 얼마나 되나요?
이처럼 **lum, lus, lux**가 들어간 단어는
빛과 관계가 깊습니다.

0919
lux
[lʌks]

몡 조명도, 밝기 단위
세상에서 가장 **밝은** 나라는 룩셈부르크?

0920
illusion
[ilúːʒən]

몡 환각, 환상
심하게 아프면(ill) 환상이 보일 수 있죠.
– illusion은 아픈(ill)과 빛(lus)이 결합하여 **환각/환상**
(illusion)을 뜻합니다.

➕ **disillusion** 몡 환멸 동 환멸을 느끼게 하다 → 벗어난(dis) +
환상(illusion)

0921
illuminate
[ilúːmənèit]

동 밝히다, 계몽하다
안(il → in)으로 빛(lum)을 비춰서 어둠을 **밝히다**
(illuminate)

0922
allude
[əlúːd]

동 넌지시 말하다, 암시하다
희미한 빛(lud → lus)을 비추듯이 애매하게
넌지시 말하다(allude)

➕ **allusion** 몡 암시

0923
delude
[dilúːd]

동 속이다, 현혹시키다, 착각하게 하다
헷갈리게 아래(de)에 빛(lud → lus)을 비춰서
착각하게 하면(delude) 곤란하지요.

➕ **delusion** 몡 미혹, 현혹

0924
tropical
[trάpikəl]

혱 열대의
트로피컬 프루츠 – 열대 과일
➕ **subtropical** 혱 아열대의

0925
challenge
[tʃǽlindʒ]

몡 도전 동 도전하다
글로벌 **챌린지** – 세계를 향한 도전
새로운 것에 도전하는(challenge) 사람은 변화(change)
를 두려워하지 않아요.

DAY 18

There is much demand for this product.

이 제품에 대한 수요가 많아요.

0926 course
[kɔːrs]

명 과정, 코스

마라톤 **코스**, 달리기 코스

➕ intercourse 명 교제 → 교제(intercourse)란 서로(inter→ 서로 바라보는 인터뷰 연상) 알아가는 과정(course)이죠.

0927 coarse
[kɔːrs]

형 조잡한, 거친, 야비한

전체 코스(course) 중 일부가 **조잡하군요**(coarse).

0928 command
[kəmǽnd]

동 명령하다, 지휘하다, 언어를 구사하다 명 명령

'특공대원'을 의미하는 **코만도** 들어보셨나요?
– 특공대원(commando)은 사령관의 **명령**(command)을 수행하죠.

➕ commander 명 지휘관 **함께 익혀요** mandate 동 명령하다, 위임하다

0929 demand
[dimǽnd]

동 요구하다 명 수요, 요구

명령(command)이 아래로(de) 살짝 약해진 **요구**
(demand)

0930 commend
[kəménd]

동 칭찬하다

명령하는(command) 것보다는 **칭찬하는**(commend)
것이 더 효과적일 때가 있죠.

함께 익혀요 commence 동 시작하다 → 일을 시킬 때는 일단 칭찬
(commend)부터 하세요. 일을 더 빨리 시작할지도(commence)
몰라요. → 칭찬이 명령(command)보다 위대하니까요.

0931 recommend
[rèkəménd]

동 추천하다

남을 칭찬하고(commend) 좋은 것을 **추천하는**
(recommend) 삶을 삽시다.

"한 단어당 10초씩 읽어 보세요."

 목표 시간: 15분

 걸린 시간: 분

쉽게 풀어낸 어원

미국 프로야구에서 가장 중요한 리그는 메이저(major)리그죠.
maj는 커다란, 중요한을 뜻합니다.

0932
major
[méidʒər]

형 중요한, 주요한 동 전공하다

➕ majority 명 다수, 대부분

0933
majesty
[mǽdʒəsti]

명 폐하, 존엄

나라의 가장 큰 인물은 폐하인가요?
– 큰(maj)과 최상급 접미사(est)가 결합되어
폐하/존엄(majesty)이 됩니다.

➕ majestic 형 위엄 있는

함께 익혀요 jest 명 농담, 희롱 → 위엄 있는 폐하(majesty)를 희롱
(jest)하다간 큰일 나겠죠? jester 명 어릿광대

0934
master
[mǽstər]

명 대가, 주인, 선생 동 정통하다, 정복하다

마스터 플랜 – 기본이 되는 계획 또는 설계
– master는 큰(mas → maj)에 사람 접미사(er)가 연결
되어 한 분야에서 대단한 업적을 이룬 대가(大家)(master)
를 의미하지요.

➕ headmaster 명 교장 masterpiece 명 걸작, 대표작

0935
charity
[tʃǽrəti]

명 자비, 박애, 자선 단체

대한민국의 대표적인 **자선 단체**(charity)인 '사랑의 열매'
의 로고가 빨간 체리죠.

0936
flush
[flʌʃ]

동 붉어지다, 물을 내리다 명 (변기) 씻어 내림

화장실 변기 물 내림 버튼에 flush라고 쓰여있네요.

쉽게 풀어낸 어원

연간 100만 명을 희생시키는 말라리아(malaria)는
'나쁜 공기'라는 의미예요. **mal**은 **나쁜**을 뜻합니다.

0937

malfunction
[mælfʌ́ŋkʃən]

명 고장, 기능 불량

(컴퓨터) **펑션키** – F1~F12까지의 기능 키
– 나쁜(mal)과 기능(function)이 결합하여
고장/기능/불량(malfunction)이 됩니다.

➕ function 명 기능 동 작용하다

0938

maltreat
[mæltríːt]

동 혹사시키다, 학대하다

종업원을 나쁘게(mal) 막 다루는(treat) 것도 **혹사시키는**
(maltreat) 거죠.

0939

malice
[mǽlis]

명 원한, 증오, 악의

여자가 한을 품으면 오뉴월에 서리가 내린다는 말이 있죠.
– 나쁜(mal) 마음과 얼음(ice)이 합쳐져서 **원한/증오**
(malice)가 됩니다.

➕ malicious 형 악의적인

0940

dismal
[dízməl]

형 음침한

멀리(dis) 떨어진 나쁜(mal) 뒷골목은 **음침하죠**(dismal).

0941

develop
[divéləp]

동 개발하다, 발달하다

레벨(level)보다 아래로(de) 떨어진 것은 개발해야
(develop) 해요.

함께 익혀요 level 명 수준, 정도 동 평평하게 하다 → 레벨이 높다
– 수준이 높다, 상위 레벨

0942

lever
[lévər]

명 지렛대, 레버

일정한 수준(level)까지 끌어올리는 **지렛대/레버**(lever)

0943 cliff
[klif]

명 절벽, 낭떠러지
종이 서류에 꽂는 납작한 클립(clip)을 수직으로 세워서
조그만 **절벽**(cliff) 모양을 만들어요.

0944 creep
[kri:p]

동 기다, 포복하다
천 길 낭떠러지(cliff)에서는 조심조심 **기어가야죠**(creep).

0945 cripple
[krípl]

명 불구자, 장애인 동 ~을 불구로 만들다
가파른 절벽(cliff)에서 떨어지면 죽거나 **불구자**(cripple)
가 될 수도 있어요.

0946 cling
[kliŋ]

동 달라붙다, 고수하다, 집착하다(-clung-clung)
서류에 꽂는 납작한 클립(clip)은 종이에 착 **달라붙어**
(cling) 있지요.

0947 overlap
동 [òuvərlǽp] 명 [óuvərlæp]

동 겹치다(-overlapped-overlapped) 명 중복
오버랩되다 – 어떤 대상이 다른 대상과 겹쳐서 보이다

0948 collapse
[kəlǽps]

동 무너지다, 붕괴하다 명 붕괴
부실에 부실이 겹쳐져(overlap) 쌓이면 결국
무너지고(collapse) 말겠죠.

0949 pray
[prei]

동 빌다, 기도하다
놀(play) 때는 신나게 놀고 **기도할**(pray) 때는 경건하게
기도합시다.
➕ **prayer** 명 [préiər] 기도하는 사람 [préɛr] 기도

0950 employ
[implói]

동 고용하다, 근무하다
맨날 놀지만(play) 말고 열심히 **근무해야죠**(employ).
➕ **employer** 명 고용주 **employee** 명 종업원
unemployment 명 실업

쉽게 풀어낸 어원

매니큐어(manicure)는 손톱에 색을 칠해 꾸미는 것을 뜻하죠.
이때의 **man**은 손을 뜻합니다.

0951
manual
[mǽnjuəl]

형 손의   명 안내서, 매뉴얼
고객 **매뉴얼** – 고객 안내서

0952
manage
[mǽnidʒ]

동 다루다, 조종하다, 경영하다
손(man)으로 물건을 **다루지요**(manage).
➕ **manager** 명 매니저, 관리자   **management** 명 관리, 경영

0953
manipulate
[mənípjulèit]

동 잘 다루다, 조종하다
접시(plate)를 손으로 돌릴 수 있으세요?
– 손(man)과 접시(pulate → plate)가 합쳐져서
잘 다루다/조종하다(manipulate)가 됩니다.

0954
manifesto
[mænəféstou]

명 선언
국회의원 후보자 **매니페스토** 협약식 – 정치인들이
손(man) 들고 선언하는 모습 본 적 있죠?
– 손(man)을 들고 하는 선언(manifesto)
➕ **manifest** 형 명백한, 분명한   동 명백하게 하다 → 선언
(manifesto)은 무엇을 주장하는지 명백해야(manifest) 해요.

0955
manuscript
[mǽnjuskrìpt]

명 원고
손(man)으로 쓰는(script) **원고**(manuscript)

0956
amend
[əménd]

동 개정하다, 수정하다
원고가 마음에 들지 않으니 한 번(a) 손을 대볼까요?
– 하나(a)와 손(men → man)이 결합한
개정하다/수정하다(amend)

0957
asthma
[ǽzmə]

명 천식
의사 왈(曰) "네 **천식**(asthma)을 고치기 위해 애쓰마."

0958 pat
[pæt]

통 두드리다, 가볍게 치다
페트병으로 **가볍게 치면**(pat) 아플까요?

0959 patient
[péiʃənt]

형 참을 수 있는 명 환자
'**페이션트** 제로'는 '최초 감염자(최초의 환자)'를 뜻하지요.
– 가볍게 치는(pat) 건 참을 수 있지요(patient).
➕ patience 명 인내 impatience 명 성급함, 조바심

0960 patron
[péitrən]

명 후원자, 보호자
기업이 학생을 후원하는 **패트런** 제도
– 후원자(patron)란 격려의 의미로 등을 두드려(pat)
주는 사람인가요?

0961 patriot
[péitriət]

명 애국자
패트리어트(patriot) 미사일
폭동(riot)을 두드려(pat) 진압하는 사람이 애국자(patriot)
이지요.
함께 익혀요 riot 명 폭동 통 폭동을 일으키다 patriotism 명 애국심

0962 compatible
[kəmpǽtəbl]

형 양립할 수 있는, 호환되는
일방적인 것이 아니라 같이(com) 두드려야(pat)
양립할 수 있어요(compatible).

0963 chore
[tʃɔːr]

명 허드렛일, 자질구레한 일
핵심(core)이 아닌 **허드렛일/자질구레한 일**(chore)
함께 익혀요 core 명 핵심, 중심부 → 코어 운동 – 중심부 근육을
단련시키는 운동

0964 elevate
[éləvèit]

통 상승시키다
건물의 **엘리베이터**(elevator)
➕ elevation 명 고도, 높이, 해발

0965 limb
[lim]

명 팔다리, 사지, 조류의 날개
산을 오르려면(climb) 튼튼한 **팔다리**(limb)가 중요하죠.

0966 playwright
[pléiràit]

명 극작가
연극(play)과 쓰다(wright → write)가 결합된 **극작가**(playwright)
➕ **play** 통 놀다, 연주하다 명 연극

0967 plausible
[plɔ́:zəbl]

형 그럴듯한, 정말 같은
요즘 드라마나 연극(play)을 보면 **진짜 같죠**(plausible).

0968 prairie
[préəri]

명 대초원
동물이 뛰어노는(play) **대초원**(prairie)

0969 prey
[prei]

명 먹이 통 잡아먹다
맹수들이 놀다가(play) 배고프면 먹이를 **잡아먹죠**(prey).
함께 익혀요 **predator** 명 포식자, 약탈자, 육식동물 → 먹이(pre→prey)를 잡아먹는 포식자(predator)

0970 seal
[si:l]

통 봉하다 명 봉인, 도장
크리스마스 **씰**
– 우편물에 우표와 함께 붙여서 봉하는 것

0971 conceal
[kənsí:l]

통 감추다
보물을 함께(con) 봉인하여(ceal → seal) **감추다**
(conceal)

0972 ceiling
[sí:liŋ]

명 천장, 상한선, 최고 한도
비가 새지 않도록 집을 봉인(ceil → seal)하는 **천장**
(ceiling)

0973 fossil
[fάsəl]

명 화석 형 화석의
땅 속 깊은 곳에 봉인되어(sil → seal) 있는 **화석**(fossil)

쉽게 풀어낸 어원

티셔츠 미디엄(medium) 사이즈로 주세요.
med 또는 **mid**는 **중간**을 뜻합니다.

0974
medium
[mí:diəm]

형 중간의 명 매개, 매체, 매개체
피자 **미디엄** 사이즈
➕ **media** 형 미디어, 대중매체, 매개체, 매체(medium의 복수형)
→ 매스미디어 – 대중매체, 멀티미디어

0975
medieval
[mì:dií:vəl]

형 중세의, 중세적인
고대와 현대의 중간의(med) 시기인 **중세**(medieval)

0976
mediate
[mí:dièit]

동 중재하다, 조정하다
사람을 **중재하는**(mediate) 가장 좋은 방법은 중간에
(med) 끼어 같이 식사하는(ate) 걸지도 몰라요.
➕ **intermediate** 형 중간의 명 중재자 동 중개하다
함께 익혀요 **meditate** 동 숙고하다, 명상하다, 묵상하다

0977
immediate
[imí:diət]

형 직접의, 즉시의
부정의 의미(im) + 중간의(med)
– 중간 매개체가 없으면 **직접** 접촉할 수 있죠.
➕ **immediately** 부 곧, 즉시

0978
middleman
[mídlmæn]

명 중간 상인, 중개인
중간의(middle) + 사람(man)

0979
midnight
[mídnait]

명 자정 형 한밤중의
중간(mid)과 밤(night)이 합쳐진 **자정/한밤중**
(midnight)
함께 익혀요 **amid** 전 ~의 한복판에

0980
cluster
[klʌ́stər]

명 무더기, 송이, 떼
산업 **클러스터** – 연관 산업의 기업과 기관들이 한곳에 모여
시너지 효과를 도모하는 산업 집적 단지, 자동차 클러스터

DAY 19

You must enter your ID and password.

ID와 비밀번호를 입력해야 합니다.

Day19.mp3

쉽게 풀어낸 어원

기억이 안 나면 메모(memo)를 보면 되지요.
mem은 **기억하다**를 뜻합니다.

0981

memorize
[méməràiz]

동 기억하다, 암기하다

➕ **memorial** 형 기념의, 추모의 명 기념비

0982

immemorial
[ìməmɔ́:riəl]

형 태고의, 옛날 옛적의

부정의 의미(im) + 기억하다(mem)
– 옛날 옛적의 일은 도저히 **기억할 수 없겠죠.**

0983

commemorate
[kəmémərèit]

동 기념하다, 축하하다

생일은 다 같이(com) 기억해서(mem) **축하하죠**
(commemorate).

0984

enter
[éntər]

동 참가하다, 들어가다

엔터키를 누르고 게임방에 입장(enter)하죠.

➕ **entrance** 명 입장, 입학 **entry** 명 입장, 가입, 참가 →
(월드컵) 최종 엔트리 – 최종 참가자 명단

0985

eternal
[itə́:rnəl]

형 영원한

'낙원에 들어가는 것', '스님이 입적하시는 것', '부처님이
열반에 드시는 것'은 모두 **영원한**(eternal) 천국/낙원/열반
에 **들어가는**(enter) 것이죠.

➕ **eternity** 명 영원

"한 단어당 10초씩 읽어 보세요."

 목표 시간: 15분

 걸린 시간: 분

0986 interesting
[íntərəstiŋ]

형 재미있는, 흥미로운

인터레스팅하다 – 재미있다

➕ interest 명 취미, 관심, 이자, 이익

0987 disinterested
[disíntərèstid]

형 사심 없는, 공평한

벗어난(dis) + 이익(interest)

0988 sin
[sin]

명 죄, 죄악

조선시대엔 아들(son)을 낳지 못하면 거의 **죄**(sin)를 지은 사람 취급을 했죠.

함께 익혀요 sinister 형 불길한 → 죄(sin)로 인해 별(ster→star)이 떨어지고 재앙이 온다면 불길하겠죠(sinister).

0989 sincere
[sinsíər]

형 성실한, 진지한

자신의 죄(sin)를 뉘우칠 줄 아는 사람은 **성실한**(sincere) 삶을 살죠.

➕ sincerity 명 성실

0990 concern
[kənsə́:rn]

명 관심, 걱정 통 관련짓다, 염려하다

부모는 함께(con) 낳은 아들(cern → son)에게 사랑과 **관심**(concern)을 쏟죠.

➕ concerning 전 ~에 관하여

0991 discern
[disə́:rn]

통 분간하다, 식별하다

짐승도 자기 새끼는 알아본다죠. – 부모라면 이(dis → this) 아들(cern → son)이 내 아들인지 저 아들이 내 아들인지 쉽게 **분간하겠죠**(discern).

쉽게 풀어낸 어원

인생의 멘토(mento), 강한 멘탈(mental)에서 보듯
ment는 정신을 뜻합니다.

0992

mentor

[méntɔːr]

명 훌륭한 지도자, 스승, 조언자

멘토 – 정신적 지주, 멘토링 – 멘토의 활동

0993

mental

[méntl]

형 마음의, 정신의

성공하려면 **멘탈**이 강해야 해.

➕ **mentality** 명 지성, 정신력

0994

cop

[kap]

명 경찰관

로보**캅** – 로봇 경찰

0995

cope

[koup]

동 맞서다, 대처하다

경찰관(cop)은 범죄에 **맞서는**(cope) 사람

0996

easy

[íːzi]

형 쉬운

이지 TV, 이지 게스트하우스, 이지 팬츠에서처럼 사용하기
쉬운(easy) 제품에 '이지'라는 표현이 자주 쓰입니다.

➕ **ease** 명 편함, 용이함 동 안심시키다

0997

cease

[siːs]

동 멈추다, 그만두다

너무 편함(ease)을 추구하다보면 나태해져서 도전을
멈추게(cease) 될 수도 있겠죠.

➕ **incessant** 형 끊임없는 → 부정의 의미(in) + 멈추다(cess→
cease)

저게 뭐지? 물속에서 올라갔다 내려갔다 하네.
merge는 잠기다, 몰입시키다를 뜻합니다.

0998

merge
[məːrdʒ]

동 몰입시키다, 합병하다, ~을 변하게 하다, 흡수되다

0999

submerge
[səbmə́ːrdʒ]

동 침몰시키다, 잠기다, 잠수하다
아래(sub → subway 연상)와 잠기다(merge)가 결합된
침몰시키다/잠기다/잠수하다(submerge)

1000

emerge
[imə́ːrdʒ]

동 나오다, 출현하다
(경제) **이머징** 마켓 – 떠오르는 시장(신흥시장)
– 밖(e)과 잠기다(merge)가 결합된
밖으로 나오다/출현하다(emerge)
➕ **emergence** 명 출현

1001

emergency
[imə́ːrdʒənsi]

명 돌발사건, 비상사태
이머전시콜 – 비상전화
– 돌발사건(emergency)이란 예기치 못하게 갑자기
튀어나온(emerge) 사건이죠.

1002

lip
[lip]

명 입술
립스틱(lipstick), 립싱크 가수 – 노래를 부르지 않고
입술로 흉내만 내는 가수

1003

lid
[lid]

명 눈꺼풀, 뚜껑
입술(lip)이 입을 닫듯이 **눈꺼풀**(lid)은 눈을 닫지요.

1004

rid
[rid]

동 제거하다, 없애다(-rid-rid)
쳐진 눈꺼풀(lid)을 **제거하는**(rid) 수술

쉽게 풀어낸 어원

100미터 달리기의 황제는 우사인 볼트인가요? 치타라구요?
meter는 재다, 측정하다를 뜻합니다.

1005 **barometer**
[bərámitər]

명 지표, 척도, 기압계
승부의 **바로미터** – 승부의 척도(지표)
– 막대기(bar)와 측정(meter)이 결합한
기압계/지표(barometer)

1006 **thermometer**
[θərmámətər]

명 온도계
열(ther)과 측정(meter)이 결합되어 열의 정도를 측정하는
온도계(thermometer)가 됩니다.
함께 익혀요 **summer** 명 여름 → 열(ther, 써)의 사촌뻘인 여름
(summer, 썸머)

1007 **geometry**
[dʒiámətri]

명 기하학
고대 이집트에서는 나일강의 홍수로 범람한 땅(地)을
측정하면서 기하학이 발달했죠.
– 땅(지(地), geo)과 측정(meter)이 합쳐져서 **기하학**
(geometry)이 됩니다.

1008 **diameter**
[daiǽmətər]

명 지름, 직경
수학 시간에 지름을 기호 D로 표시하죠.
– diameter는 원의 중심을 가로질러(dia) 측정(meter)한
지름/직경(diameter)을 뜻합니다.

1009 **measure**
[méʒər]

명 측정, 수단 동 측정하다
meter(측정)의 유의어인 measure(측정/수단/측정하다).
함께 익혀요 **immense** 형 막대한 → 부정의 접두어(im) + 측정
(mense→meter) → 무지막지하게 크면 도저히 측정할 수 없겠죠.

1010 **symmetry**
[símətri]

명 대칭, 균형, 조화
A와 B가 **대칭**(symmetry)을 이룬다면 정중앙에서
같은(sym) 거리 값이 측정(meter)되겠죠.

1011 spontaneous
[spantéiniəs]

형 자발적인, 자연적인

스폰서(sponsor, 후원자)는 **자발적인**(spontaneous) 마음으로 후원해야 해요.

1012 respond
[rispánd]

동 응답하다, 반응하다

스폰서(sponsor)는 자신이 후원하는 사람이 연락하면 기쁜 마음으로 **응답할**(respond) 거예요.

➕ response 명 응답, 반응

1013 correspond
[kɔ̀:rəspánd]

동 편지를 주고받다, 일치하다

후원자(sponsor)와 후원을 받는 사람은 서로(cor) **편지도 주고받죠**(correspond).

1014 responsible
[rispánsəbl]

형 책임 있는

스폰서(sponsor)가 되면 재정적으로 밀어줄 **책임이 있지요**(responsible).

➕ responsibility 명 책임

1015 smash
[smæʃ]

동 박살내다, 때려 부수다

(스포츠) 강력한 **스매싱**, 배드민턴의 점프 스매싱

1016 crash
[kræʃ]

동 파괴하다 명 충돌, 파산

smash(때려 부수다)와 crash(**파괴하다**)는 발음도 의미도 유사한 점이 많네요.

1017 rash
[ræʃ]

형 무분별한, 경솔한 명 발진, 뾰루지

멀쩡한 물건을 파괴하는(crash) 것은 **무분별한**(rash) 행동이죠.

1018 diabetes
[dàiəbí:tis]

명 당뇨병

식이요법(diet, 다이어트)을 잘못 하면 **당뇨병**(diabetes)에 걸릴 위험이 있어요.

➕ diabetic 명 당뇨병 환자 형 당뇨병의

함께 익혀요 diet 명 식이요법, 식품, 음식물

쉽게 풀어낸 어원

공항에서 '이미그레이션(immigration)'이라는
출입국 수속절차를 밟아본 적 있으세요?
mig는 **이민**을 뜻해요.

1019 immigrate
[ímǝgrèit]

图 이민 오다

안(im → in)과 이주하다(migrate)가 결합하여
이민 오다(immigrate)가 됩니다.

➕ **immigrant** 图 (외국에서 오는) 이주자
migrate 图 이주하다, 옮겨 다니다

1020 emigrate
[émigrèit]

图 이민 가다

밖(e)과 이주하다(migrate)가 결합되면
이민 가다(emigrate)가 되죠.

➕ **emigrant** 图 (다른 나라로의) 이주자

1021 upcoming
[ʌ́pkʌ̀miŋ]

형 다가오는

upcoming(**다가오는**)은 come(오다)에서 파생했죠.

1022 plague
[pleig]

명 전염병

티베트에서는 **전염병**(plague)이 돌면 깃발(flag)을 내걸
지요.

1023 display
[displéi]

图 보이다, 진열하다 명 진열

매장 **디스플레이** – 매장 진열
컴퓨터 디스플레이 – 컴퓨터의 영상 출력 장치

1024 shift
[ʃift]

图 옮기다, 교체하다 명 이동, 교대

컴퓨터 키보드의 **시프트**(shift) 키를 누른 상태에서 글자를
입력하면 대소문자 전환이 가능하지요.

1025 conceit
[kǝnsíːt]

명 자부심, 자만

존경하는 인물과 같은(con) 좌석(ceit → seat)에 나란히
앉게 된다면 대단한 **자부심**(conceit)을 느낄 거예요.

1026 sunrise
[sʌ́nràiz]

명 해돋이, 일출

선라이즈 vs. 선셋

➕ sunset 명 일몰 → 선셋 크루즈

1027 poison
[pɔ́izn]

명 독, 독약

mercury poisoning – 수은 중독

➕ poisonous 형 유독한, 독이 있는

1028 copper
[kάpər]

명 구리, 동전 형 구리의

구리로 만든 쿠퍼 압력솥

1029 reconcile
[rékənsàil]

동 화해시키다

싸우다 화해하면서 옥수수를 먹는 상황 연상
– 다시(re)와 옥수수(con → corn)를 합치면
화해시키다(reconcile)가 되죠.

➕ reconciliation 명 화해

1030 antagonist
[æntǽgənist]

명 적대자, 악역

안티(anti)가 지나치면 **적대자**(antagonist)가 될 수도
있어요.

1031 coffin
[kɔ́(ː)fin]

명 관

관(coffin) 안에 고인(故人)이 좋아하던 캔커피(coffee)를
넣어드릴까요?

1032 scorn
[skɔːrn]

명 경멸 동 멸시하다

스컹크의 방구를 **멸시하다**(scorn)

1033 cuisine
[kwizíːn]

명 요리, 요리법

진수성찬은 귀진(貴珍)한 **요리**(cuisine, 퀴진)

1034 fraud
[frɔːd]

명 사기, 사기꾼

백 원짜리 물건을 뻥튀기하여(fry) 천만 원에 파는 게
사기(fraud)이죠.

함께 익혀요 fry 동 튀기다 명 튀김

DAY 20

It is against the rules.

그것은 규칙 위반이에요.

1035

grab
[græb]

통 움켜잡다

다리가 10개나 있는 게(crab)는 **움켜잡는**(grab) 힘이 세겠죠.

함께 익혀요 crab 명 게, 게살 → 킹크랩 게장

1036

grasp
[græsp]

통 움켜잡다, 파악하다, 이해하다 명 파악

개념을 움켜잡으려면(grab) 제대로 **파악해야겠죠** (grasp).

1037

rush
[rʌʃ]

통 급히 가다, 돌진하다 명 돌진

러시아워 – 차들이 급히 가서 길이 막히는 시간(출퇴근 시간)

1038

crush
[krʌʃ]

통 박살내다

차로 급히 가다(rush) 잘못 하면 다른 차를 **박살낼**(crush) 수도 있겠죠.

1039

rule
[ru:l]

통 결정하다, 통치하다 명 규칙

룰을 지켜라 – 규칙을 지켜라, 게임 룰, 야구 룰

함께 익혀요 ruthless 형 무자비한

1040

cruel
[krúːəl]

형 잔인한, 혹독한

미친(crazy) 규칙(ruel → rule)에서 **잔인한/혹독한** (cruel)이 연상되시나요?

➕ cruelty 명 잔인함

1041

crawl
[krɔ:l]

통 기어가다, 포복하다

잔인한(cruel) 폭군 앞에서 신하들이 설설 **기겠죠** (crawl).

"한 단어당 10초씩 읽어 보세요."

 목표 시간: 15분

 걸린 시간: 분

쉽게 풀어낸 어원

미니스커트, 미니마트에서
mini는 **작은**을 뜻합니다.

1042
miniature
[míniətʃər]

몡 축소 건물, 축소 모형 혱 소형의

세계 유명 도시를 축소시켜 만든 **미니어처** 도시
미니어처 남대문

1043
minor
[máinər]

혱 소수의, 사소한 몡 미성년자

(미국 프로야구) **마이너**리그 – 2부 리그(작은 리그)

➕ **minority** 몡 소수, 소수 민족

1044
diminish
[dimíniʃ]

동 줄이다, 감소하다

바지가 크면 아래 단을 잘라서 줄이죠.
– 아래(di)와 작은(mini)이 결합되어 **줄이다/감소하다**
(diminish)가 됩니다.

1045
minimum
[mínəməm]

몡 최소

미니멈 오더 – 최소 주문량

➕ **minimal** 혱 최소한의

1046
minister
[mínəstər]

몡 장관, 목사

대통령보다 작은(mini) **장관**(minister)
예수님보다 작은(mini) **목사**(minister)

➕ **ministry** 몡 (영국 · 일본 등의) 부, 내각

1047
administer
[ədmínistər]

동 관리하다, 경영하다, 통치하다

장관(minister)은 대통령을 보필해 국가를 **통치하지요**
(administer).

➕ **administration** 몡 행정 관청, 경영

쉽게 풀어낸 어원 mis/mit ①

저 멀리 쏘아 보내는 미사일(missile).
mis 또는 **mit**는 **보내다**를 뜻합니다.

1048

mission
[míʃən]

명 미션, 임무, 파견, 선교
미션 성공, 미션 임파서블 – 불가능한 임무
(참고) 파견(派遣)은 임무를 부여하여 보내는 것이죠.

1049

missionary
[míʃənèri]

명 선교사
아프리카 오지에 보낼(mit) 위대한 **선교사**(missionary)
를 양성합시다.

1050

admission
[ædmíʃən]

명 입장, 입학
미국 대학 **어드미션** 받기 – 미국 대학 입학 허가 받기
– 입장(admission)은 안으로 들여보내는(mit) 것이죠.
➕ **admit** 동 들어오게 하다, 인정하다　**admitted** 형 허가된

1051

permit
동 [pərmít] 명 [pə́rmit]

동 허락하다, 허가하다　명 허가, 허가증
모든 것을 완전히(제한 없이) 보냈다면 허락한 것이겠죠.
– 완전한(per → perfect 연상)과 보내다(mit)가 결합되어
허락하다/허가하다(permint)가 되지요.
➕ **permission** 명 허가, 면허

1052

vomit
[vάmit]

동 토하다
토할 때 웩~소리(voice)와 함께 튀어나오는 음식물
– 목소리(voice)와 음식물을 내보내다(mit)가 합쳐져서
토하다(vomit)가 됩니다.

1053

emit
[imít]

동 방출하다, 내뿜다
밖(e)과 보내다(mit)가 결합되면 **방출하다**(emit)가
되지요.
➕ **emission** 명 방출, 사정

1054 brush
[brʌʃ]

명 빗, 솔
헤어 **브러시**, 솔 브러시

1055 blush
[blʌʃ]

동 얼굴을 붉히다, 부끄러워하다 　명 홍조
빗(brush)질 하는 새색시가 **부끄러워하다**(blush)

1056 cry
[krai]

동 울다, 소리치다
크라이슬러 자동차의 클랙슨(경적)은 엄청 크게 **울릴까요**
(cry)?

1057 crisis
[kráisis]

명 위기
여기저기서 울어대면(cry) 커다란 **위기**(crisis)가 닥친
거겠죠.

1058 crime
[kraim]

명 범죄
크라임 씬(crime scene) – 범죄 현장
– 피해자를 울게(cry) 하는 범죄(crime)
➕ criminal 명 범인 형 범죄의

1059 discriminate
[diskrímənèit]

동 구별하다, 차별 대우 하다
범죄(crime)를 저지르면 사회로부터 벗어난(dis) 감옥에
수감해서 **차별 대우**(discriminate) 해야겠죠.
➕ discrimination 명 차별

1060 cheer
[tʃiər]

명 환호 　동 환호하다, 응원하다
(스포츠) **치어**리더, 치어걸

1061 leader
[líːdər]

명 리더, 지도자
훌륭한 **리더** – 훌륭한 지도자, 리더십 – 지도력
➕ lead 동 [liːd] 이끌다, 인도하다 명 [led] 납 mislead 동 잘못
인도하다

1062 crust
[krʌst]

명 (빵의) 껍질, 딱딱한 표면
고구마 **크러스트** 피자, 치즈 **크러스트** 피자

1063 rust
[rʌst]

명 녹 동 녹슬다, 부식시키다
빵의 크러스트(crust)처럼 쇠도 누런 **녹**(rust)이 슬지요.
➕ rusty 형 녹슨

1064 thrust
[θrʌst]

동 쑤셔 넣다, 밀치다
기계의 부품이 녹슬었으면(rust) 기름칠을 해서 제자리에
밀어 넣어야(thrust) 제 기능을 하죠.

1065 frustration
[frʌstréiʃən]

명 좌절, 욕구 불만
공장 기계에 녹(rust)이 슬면 공장이 망하여 사업 계획이
좌절(frustration)될 수도 있겠죠.
➕ frustrate 동 좌절시키다, 방해하다

1066 seed
[si:d]

명 씨앗, 종자
시드머니 – 종잣돈

1067 reed
[ri:d]

명 갈대
씨앗(seed)을 뿌리지 않았는데도 무성하게 자라는
갈대(reed)
함께 익혀요 weed 명 잡초

1068 screw
[skru:]

명 나사, 나사 조이기
스크루드라이버 – 나사를 돌리는 도구
나사 모양의 스크류바

1069 scrutiny
[skrú:təni]

명 면밀한 조사, 응시
작은 나사(screw)까지 살피는 **면밀한 조사**(scrutiny)
➕ scrutinize 동 세밀히 조사하다

쉽게 풀어낸 어원 mis/mit②

저 멀리 쏘아 보내는 미사일(missile).
mis 또는 **mit**는 보내다를 뜻합니다.

1070

summit
[sΛ́mit]

명 정상, 꼭대기

G8 **서밋** – 선진 8개국 정상회의
– 위(su → sun 연상)와 보내다(mit)가 결합된
정상/꼭대기(summit)

1071

dismiss
[dismís]

동 해산시키다, 해고하다

해산은 현재의 장소에서 벗어나게 하는 것이죠.
– 벗어난(dis)과 보내다(mit)가 결합된
해산시키다/해고하다(dismiss)

➕ **dismissal** 명 해산, 해고

1072

transmit
[trænsmít]

동 전달하다, 보내다, 이송하다

이편에서 저편으로 가로질러(trans) 물건을 보내면(mit)
전달하다/보내다/이송하다(transmit)가 되지요.

1073

submit
[səbmít]

동 복종시키다, 굴복하다, 제출하다

아래(sub → subway 연상)와 보내다(mit)가 결합된
복종시키다/굴복하다(submit)

➕ **submission** 명 복종, 순종

1074

omit
[oumít]

동 잊다, 생략하다, 빠뜨리다

밖에(o → out) 남겨두고 보내면(mit)
잊다/생략하다(omit)가 되지요.

1075

clone
[kloun]

명 클론, 복제품, 복제 인간 동 복제하다

나무도 **클론** 시대 – 낙엽송 종자 복제 성공

1076

courtesy
[kə́ːrtəsi]

명 예절, 공손함

테니스 코트(court)에서는 경기 **예절**(courtesy)을
지켜야죠.

➕ **courteous** 형 예의바른, 공손한

함께 익혀요 **court** 명 법정, 궁정, 경기장

1077 dust
[dʌst]

명 먼지
더스트팬(dustpan) – 쓰레받기(먼지를 담는 도구)

1078 industry
[índəstri]

명 근면, 산업
인더스트리 4.0 – 4차 산업혁명(제조업과 정보통신기술을 융합하여 경쟁력 제고), 근면하면 먼지가 쌓일 틈이 없겠죠? – 부정의 의미(in)와 먼지(dust)가 합쳐져 **근면/산업**(industry)이 되죠.
➕ **industrious** 형 근면한 → 근면(industry)한 우리(us)
industrial 형 산업의

1079 dusk
[dʌsk]

명 황혼, 땅거미
황혼(dusk)이 지면 서쪽 하늘이 먼지(dust)처럼 뿌예지죠.
➕ **dusky** 형 어둑어둑한, 어스레한

1080 crew
[kru:]

명 승무원
크루즈(cruise) 선박에는 **승무원**(crew)이 있지요.

1081 recruit
[rikrú:t]

명 신입생, 신병 동 모집하다, 징집하다
리쿠르팅 – 직원 모집
– 다시(re) 승무원(crui → crew)을 **모집하다**(recruit)

1082 counsel
[káunsəl]

동 상담하다, 조언하다 명 상담, 조언
뷰티 **카운슬러** – 미용 상담사
건강 카운슬러 – 건강 상담사

1083 consult
[kənsʌ́lt]

동 상담하다, 참고하다
입시 **컨설팅** – 입시 자문
➕ **consultant** 명 상담가, 자문 위원, 컨설턴트 → 부동산 컨설턴트, 교육 컨설턴트

1084 trust
[trʌst]

명 신뢰, 신용 동 믿다
(경제 상식) **트러스트**(trust)란 재산의 관리 및 처분을 믿고 맡기는 신탁(信託)을 말하지요.
➕ **entrust** 동 맡기다, 위임하다 **trustworthy** 형 신뢰할 수 있는

쉽게 풀어낸 어원

아파트 모델하우스, 자동차 최신 모델(model).
mod는 기준, 척도를 뜻합니다.

1085
mode
[moud]

몡 양식, 방식

운전 **모드**, 스마트폰 수면 모드
– 양식(mode)이란 기준(mod)에 부합하는 것이죠.

함께 익혀요 **pattern** 몡 무늬, 양식, 모범 → 패턴을 익혀라.

1086
modify
[mádəfài]

동 변경하다, 수정하다

잘못된 부분이 있으면 기준(mod)에 따라
수정해야겠죠(modify).

1087
moderate
[mádərət]

혱 적당한, 온건한, 알맞은

기준(mod)과 비슷하면 **적당한**(moderate) 것이죠.

1088
modest
[mádist]

혱 겸손한, 적당한

겸손한(modest) 사람은 함부로 행동하지 않고 삶의
기준(mod)에 충실하죠.

➕ modesty 몡 겸손

1089
commodity
[kəmádəti]

몡 일용품, 상품

같은(com) 기준(mod)에 따라 만들어서 똑같은 모양으로
만든 **일용품/상품**(commodity)

1090
accommodate
[əkámədèit]

동 적응시키다, 숙박시키다

축구 국가대표들을 월드컵 경기의 기준(mod)에
잘 맞게 **적응시키다**(accommodate)

➕ accommodation 몡 숙박 시설

1091
tray
[trei]

몡 쟁반

플라스틱 **트레이** – 플라스틱 쟁반
트레이에 음식을 담으세요.

DAY
21

The man rescued a baby from the fire.

그 남자가 화재 현장에서 아기를 구조했어요.

🔊 Day21.mp3

1092

cue
[kjuː]

명 신호, 단서, 시작을 지시하는 기호

영화감독의 **큐**(cue, 신호) 사인

1093

clue
[kluː]

명 단서, 실마리

cue(신호)와 clue(**단서/실마리**)는 의미도 모양도 비슷하네요.

1094

rescue
[réskjuː]

동 구하다 명 구조

구조대원들은 희미한 신호(cue)를 추적해서 실종자를 **구조하죠**(rescue).

1095

culture
[kʌltʃər]

명 문화, 교양

영국의 켈트족(Celts)
– 켈트족이 이룩한 **문화/교양**(culture)

1096

agriculture
[ǽgrəkʌltʃər]

명 농업

고대에는 물줄기를 따라 문화가 번성했지요.
– 물(agri → aqua)과 문화(culture)가 결합하여 **농업**(agriculture)이 됩니다.

함께 익혀요 cultivate 동 경작하다, 기르다

1097

sculpture
[skʌlptʃər]

명 조각 동 조각하다

그 나라의 문화(culture)를 대표하는 **조각상**(sculpture)
➕ sculptor 명 조각가

1098

result
[rizʌlt]

명 결과 동 ～의 결과로 생기다

모든 일의 결과는 영국 문화의 출발점인 켈트족으로 귀결되나요?
– 다시(re)와 켈트(sult → celts)가 합쳐지면 **결과/～의 결과로 생기다**(result)가 되지요.

"한 단어당 10초씩 읽어 보세요."

목표 시간: 15분

걸린 시간: 분

쉽게 풀어낸 어원

멀티미디어 시대, 멀티 플레이.
multi는 다수의를 뜻합니다.

1099 **multiple**
[mʌ́ltəpl]

형 많은, 다양한, 복합적인
➕ multiply 동 곱하다, 증식하다

1100 **multitude**
[mʌ́ltətjùːd]

명 군중, 다수
다수의(multi) 사람이 모여 **군중**(multitude)을 이루죠.

1101 **dawn**
[dɔːn]

명 새벽, 시작, 단서
새벽(dawn)이 지나면 낮(day)이 되죠.

1102 **daze**
[deiz]

명 멍한 상태 동 ~을 멍해지게 하다
새벽(dawn)에 잠을 깨면 멍한 **상태**(daze)이죠.

1103 **repeat**
[ripíːt]

동 반복하다, 되풀이하다
리피트 클럽 – 올림픽 2연패(반복 우승) 챔피언 모임
➕ repetitive 형 반복성의 repetition 명 반복

1104 **repent**
[ripént]

동 후회하다
자습시간에 휴대폰 게임만 반복하다가는(repeat) 나중에
후회하게(repent) 될 거예요.

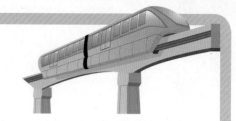

쉽게 풀어낸 어원

관광지에 가면 '모노레일(monorail)'이라는
단궤열차가 인기 있죠.
여기서 **mono**는 **하나**를 뜻합니다.

1105

monopoly
[mənάpəli]

명 독점, 전매청

(보드 게임) **모노폴리** 게임 – 서울도 독점하고 뉴욕도
독점하는 게임

1106

monologue
[mάnəlɔ̀:g]

명 독백

하나(mono)와 말(logue → log)이 결합되어
독백(monologue)이 되죠.

1107

monotonous
[mənάtənəs]

형 단조로운, 지루한

선생님의 목소리 톤(tone, 음색)이 일정하면 단조롭고
졸리겠죠.
– 하나(mono)와 음색(tone)이 결합되면
단조로운/지루한(monotonous)이 됩니다.

1108

monarch
[mάnərk]

명 군주

혼자(mon) 국가의 최고 권력자 노릇을 하는
군주(monarch)는 얼마나 신날까요?

1109

monument
[mάnjumənt]

함께 익혀요
명 기념비, 기념물

독보적인(mon) 업적을 기리는 **기념물**(monument)

1110

monk
[mʌŋk]

함께 익혀요
명 수도승

절에서 혼자(mon) 도를 닦는 **수도승**(monk)
– 몽크 슈즈 – 오랜 역사를 자랑하는 15세기 수도승 신발

함께 익혀요 **nun** 명 수녀

1111

sermon
[sɔ́:rmən]

함께 익혀요
명 설교

깊은 산속에는 수도승(monk)의 **설교**(sermon)를 듣고
감동한 원숭이(monkey)가 있을지도 몰라요.

1112 current
[kə́:rənt]

명 흐름 형 유행의, 현재의

한국 물은 콸콸 흐르고 미국 물은 **컬컬**(cur~) 흐르나요?

➕ **currency** 명 유통, 통화 → 커런시 워(war) – 화폐 전쟁

1113 occur
[əkə́:r]

동 발생하다, 일어나다, 생각이 나다

물 흘러가듯이(cur) 자연스럽게 **생각이 나네요**(occur).

1114 recur
[rikə́:r]

동 되돌아가다, 되풀이되다, 회상하다

다시(re)와 흐르다(cur)가 합쳐져 **되돌아가다/되풀이되다/회상하다**(recur)가 됩니다.

1115 date
[deit]

동 데이트하다, 날짜를 기입하다 명 데이트, 날짜

블라인드 **데이트**(blind date)
– 서로 모르는 남녀의 데이트

1116 hate
[heit]

동 미워하다, 싫어하다

데이트(date) 하면서 서로 **미워하지**(hate) 않겠죠?

➕ **hatred** 명 증오

1117 toll
[toul]

명 통행료, 사용세

(고속도로) **톨**게이트 – 요금소

함께 익혀요 **gate** 명 문

1118 gaze
[geiz]

동 응시하다 명 응시, 주시

문(gate)을 통해 밖을 **응시하다**(gaze)

1119 irrigate
[írəgèit]

동 물을 대다, 관개하다

수문(gate)을 열어 논에 **물을 대다**(irrigate)

➕ **irrigation** 명 관개, 물 대기

함께 익혀요 **intricate** 형 뒤얽힌, 복잡한 → 논에 물을 대는(irrigate) 수로(水路)는 구불구불 복잡하지요(intricate).

1120 fate
[feit]

명 운명
맛있는 음식을 아버지(father)가 다 드셨으면(ate) 어쩔 수 없는 **운명**(fate)이겠죠.
➕ **fatal** 형 숙명적인, 치명적인

1121 rate
[reit]

명 요금, 가격, 비율 동 등급을 정하다
식당에서 음식을 먹었으면(ate) **요금**(rate)을 내야죠.
함께 익혀요 **rational** 형 합리적인, 이성적인 → 비율(rate)에 맞는 게 합리적인(rational) 거죠.

1122 increase
명 [ínkriːs] 동 [inkríːs]

명 증가 동 증가하다, 증가시키다
음악에서 소리가 점점 커지는 크레센도
– 안(in)이 점점 커지면(creas → cres) 전체 부피가 **증가하겠죠**(increase).

1123 decrease
[dikríːs]

명 감소 동 감소하다, 줄이다
항아리 아래에(de) 난 구멍이 커지면(creas → cres) 항아리 속의 물이 **줄어들겠죠**(decrease).

1124 lesson
[lésn]

명 수업, 교훈, 가르침
피아노 **레슨**. 골프 레슨

1125 lessen
[lésn]

동 적어지다, 적게 하다
수업(lesson)을 열심히 들으면 시험에서 실수가 **적어지죠**(lessen).

1126 delegate
명 [déligət] 동 [déligèit]

명 대표, 대리인 동 파견하다
delegate는 우리말로 **대리인**(代理人)이지요.
발음도 매우 비슷하죠?

1127 dye
[dai]

동 염색하다
염색하면(dye) 머리 본래의 색깔은 죽지요(die).
➕ **dyeing** 명 염색

쉽게 풀어낸 어원

오토바이 타는 모션(motion)이 멋지네요.
mot 또는 **mov**는 **움직이다**를 뜻합니다.

1128 motion
[móuʃən]

몡 모션, 움직임, 동작

슬로 **모션** – 느린 동작

함께 익혀요 motive 몡 동기, 원인 혱 움직이는 **motivate** 통 동기를 주다 **motivation** 몡 동기 부여, 자극

1129 emotion
[imóuʃən]

몡 감정, 정서

감정이 복받치면 울음이 밖으로(e) 터져나오죠.
– emotion은 밖(e)과 움직이다(mot)가 결합되어
감정/정서(emotion)가 됩니다.

함께 익혀요 move 통 움직이다, 감동시키다, 이사하다 → 무빙이 좋다 – 움직임이 좋다 **movement** 몡 운동, 움직임

1130 remove
[rimúːv]

통 치우다, 제거하다

귀한 손님이 오면 지저분한 것들은 얼른 뒤로(re) 치워야죠.
– remove는 뒤(re)와 움직이다(mov)가 합쳐져
치우다/제거하다(remove)를 뜻합니다.

1131 promotion
[prəmóuʃən]

몡 승진, 촉진, 판매 촉진

항공권 **프로모션**
– 판촉(promotion) 행사 시 중요한 상품은 앞쪽으로(pro)
이동시키겠죠(mot).

➕ promote 통 촉진하다, 장려하다, 승진시키다

1132 remote
[rimóut]

혱 먼, 멀리 떨어진

먼 위치에 있는 기구를 조절하는 **리모컨**(remote control)

1133 edible
[édəbl]

혱 먹을 수 있는

edible mushroom – **식용** 버섯

➕ eat 통 먹다

쉽게 풀어낸 어원

만물은 자연(nature)에서 태어나죠.
nat는 **태어난, 타고난**을 뜻합니다.

1134

nature
[néitʃər]

명 자연, 만물, 성질

자연과학 전문 저널 〈**네이처**〉 지(誌)

➕ **natural** 형 자연의, 자연스러운, 타고난 → 자연스러움을 지향하는
내추럴 인테리어, 내추럴 메이크업 함께익혀요 **mature** 형 성숙한,
익은 동 성숙해지다 → 만물(nature)은 때가 되면 성숙하지요(mature).
premature 형 조숙한, 너무 이른 → '미리'를 의미하는 pre

1135

innate
[inéit]

형 타고난, 천부적인

nat(태어난)에서 파생된 innate(**타고난/천부적인**)

1136

native
[néitiv]

형 타고난, 출생지의, 원주민의

네이티브 스피커 – 원어민
네이티브 아메리칸 – 미국 원주민

함께익혀요 **naive** 형 순진한, 순수한, 소박한

1137

nation
[néiʃən]

명 국가, 나라, 국민

마이크로네이션 – 초소형 국가

★잠깐 상식 개인이 만드는 초소형 국가인 '마이크로네이션'을 아세요?
호주엔 30여 개의 마이크로네이션이 있고, 영국 영해에도 마이크로네
이션이 있다고 해요. 인구가 10명 내외인 초미니 국가도 있다죠.

➕ **national** 형 국가의, 전 국민의 → (미국 프로야구) 내셔널 리그
international 형 국제적인 → 인터내셔널 공항 – 국제 공항,
인터내셔널 스쿨 – 국제 학교

1138

dilemma
[dilémə]

명 딜레마, 진퇴양난, 난국

딜레마에 빠지다 – 진퇴양난의 상황이다

1139

relic
[rélik]

명 유물

레릭 작업 – 새 청바지도 오래된 유물(?)처럼 찢어 입지요.
기타 레릭, 내 기타 리얼하게 레릭하기

1140 **shell**
[ʃel]

몡 조개껍질, 조가비

셸 파우치 – 조개 모양의 파우치

1141 **shelter**
[ʃéltər]

몡 피난처 됭 피난하다, 보호하다

피난처(shelter)는 마치 조개가 껍질(shell)로 스스로를
보호하듯 안전한 곳이어야 하죠.

1142 **mail**
[meil]

몡 우편 됭 우편을 보내다

이메일 – 전자우편

➕ **mailbox** 몡 우체통

1143 **male**
[meil]

몡 남성 휑 남성의, 수컷의

남자(male) 친구가 보낸 이메일

➕ **female** 몡 여성 휑 여성의, 암컷의 → 여자(female)는
피(避)동적인 경향이 있나요?

1144 **feminine**
[fémənin]

휑 여성의

페미니즘 – 여성 해방운동, 페미니스트 – 여성의 자유와
권리의 확대를 주장하는 사람

1145 **tedious**
[tí:diəs]

휑 진저리나는, 지루한

차를 엄청 좋아하는 영국 사람이라도 맨날 홍차(tea)만
마시면 지겨울(tedious) 거예요.

함께 익혀요 **tea** 몡 차, 홍차

1146 **cradle**
[kréidl]

몡 요람, 발상지

아이에게서 요람(cradle)을 뺏어버리면 미친(crazy) 듯이
울지도 몰라요.

함께 익혀요 **crazy** 휑 미친 → 크레이지하다

1147 **hypocrisy**
[hipάkrəsi]

몡 위선

위선(hypocrisy)으로 가득한 사람을 보면 미치게(crazy)
화가 나죠.

She was nominated for Best Actress.

그녀는 최우수 여배우상 후보에 올랐어요.

1148 discourse
[dískɔ:rs]

> 뗑 이야기 통 이야기하다
> 디스코 출 때는 바디랭귀지로 **이야기하죠**(discourse).

1149 discuss
[diskʌ́s]

> 통 토론하다
> discourse(이야기하다)에서 파생된 discuss(**토론하다**)

1150 picture
[píktʃər]

> 뗑 그림, 사진 통 상상하다
> 빅 **픽처**를 그려라 – 큰 그림을 그려라, 즉 '멀리 내다보는 식견'을 가져라

1151 depict
[dipíkt]

> 통 그리다, 묘사하다, 서술하다
> 땅바닥에 그림을 그려볼까요?
> – 아래(de)와 그림(pict → picture)이 합쳐져
> **그리다/묘사하다**(depict)가 됩니다.

1152 detail
[dí:teil]

> 뗑 세부 통 상세히 말하다
> 저 아래(de) 꼬리(tail)까지 상세히 말해보세요.
> – 아래(de)와 꼬리(tail)가 연계되어
> **세부/상세히 말하다**(detail)가 됩니다.
> ⊕ tail 뗑 꼬리, 마지막

1153 retail
[rí:teil]

> 뗑 소매 통 소매하다
> 소매란 유통의 마지막 단계에서 다시 판매하는 것이죠.
> – 다시(re)와 마지막(tail)이 결합되어
> **소매/소매하다**(retail)가 됩니다.

"한 단어당 10초씩 읽어 보세요."

목표 시간: 15분

걸린 시간: 분

 쉽게 풀어낸 어원

이름을 쓰는 데 사용하는 네임펜.
name의 사촌뻘인 **nom** 또는 **non**은
이름을 뜻합니다.

1154 **nominate** [námənèit]	图 지명하다, 추천하다 아카데미상 최우수여배우상에 **노미네이트**되다 – nominate는 이름(nom)을 부르는 지명하다/추천하다(nominate)를 뜻합니다. ➕ **nomination** 圆 지명, 임명
1155 **renown** [rináun]	圆 명성 여기저기서 다시(re) 이름(nown → non)을 부르면 **명성**(renown) 있는 사람이죠. ➕ **renowned** 阌 유명한, 명성 있는
1156 **synonym** [sínənim]	圆 동의어 같은(syn) + 이름(non) 함께익혀요 **anonymous** 阌 익명의, 무명의 → 부정의 의미(a) + 이름(non)

1157 **rear** [riər]	圆 뒤 阌 후방의 图 기르다, 교육하다 사람 뒤를 졸졸 따라다니는 **리어**카(rear car)
1158 **stink** [stiŋk]	圆 악취 图 악취를 풍기다 스컹크(Skunk)는 **악취를 풍기죠**(stink).
1159 **phenomenon** [finámənàn]	圆 현상, 사건 피난만 다룬 **사건**(phenomenon, 피나미넌)

건물을 새롭게 수리하는 리노베이션(renovation)
이때의 **nov**는 **새로운**을 뜻합니다.

1160 **renovate**
[rénəvèit]

동 새롭게 하다, 수리하다
리노베이션 & 리모델링
– 다시(re) + 새로운(nov)
➕ renovation 명 혁신, 수리

1161 **innovation**
[ìnəvéiʃən]

명 혁신, 개혁
innovation은 안(in)과 새로운(nov)이 결합하여
혁신/개혁(innovation)을 뜻합니다.

1162 **novel**
[nάvəl]

형 새로운, 신기한 명 (장편) 소설
소설(novel)에는 새로운(nov) 이야기가 있어야 사람들의
마음을 얻을 수 있어요.

1163 **door**
[dɔːr]

명 문
도어맨 – 호텔 문을 열어주는 사람

1164 **odor**
[óudər]

명 냄새, 악취, 향기
고약한 **냄새**(odor)가 나면 오~(O~) 문(door)을
열어야죠.

1165 **guard**
[gaːrd]

동 경호하다 명 경계, 수위
보디**가드**(bodyguard) – 경호원
가드 레일 – 차와 사람을 보호하기 위해 도로에 친 철책

1166 **regard**
[rigάːrd]

동 ~으로 여기다, 간주하다 명 안부(regards)
뒤에(re) 경호원(guard)이 있는 사람은 중요한 사람(VIP)
으로 **간주해야죠**(regard).
➕ disregard 동 무시하다

1167	**dessert** [dizə́:rt]	몡 후식 요즘 **디저트** 카페가 인기예요.

1168	**desert** 통 [dizə́:rt] 몡 [dézərt]	통 버리다, 도망하다 몡 사막 디저트(dessert)를 먹었으면 찌꺼기는 **버리세요**(desert). 데저트 사파리 – 사하라 사막 투어

1169	**miracle** [mírəkl]	몡 기적 **미라클** 모닝 – 기적의 아침

1170	**mirage** [mirɑ́:ʒ]	몡 신기루, 망상 기적(miracle)은 때로는 **신기루**(mirage)처럼 보이기도 하지요.

1171	**dense** [dens]	혱 밀집한, 짙은 나이트클럽은 춤(dance)을 추는 사람들로 북적대죠 (dense, **밀집한**). ➕ density 몡 밀도

1172	**condense** [kəndéns]	통 압축하다, 응축하다, 요약하다 함께(con)와 밀집한(dense)이 합쳐져 **압축하다/응축 하다/요약하다**(condense)가 됩니다.

1173	**self** [self]	몡 자기, 자신 **셀프** 서비스 – 서비스의 일부를 고객 자신이 스스로 하는 것 셀카(셀프 카메라, 영어식 표현은 selfi)

1174	**selfish** [sélfiʃ]	혱 이기적인 자기(self)만 위하는 사람은 **이기적이죠**(selfish).

쉽게 풀어낸 어원

사회적 규범이 없는 혼돈상태를 아노미(anomie) 상태라고 하죠.
nom 또는 **norm**은 **규범, 학문**을 뜻합니다.

1175
normal
[nɔ́:rməl]

형 정상적인, 보통의, 평범한

규범(norm)을 따르는 것이 **평범한**(normal) 것이죠.

1176
abnormal
[æbnɔ́:rməl]

형 비정상적인

벗어난(ab)과 규범(norm)이 결합하여
비정상적인(abnormal)이 됩니다.

1177
enormous
[inɔ́:rməs]

형 막대한, 거대한

밖(e) + 규범(norm)

1178
astronomy
[əstránəmi]

명 천문학

별(astro → star)과 학문(nomy)이 결합된
천문학(astronomy)

1179
autonomy
[ɔ:tánəmi]

명 자치, 자율

스스로(auto = self) 규범(nomy)을 만드는
자치/자율(autonomy)

함께 익혀요 **municipal** 형 지방자치의, 시의

1180
economy
[ikánəmi]

명 경제, 절약

비행기 **이코노미**석 – 저렴해서 경제적인 비행기의 좌석

➕ **economic** 형 경제의 **economical** 형 절약하는, 알뜰한
economics 명 경제학

1181
whale
[hweil]

명 고래

거대한 **고래**(whale)가 지나가면 생기는 해일

함께 익혀요 **inhale** 동 숨을 들이쉬다 → 고래(whale)가 속(in)으로
숨을 들이쉬네요(inhale).

1182 comment
[kάment]

명 주석, 논평 통 논평하다
노코멘트

1183 mention
[ménʃən]

통 말하다, 언급하다 명 언급, 진술
지금 **말할까요**(mention), 아니면 나중에 휴대폰에
음성 멘트를 남길까요?

1184 relay
[ríːlei]

명 릴레이, 계주 통 다시 놓다
바통을 다른 선수에게 다시(re) 놓는(lay)
릴레이(relay) 경기

➕ lay 통 놓다, 눕히다, 알을 낳다(-laid-laid) → (농구) 레이업
(lay-up)슛 – 공을 링 위에 가볍게 올려놓고 내려오는 느낌으로
하는 슛

1185 layer
[léiər]

명 층
벽돌을 놓다(lay) 보면 **층**(layer)이 생기겠죠.

1186 delay
[diléi]

명 연기, 지체 통 연기하다
릴레이 경기 중에 바통을 아래에(de) 떨어뜨려 놓으면(lay)
지체(delay)가 되겠죠.

함께 익혀요 decay 명 부패, 쇠퇴 통 부패하다 → 싱싱한 음식을
너무 지체(delay)시키면 부패하겠죠(decay).

1187 relate
[riléit]

통 관련시키다
릴레이(relay) 경기에서 바통이 앞과 뒤의 두 선수를
관련시키죠(relate).

➕ relationship 명 관계, 진술 relative 형 관계가 있는, 상대적
인, 비교적인 명 친척 → 친척은 나와 관계가 있지요. correlate 통
연관성이 있다, 서로 관련시키다 relevant 형 관련된

1188 religion
[rilídʒən]

명 종교
신과 인간을 관련시키는(relate) **종교**(religion)

➕ religious 형 종교의, 종교적인
함께 익혀요 rely 통 의지하다, 신뢰하다, 믿다 → 종교(religion)가 있는
사람들은 신에 의지하죠(rely). reliable 형 신뢰할 수 있는,
확실한 reliance 명 의존, 의지, 신뢰

쉽게 풀어낸 어원

노트에 적어두면 쉽게 알아볼 수 있죠.
nor. **not** 또는 **now**는 **알다**를 뜻합니다

1189 **note**
[nout]

명 메모, 지폐 동 써 두다, 주의하다
노트에 받아 적으세요.
➕ notable 형 주목할 만한, 유명한

1190 **acknowledge**
[æknάlidʒ]

동 인정하다, 자백하다
잘못을 알고(know) 있다면 솔직하게
인정해야죠(acknowledge).

1191 **notice**
[nóutis]

명 알림, 통지 동 알아차리다, 통지하다
notice 역시 not(알다)에서 유래하여 **알림/알아차리다**
(notice)를 뜻합니다.
➕ notify 동 통지하다, 알리다 notion 명 의견, 관념

1192 **innocent**
[ínəsənt]

형 순결한, 결백한
나쁜 짓을 아예 알지 못하는 사람은 결백하겠죠.
– 부정의 의미(in)와 알다(noc → nor)가 결합하여
순결한/결백한(innocent)이 됩니다.

1193 **ignore**
[ignɔ́:r]

동 무시하다, 묵살하다
부정의 의미(ig → in)와 알다(nor)가 결합하여
무시하다/묵살하다(ignore)가 됩니다
➕ ignorant 형 무식한, 모르는

1194 **notorious**
[noutɔ́:riəs]

형 악명 높은
끔찍한 사건이 발생하면 **악명 높은**(notorious) 범죄자를
모두들 알게(not) 되겠죠.

1195 **devil**
[dévl]

명 악마 형 사악한
레드 **데블**(Red Devil) – '붉은 악마'는 국가대표 축구 공식
응원단이죠.
➕ evil 명 악, 사악 형 사악한 → 악마(devil)는 사악하죠(evil).
함께 익혀요 vile 형 비열한, 야비한

1196 floor
[flɔːr]

명 층(= story), 바닥
퍼스트 **플로어** – 1층(1F), 세컨드 플로어 – 2층(2F)

1197 deplore
[diplɔ́ːr]

동 한탄하다
슬픈 일이 있으면 바닥에 주저앉아 한탄하지요.
– 아래(de)와 바닥(plore → floor)이 결합되어
한탄하다(deplore)가 됩니다.

1199 explore
[iksplɔ́ːr]

동 탐험하다
인터넷 **익스플로어**, 우리가 살고 있는 층을 벗어나서
탐험을 떠날까요?
– 밖(ex)과 층(plore → floor)이 결합되면 탐험하다
(explore)가 되죠.

➕ **explorer** 명 탐험가 | 함께 익혀요 | **exploit** 동 개발하다, 이용하다
명 공훈 → 미지의 세계를 탐험하다가(explore) 좋은 곳이 있으면 개
발합시다(exploit).

1200 dish
[diʃ]

명 요리, 음식, 설거짓감, 접시
메인 **디시** – 주 요리, 사이드 디시 – 곁들이는 음식

1201 relish
[réliʃ]

명 맛, 흥미 동 맛보다
군침 도는 요리(dish)를 **맛보다**(relish).

1202 discipline
[dísəplin]

명 훈련, 기강 동 훈련하다
유명한 셰프들도 접시(dish) 닦는 것으로
훈련(discipline)을 시작했을 거예요.

➕ **disciple** 명 제자, 문하생

1203 negotiate
[nigóuʃièit]

동 협상하다, 교섭하다
네고하다 – 협상하다

➕ **negotiation** 명 협상

1204 drought
[draut]

명 가뭄
dry(마른)에서 유래한 drought(**가뭄**)

DAY 23

Malnutrition can cause many illnesses.

영양 불량은 많은 질병을 초래할 수 있어요.

쉽게 풀어낸 어원

아이에게 영양분이 풍부한 피넛(peanut) 버터를 먹일까요?
nut은 먹이다를 뜻합니다.

1205 **nutrition**
[njuːtríʃən]

몡 영양, 영양 섭취

nut(먹이다)에서 파생한 nutrition(**영양/영양 섭취**)

➕ **nutritious** 혱 영양가가 높은, 영양분이 많은
nourish 동 기르다, 영양분을 주다

1206 **malnutrition**
[mælnjuːtríʃən]

몡 영양 불량

나쁜(mal → '나쁜 공기'를 의미하는 말라리아 연상)과
영양(nutrition)이 결합된 **영양 불량**(malnutrition)

1207 **nurture**
[nə́ːrtʃər]

동 양육하다, 키우다 몡 양육, 교육

nurture 역시 nut(먹이다)에서 파생되어
양육하다/양육(nurture)을 뜻합니다.

1208 **nurse**
[nəːrs]

몡 유모, 간호사 동 젖을 먹이다

유모의 역할은 아이에게 제때 젖을 먹이는 것이죠.
– nurse는 먹이는(nut) 일을 하는 **유모/간호사**(nurse)
를 뜻합니다.

➕ **nursery** 몡 육아실, 탁아방

1209 **Fahrenheit**
[fǽrənhàit]

몡 화씨 혱 화씨의

저 뜨거운 화염(火焰)은 **화씨**(Fahrenheit) 몇 도인가요?

1210 **capricious**
[kəpríʃəs]

혱 변덕스러운, 변화무쌍한, 잘 변하는

이탈리아 카프리(Capri) 섬의 날씨는 **변덕스러운가요**
(capricious)?

1211	**dispute** [dispjúːt]	몡 논쟁, 분쟁　통 논쟁하다 귀한 보석을 자기만 갖겠다고 멀리 갖다 놓으면 분쟁이 생기겠죠. – 벗어난(dis)과 놓다(put)가 합쳐져 **논쟁/분쟁/논쟁하다**(dispute)가 됩니다.
1212	**repute** [ripjúːt]	몡 평판, 명성　통 ~라고 평하다 **평판**(repute)은 사람의 사회적 위치를 다시(re) 놓는(put) 것이죠. ➕ **reputation** 몡 평판, 명성

1213	**pig** [pig]	몡 돼지 (에티오피아) 피그미 족이 키우는 **돼지**(pig)
1214	**dig** [dig]	통 파다(-dug-dug) 돼지(pig)가 **파는**(dig) 구덩이
1215	**dignity** [dígnəti]	몡 위엄 땅을 파는(dig) 돼지의 **위엄**(dignity)
1216	**ditch** [ditʃ]	몡 도랑, 수로 땅을 파면(dig) **도랑**(ditch)이 생기지요.
1217	**indignation** [indignéiʃən]	몡 분개, 분노 멧돼지가 땅 속(in)을 전부 파면(dig) 농민들이 **분개하겠죠**(indignation).

1218 deck
[dek]

몡 배의 갑판, 객차 지붕
베란다 **데크** 꾸미기
원목 데크

1219 dock
[dak]

몡 부두, 선착장
갑문식 **도크**, 수문식 도크
– 배의 갑판(deck)을 선착장(dock)에 대다

1220 stress
[stres]

몡 스트레스, 압박, 강조 통 강조하다
학업 **스트레스**, 스트레스 해소

1221 distress
[distrés]

몡 고통, 괴로움 통 괴롭히다
주변에 스트레스(stress)를 주면서 **괴롭히는**(distress)
사람이 있나요?

1222 strenuous
[strénjuəs]

휑 격렬한, 분투하는
격렬한(strenuous) 싸움은 스트레스(stress)를
유발하죠.

1223 rub
[rʌb]

통 문지르다, 비비다
루비(ruby)는 너무 빡빡 **문질러서**(rub) 빨간색일까요?

1224 rubbish
[rʌbiʃ]

몡 쓰레기
고무를 문지르면(rub) 나오는 **쓰레기**(rubbish)

1225 shrub
[ʃrʌb]

몡 관목(灌木), 키 작은 나무
키 작은 나무(shrub)는 그녀가(sh → she) 손을 뻗어
문지를(rub) 수 있겠죠?

쉽게 풀어낸 어원

'질서'를 영어로 오더(order)라고 하죠.
ord는 질서, 조화를 뜻합니다.

1226
order
[ɔ́:rdər]

몡 질서, 순서, 명령 동 명령하다, 주문하다

스페셜 **오더** – 특별 주문

➕ disorder 몡 무질서, 혼란 → 벗어난(dis) + 질서(ord)
함께 익혀요 border 몡 국경, 변두리 → 밀입국이나 마약 밀수가 이뤄지기도 하는 국경(border)에서는 질서(order)가 더 중요해요.

1227
extraordinary
[ikstrɔ́:rdənèri]

혱 비범한, 엉뚱한

별도의(extra)와 질서(ord)가 결합한 **비범한/엉뚱한**
(extraordinary)

➕ ordinary 혱 보통의, 평범한

1228
subordinate
혱 몡 [səbɔ́:rdənət]
동 [səbɔ́:rdənèit]

혱 종속하는 몡 하급자 동 종속시키다

질서 아래 복종하는 모습 연상
– 아래(sub → subway 연상)와 질서(ord)가 결합된
종속하는/하급자/종속시키다(subordinate)

1229
coordinate
[kouɔ́:rdənət, -nèit]

동 조화시키다, 조정하다

옷의 조화를 추구하는 의상 **코디네이터**
– 함께(co)와 조화(ord)가 결합한 조화시키다(coordinate)

1230
ordain
[ɔ:rdéin]

동 명령하다, 임명하다, 운명지우다

ordain은 명령(order)에서 파생하여
명령하다/임명하다/운명지우다(ordain)를 뜻합니다.

1231
capture
[kǽptʃər]

동 붙잡다, 포착하다 몡 포획

화면 **캡처** – 화면 포착

➕ captive 혱 사로잡힌 몡 포로

1232
adorn
[ədɔ́:rn]

동 장식하다

돈을 들여 멋지게 **장식하다**(adorn)

➕ adornment 몡 장식

1233 documentary
[dὰkjuméntəri]

몡 기록영화 휑 기록에 의한, 문서의
다큐멘터리 – 기록영화, 특집 다큐, 휴먼 다큐

1234 document
[dάkjumənt]

몡 문서, 서류, 기록 동 기록하다
다큐멘터리(documentary)는 **기록**(document)에
기초해서 만들지요.

1235 bud
[bʌd]

몡 싹, 봉오리
플라워 **버드** – 눈꽃

1236 budget
[bʌ́dʒit]

몡 예산
자그마한 싹이 자라서 커다란 나무가 되지요?
– 작은 싹(bud)이 모여 커다란 **예산**(budget)이
된답니다. → 티끌모아 태산

1237 idol
[áidl]

몡 우상, 인기인, 아이돌
TV **아이돌** 스타

1238 adore
[ədɔ́ːr]

동 흠모하다, 숭배하다
요즘 팬들은 아이돌(idol) 스타를 몹시 **흠모하고**(adore)
열정적으로 쫓아다녀요.
➕ adoration 몡 숭배, 동경 adorable 휑 사랑스러운

1239 rafting
[rǽftiŋ]

몡 래프팅, 뗏목 타기
동강 **래프팅** – 동강에서 뗏목 타기
➕ raft 몡 뗏목, 고무 보트

1240 drift
[drift]

동 표류하다 몡 표류
래프팅(rafting)을 할 때 뗏목이 물 위를 둥둥 **표류하죠**
(drift).

쉽게 풀어낸 어원

'나'는 영어로 'I, 아이'이고 **다른 사람**은
other, 아더이지요.

1241
other
[ʌ́ðər]

명 다른 사람 형 다른, 그 밖의

1242
otherwise
[ʌ́ðərwàiz]

부 그렇지 않으면, 다른 방법으로

다른(other) + 현명한(wise)
– 앞의 의견과 다른 현명한 의견, 즉 앞의 의견에 동의하지
않는다는 의미

➕ likewise 부 마찬가지로 → 같은(like) + 현명한(wise) →
앞의 의견에 동의한다는 의미

1243
bother
[báðər]

함께 익혀요
동 괴롭히다, 귀찮게 하다

자신과 의견이 다르다고(other) **괴롭히면**(bother)
곤란해요.

1244
fence
[fens]

명 울타리, 담

(야구장) **펜스** 거리 – 타석에서 관중석이 있는 담까지의
거리, 펜싱(fencing) 경기 – 얼굴에 담 모양의 철망을
쓰고 하는 경기

함께 익혀요 hence 부 그러므로 → 울타리(fence)가 땅의 경계를
결정짓듯이 hence는 '결론적으로'라는 말이지요. enhance
동 높이다, 향상시키다 → 담벼락(fence)을 높였군요(enhance).

1245
defence
[diféns]

명 방어, 수비, 변호(= defense)

(농구) **디펜스** 파울 – 수비자 파울

➕ defend 동 방어하다, 수비하다, 변호하다

1246
offence
[əféns]

명 공격, 위반, 죄(= offense)

(농구) **오펜스** 파울 – 공격자 파울

➕ offend 동 화나게 하다, 범하다

쉽게 풀어낸 어원

축구에서 아웃사이드(outside) 킥은
발등의 바깥쪽으로 공을 차는 것이죠.
out은 밖을 뜻합니다.

1247
outbreak
[áutbrèik]

몡 폭동, 발발

폭동(outbreak)이 발생하면 집 밖에서(out) 무언가를
깨는(break) 등 난리가 나겠죠.

1248
output
[áutpùt]

몡 생산량

인풋 vs. 아웃풋
– 밖(out)과 놓다(put)가 결합하여 **생산량**(output)이
됩니다.

1249
outcome
[áutkʌm]

몡 결과, 성과

밖(out)으로 튀어나온(come) 것이 **결과**(outcome)
이지요.

함께 익혀요 **outgoing** 혱 사교적인, 외향적인

1250
income
[ínkʌm]

함께 익혀요
몡 수입

돈이 내 지갑 안으로(in) 오는(come) 건 **수입**(income)이
늘었다는 얘기

1251
outstanding
[áutstǽndiŋ]

혱 눈에 띄는, 뛰어난

100층이 넘는 빌딩이 도심 한가운데 우뚝 서 있으면 눈에
확 띄죠.
– 밖(out)과 서다(stand)가 결합된
눈에 띄는/뛰어난(outstanding)

1252
outlook
[áutlùk]

몡 전망, 예측, 조망, 견해

어떤 것을 전망할 때는 밖에 서서 전체적으로 바라보지요.
– 밖(out)과 보다(look)가 결합된
전망/예측/조망/견해(outlook)

쉽게 풀어낸 어원

태양빛을 옆에서 막아주는 것이 파라솔(parasol, 차양막)이죠.
이처럼 **para**는 **옆, 나란한**을 뜻합니다.

1253 **parallel**
[pǽrəlèl]

몡 평행선 혱 평행의
나란한(para) 선이 **평행선**(parallel)

1254 **paralysis**
[pərǽləsis]

몡 중풍, 마비
신체에 **마비**(paralysis)가 오면 손발을 자유롭게 움직이지
못하고 팔다리가 몸과 나란하게(para) 됩니다.
➕ **paralyze** 통 마비시키다

1255 **apparatus**
[æpəréitəs]

몡 기계, 기구
작업장 인부와 나란히(para) 작업하는 **기계**(apparatus)

1256 **pursue**
[pərsúː]

통 뒤쫓다, 추구하다
떠난 버스(bus)를 **뒤쫓아**(pursue) 가다
➕ **pursuit** 몡 추구

1257 **persuade**
[pərswéid]

통 설득하다
파워에이드 마시며 **설득할까요**(persuade)?
➕ **persuasion** 몡 설득, 권유

1258 **doctrine**
[dάktrin]

몡 학설, 주의
닉슨 **독트린**, 부시 독트린
– 대통령이나 박사(doctor)와 같이 권위 있는 사람의
학설/주의(doctrine)

1259 **draft**
[dræft]

통 선발하다, 설계하다 몡 설계도, 초안
K리그 **드래프트** – 신인선수 선발
(컴퓨터 3D) 드래프트 – 설계 기능

DAY 24

I withdrew some money from the ATM.

저는 현금자동지급기에서 돈을 좀 인출했어요.

Day24.mp3

쉽게 풀어낸 어원

자전거 페달(pedal) 또는 페디큐어(pedicure, 발톱 미용)에서
ped는 발을 뜻합니다.

1260 **pedestrian**
[pədéstriən]

형 보행의 명 보행자

발(ped)로 걸어가는 **보행자**(pedestrian)

1261 **peddler**
[pédlər]

명 행상인, 길거리 장사꾼

보따리 둘러메고 발로(ped) 걸어 다니며 장사하는
행상인(peddler)

1262 **expedition**
[èkspədíʃən]

명 탐험, 모험

밖(ex)과 발(ped)이 결합되면 집 밖으로 떠나는
탐험/모험(expedition)이 됩니다.

1263 **expedite**
[ékspədàit]

동 촉진하다, 급파하다

경찰을 **급파하면**(expedite) 밖으로(ex) 발(ped)을
빠르게 움직여 범죄 현장에 도착하겠죠.

1264 **drawer**
[drɔ́ːər]

명 서랍

드르륵 끌어서(draw) 여는 **서랍**(drawer)

➕ draw 동 끌다, 당기다(-drew-drawn) 명 끌기, 제비뽑기, 동점
drawback 명 결점, 약점 → 나를 뒤(back)로 잡아끄는 결점

1265 **withdraw**
[wiðdrɔ́ː]

동 철수시키다, 탈퇴하다, 돈을 인출하다
(-withdrew-withdrawn)

경기장에서 질질 끌려(draw) 나와 **퇴출/철수되는**
(withdraw) 훌리건 연상

➕ **withdrawal** 명 물러나기, 탈퇴, 인출

"한 단어당 10초씩 읽어 보세요."

목표 시간: 15분

걸린 시간: 분

1266

overhear

[òuvərhíər]

동 우연히 듣다, 엿듣다

머리 위(over)로 지나가는 이야기를 슬쩍 듣는(hear) 것이
우연히 듣는(overhear) 것이죠.

1267

rehearsal

[rihə́:rsəl]

명 리허설, 예행연습

공연 **리허설**
– 멋진 연주를 위해 뒤에서(re) 미리 들어보는(hear) 리허설

1268

afford

[əfɔ́:rd]

동 ~할 여유가 있다, 주다

포드(Ford) 자동차를 살 만큼 **~할 여유가 있다**
(afford)

1269

lord

[lɔ:rd]

명 지배자, 주인

저기 있는 포드(Ford) 자동차의 **주인**(lord)이 누구죠?

1270

eagle

[í:gl]

명 독수리

(야구) 한화 **이글스** – 독수리 구단
블랙 이글 – 대한민국 공군 특수 비행팀

1271

eager

[í:gər]

형 간절한, 열심인

배고픈 독수리(eagle)는 먹이를 찾느라 **열심이겠죠**
(eager)?

1272

struggle

[strʌ́gl]

동 싸우다, 노력하다 명 투쟁

독수리(eagle)는 먹이를 차지하기 위해 맹렬하게
싸우지요(struggle).

| 1273 | **road** [roud] | 몡 길 |
| | | 실크 **로드** – 비단길(중국에서 생산된 비단이 유럽까지 전해진 길) |

| 1274 | **abroad** [əbrɔ́ːd] | 묍 외국에 |
| | | 벗어난(ab)과 길(road)이 결합하여 멀리 떨어진 **외국에**(abroad)가 됩니다. |

| 1275 | **rod** [rad] | 몡 막대기, 장대 |
| | | 먼 길(road)을 떠날 때는 **막대기**(rod)를 짚고 가나요? |

| 1276 | **roam** [roum] | 몸 돌아다니다, 배회하다, 방랑하다 |
| | | 막대기(rod)를 들고 이곳저곳 **돌아다니는**(roam) 모습 연상 |

| 1277 | **earth** [əːrθ] | 몡 지구, 땅 |
| | | 구글 **어스** – 구글에서 제공하는 실시간 위성 지도 (구글 어스로 보면 지구의 모습이 자세히 보이죠.) |

| 1278 | **unearth** [ʌnə́ːrθ] | 몸 발굴하다 |
| | | 땅을 파서 유물을 발굴하지요. – 부정의 의미(un)와 땅(earth)이 결합하면 **발굴하다** (unearth)가 됩니다. |

| 1279 | **heaven** [hévən] | 몡 하늘, 천국 |
| | | 무거운(heavy) 비행기도 **하늘**(heaven)을 날지요. |

| 1280 | **haven** [héivn] | 몡 항구, 피난처, 안식처 |
| | | 영혼의 **안식처**(haven)가 천국(heaven)이지요. |

쉽게 풀어낸 어원

이쪽 파트는 네가 담당해.
part는 **부분**을 뜻해요.

1281

part
[pɑːrt]

명 부분, 조각 동 헤어지다

파트 타임 근무 – 시간제 근무

➕ compartment 명 구획, 칸 → 양쪽 중간에 함께(com) 걸쳐 있는 부분(part)이 칸(compartment)이죠.

1282

partial
[pɑ́ːrʃəl]

형 부분적인, 편파적인

한쪽 부분(part)만 챙긴다면 **편파적이라고**(partial) 할 수 있죠.

➕ impartial 형 공평한 → 부정의 의미(im) + 편파적인(partial)

1283

party
[pɑ́ːrti]

명 모임, 정당, 파티

정당(party)은 정치의 한 부분(part)이지요.

함께 익혀요 parliament 명 의회 → 정당(party)의 대표들로 이루어진 의회(parliament)

1284

departure
[dipɑ́ːrtʃər]

명 출발

(공항) **디파처** – 출국장

➕ depart 동 출발하다, 떠나다

1285

particular
[pərtíkjulər]

형 특별한, 특정한

전체 가운데 한 부분(part)은 **특별한**(particular) 곳이죠.

1286

particle
[pɑ́ːrtikl]

명 미립자, 극소량

큰 물체를 작은 부분(part)으로 계속 나누면 **미립자**(particle)가 되겠죠.

1287

portion
[pɔ́ːrʃən]

명 부분, 몫 동 분할하다

part(부분)의 유의어인 portion(**부분/몫**)

1288

proportion
[prəpɔ́ːrʃən]

명 비율, 몫

전체에 대한 앞(pro) 부분(portion)의 **비율**(proportion)

텔레파시(telepathy)가 통했다면 상대방과
같은 감정을 느낄 수 있겠죠.
path 또는 **pass**는 감정을 뜻합니다.

1289 pathetic
[pəθétik]

형 측은한, 불쌍한
어려움에 처한 사람을 보면 **측은한**(pathetic)
감정(path)이 들지요.

1290 antipathy
[æntípəθi]

명 반감
누구 혹은 무언가에 반대(anti)하는 감정(path)이
반감(antipathy)

1291 compassion
[kəmpǽʃən]

명 연민, 동정
어려움에 처한 사람과 같은(com) 감정(pass)을 느끼는
것이 **연민**(compassion)이겠죠.
➕ compassionate 형 인정 많은, 자비심이 있는

1292 sympathy
[símpəθi]

명 동정, 공감, 연민
동시에(sym → 싱크로나이즈 연상) 느끼는 감정(path)이
공감(sympathy)이지요.
➕ sympathetic 형 동정적인 함께 익혀요 empathy 명 감정
이입 empathize 통 감정 이입을 하다, 공감하다

1293 appear
[əpíər]

통 나타나다, ~처럼 보이다
세상에 처음 나타난 생일을 귀 빠진 날이라고 하죠.
– 위(up)와 귀(ear)가 합쳐져 **나타나다/~처럼 보이다**
(appear)가 됩니다.
➕ disappear 통 사라지다 appearance 명 외관, 겉모습

1294 apparent
[əpǽrənt]

형 분명한, 명백한
겉으로 나타나면(appear) 무엇인지 **명백해지죠**
(apparent).
함께 익혀요 transparent 형 투명한, 솔직한 → transparent(투명한)
는 apparent(명백한)와 의미/모양이 유사하네요.

| 1295 | **duty**
[djúːti] | 몡 세금, 관세, 의무
(공항) **듀티** 프리 존 – 면세 구역(세금이 면제되는 구역) |

| 1296 | **due**
[djuː] | 혭 만기의, 도착 예정인, 당연한
일정한 기간이 끝나면, 즉 **만기**(due)가 되면 세금(duty)을
내야 해요. |

| 1297 | **dwell**
[dwel] | 동 살다, 거주하다
기왕 사는 거 잘(well) **삽시다**(dwell).
➕ dwelling 몡 집, 거주 dweller 몡 거주자 |

| 1298 | **swell**
[swel] | 동 부풀다 몡 팽창
잘 살다보면(dwell) 재산도 **부풀어**(swell) 있겠죠. |

| 1299 | **pile**
[pail] | 동 쌓다 몡 쌓아올린 더미, 축적
서류 파일(file)을 **쌓다**(pile) |

| 1300 | **finance**
[fináns, fáinæns] | 몡 재정, 재무 동 자금을 조달하다
파이낸싱 – 융자(자금을 융통하는 일)
➕ financial 혭 재정적인 → 파이낸셜 뉴스 – 경제 뉴스 |

| 1301 | **linger**
[língər] | 동 꾸물거리다, 질질 끌다
아무것도 하지 않고 손가락(finger)만 까딱거리며
꾸물거리다(linger) |

| 1302 | **flesh**
[fleʃ] | 몡 살, 육체
살코기(flesh)는 신선한(fresh) 걸로 골라야죠. |

| 1303 | **gallant**
[gǽlənt] | 혭 용감한, 당당한
갤로퍼 자동차는 자랑스럽고 **당당한**(gallant) 국산차입니다. |

쉽게 풀어낸 어원

'나한테 공을 패스해' 또는 '톨게이트 하이패스'에서
pass는 **지나가다**를 뜻합니다.

1304
pass
[pæs]

동 건네주다, 지나가다 명 통행, 합격
롱패스, 패스워드, 사법고시 패스 – 사법고시 합격
➕ passage 명 통로, 통행, 경과

1305
passive
[pǽsiv]

형 수동적인, 피동의
수동적인(passive) 사람은 농구공을 계속 패스(pass)만
하나요?

1306
passer-by
[pǽsərbái]

명 지나가는 사람
지나가다(pass) + 사람(er) + 옆(by)
➕ bypass 명 우회로 동 우회하다

1307
surpass
[sərpǽs]

동 능가하다
위(sur → sun)와 지나가다(pass)가 결합된
능가하다(surpass)

1308
trespass
[tréspəs]

동 침입하다, 폐를 끼치다
가로질러(tres → train 연상)와 지나가다(pass)가 결합된
침입하다/폐를 끼치다(trespass)

1309
pastime
[pǽstàim]

명 오락, 놀이, 기분 전환
시간을 때우는 것을 킬링 타임(killing time)이라고 하지요.
– 지나가는(pass) 시간(time)을 보낼 때 하는 것이
오락/놀이(pastime)겠죠.

1310
pasture
[pǽstʃər]

함께 익혀요
명 목장, 목초지
목장(pasture)을 어슬렁거리는 것도 소들의 오락
(pastime) 거리일 거예요.

1311
pastor
[pǽstər]

함께 익혀요
명 목사
목장(pasture)의 짐승을 돌보는 **목사**(pastor, 목자)

1312 **drastic**
[drǽstik]

형 강렬한, 맹렬한, 과감한

무시무시한 용(dragon)의 **맹렬한**(drastic) 기세

1313 **masculine**
[mǽskjulin]

형 남자다운, 씩씩한

man(남자)에서 파생한 masculine(**남자다운**)

+ **man** 명 (성인) 남자, 사람, 인류

1314 **tremendous**
[triméndəs]

형 굉장한, 거대한, 무서운

성인 남자보다 3배나 큰 거인이라면 엄청 무섭겠죠.
– 3배(tre)와 남자들(men)이 합쳐져
굉장한/거대한/무서운(tremendous)이 됩니다.

1315 **emancipate**
[imǽnsəpèit]

동 해방하다

밖으로(e) 사람(man)을 구출하면 **해방하다**(emancipate)가 되지요.

1316 **dreary**
[dríəri]

형 쓸쓸한, 황량한

어젯밤 꿈(dream)에 내가 **황량한**(dreary) 벌판에 서 있었지.

1317 **endure**
[indjúər]

동 참다, 견디다, 지속하다

듀라셀(Duracell) 건전지는 수명이 오래 지속되나봐요(dur).
– endure는 dur(지속되는)에서 유래하여
참다/견디다/지속하다(endure)를 뜻합니다.

+ **durable** 형 오래 견디는, 내구성 있는 **duration** 명 지속, 지속 기간

1318 **welfare**
[wélfɛ̀ər]

명 복지, 행복

welfare는 well(잘)에서 파생하여 **복지/행복**(welfare)을 뜻하죠.

1319 **soar**
[sɔːr]

동 치솟다

로켓을 쏘면 하늘로 **치솟겠죠**(soar).

1320 **yearn**
[jəːrn]

동 그리워하다, 갈망하다, 동경하다

떠나간 임이 해(year)가 갈수록 **그리워지네요**(yearn).

DAY 25

The witness vowed to tell the truth.

그 증인은 진실을 말하겠다고 맹세했어요.

Day25.mp3

1321 laser
[léizər]

몡 레이저
피부과에서 점을 지우는 **레이저**. 레이저 프린터

1322 eraser
[iréisər]

몡 지우개
레이저(laser)보다 더 잘 지우는 **지우개**(eraser, 이레이저)
➕ erase 동 지우다

1323 navigation
[nævəgéiʃən]

몡 항해술, 항공술
운전자의 필수품 **내비게이션**. 내비게이터
➕ navigate 동 항해하다, 조종하다
함께 익혀요 aviation 몡 비행, 항공술 aviate 동 비행하다,
조종하다 aviator 몡 비행사 deviation 몡 변경, 일탈

1324 navy
[néivi]

몡 해군
네이비실 – 미국의 해군 특수부대
– 해군(navy)에겐 항해술(navigation)이 필수죠.

1325 bow
몡 [bou] 동 [bau]

몡 활 동 절하다
무지개(rainbow, 레인보우)처럼 모양이 휜 **활**(bow)

1326 vow
[vau]

몡 맹세 동 맹세하다
신에게 경건하게 절하고(bow) **맹세하지요**(vow).

1327 vouch
[vautʃ]

동 보증하다
남의 채무를 **보증할**(vouch) 때는 맹세할(vow) 때처럼
신중해야 해요.

"한 단어당 10초씩 읽어 보세요."

⏱ 목표 시간: 15분

✓ 걸린 시간: 　분

쉽게 풀어낸 어원

비행기나 선박은 프로펠러(propeller)로부터
추진력을 얻죠. **pel** 또는 **pul**은
앞으로 나아가도록 **몰다**의 의미가 있습니다.

1328 **propel**
[prəpél]

통 추진하다, 나아가게 하다
앞(pro) + 몰다(pel)
➕ propeller 명 프로펠러, 추진기

1329 **expel**
[ikspél]

통 추방하다, 격퇴하다
오랑캐를 나라 밖으로(ex) 몰아내면(pel) 이들을
격퇴하는(expel) 것이겠죠.
➕ expulsion 명 추방, 제명, 퇴학
함께 익혀요 repel 통 격퇴하다, 물리치다 → 뒤로(re) 몰아내다(pel)

1330 **compel**
[kəmpél]

통 강요하다
여러 사람이 다 같이(com) 한 사람을 코너로 몰아가면(pel)
강요하는(compel) 거겠죠.
➕ compulsory 형 강제적인

1331 **pulse**
[pʌls]

명 맥박
심장에서 혈액을 몰아내면(pul) **맥박**(pulse)이 뛰죠.

1332 **impulse**
[ímpʌls]

명 충동, 자극, 추진
외부로부터 어떤 **자극**(impulse)을 받으면 맥박(pulse)이
빨리 뛰죠.
함께 익혀요 disperse 통 퍼뜨리다, 흩어지다 → 벗어난(dis) +
몰다(per→pul)

쉽게 풀어낸 어원

목에 거는 보석을 펜던트(pendant)라고 하죠.
이때의 **pend**는 매달리다를 뜻합니다.

1333

pendant
[péndənt]

몡 목걸이 펜던트

➕ pending 혱 미결의 → 아직 (결정되지 않고) 걸려 있는

1334

depend
[dipénd]

동 의지하다, 의존하다

마마보이는 엄마 치맛자락 아래에 매달리죠.
– 아래(de)와 매달리다(pend)를 연관시키면
의지하다/의존하다(depend)가 됩니다.

1335

independence
[ìndipéndəns]

몡 독립

인디펜던스 데이 – 미국의 독립기념일
– 부정의 의미(in)와 의존하다(depend)가 결합되어
독립(independence)이 되지요.

➕ independent 혱 독립적인

1336

expend
[ikspénd]

동 지출하다, 소비하다

매달렸던 물건을 풀어서 밖에서 쓸까요?
– 밖(ex)과 매달리다(pend)가 합쳐져
소비하다/지출하다(expend)가 됩니다.

➕ expense 몡 비용, 지출, 희생 expenditure 몡 지출, 소비
expensive 혱 비싼

1337

spend
[spend]

함께 익혀요
동 소비하다(-spent-spent)

expend(소비하다)와 spend(**소비하다**)는 그 형태도
의미도 비슷하지요.

1338

dispense
[dispéns]

동 분배하다, 나누어 주다, ~없이 지내다

벗어난(dis)과 매달리다(pens → pend)가 결합되어
분배하다/나누어 주다(dispense)가 됩니다.

➕ dispenser 몡 디스펜서(휴지·종이컵 등을 뽑아 쓰는 장치),
자동판매기 indispensable 혱 없으면 안 되는, 필수적인
→ 부정의 의미(in) + 분배하다(dispense)

1339 **compensate**
[kámpənsèit]

동 보상하다, 보답하다
피해 보상을 요구할 때는 여럿이 같이 매달려야 보상을 많이 받지요.
– 같이(com)와 매달리다(pend)가 합쳐져 **보상하다/보답하다**(compensate)가 됩니다.

1340 **suspend**
[səspénd]

동 매달다, 보류하다, 중지하다, 정학시키다
당장 필요하지 않은 물건은 지하실에 매달아 두기도 하죠.
– suspend는 아래(sus → subway 연상)와 매달리다(pend)가 결합하여 **매달다/보류하다/중지하다/ 정학시키다**(suspend)가 됩니다.
➕ suspense 명 미결, 불안, 긴장 → 시종일관 긴장과 서스펜스의 도가니로 몰아넣는 스릴러 영화

1341 **perpendicular**
[pə̀:rpəndíkjulər]

형 수직의
물체가 완전하게(per → perfect 연상) 매달리면(pend) 중력에 의해 **수직**(perpendicular)이 되지요.

1342 **limit**
[límit]

명 제한 동 제한하다, 한정하다
노리미트 – 무제한, 타임 리미트 – 시간 제한

1343 **preliminary**
[prilímənèri]

형 예비의, 임시의 명 예선전
본선으로 한정한 기간 이전에 치러지는 것이 예선이죠.
– 미리(pre)와 한정하다(limit)가 합쳐져 **예비의/예선전**(preliminary)이 됩니다.

1344 **eliminate**
[ilímənèit]

동 제거하다
사회가 용납할 수 있는 제한(limi → limit) 범위 밖으로(e) 벗어나면 할 수 없이 **제거해야겠죠**(eliminate).

1345 **timid**
[tímid]

형 겁 많은, 소심한
탈선하지 않고 제한(limit)된 범위 내에서만 활동하면 **소심한**(timid) 사람이겠죠.

쉽게 풀어낸 어원

조화(harmony)를 사랑하는 뉴욕 필하모니
(New York Philharmony) 오케스트라 내한 공연.
phil은 **사랑**을 뜻합니다.

1346 philosophy
[filásəfi]

명 철학

소피스트 – 지혜를 추구하던 그리스의 철학자들
– 사랑(phil)과 지혜(sophy)가 결합하여
철학(philosophy)이 됩니다.

1347 sophisticated
[səfístəkèitid]

형 세련된, 정교한

소피스트들은 **세련된**(sophisticated) 철학자들이었지요.

1348 late
[leit]

형 늦은

레이트 피(late fee) – 연체료

➕ **lately** 부 최근에 **latter** 형 후자의, 후반의

1349 last
[læst]

형 마지막의, 최후의, 가장 ~할 것 같지 않은
동 계속하다

라스트신 – 마지막 장면, 라스트 찬스 – 마지막 기회

함께 익혀요 **vast** 형 막대한, 거대한 → 태풍의 시작은 미약하지만
마지막은(last) 거대하지요(vast).

1350 vote
[vout]

명 투표 동 투표하다

배(boat)를 산으로 보낼지 말지 **투표**(vote)로 결정할까요?

1351 devote
[divóut]

동 바치다, 헌신하다

인당수에 자신을 바친 심청이
– 아래(de)와 배(vote → boat)를 연관 지으면
바치다/헌신하다(devote)가 됩니다.

➕ **devotion** 명 헌신, 헌납, 전념

1352 empty
[émpti]

동 비우다 형 텅 빈

학생들이 모두 MT(엠티)를 가면 교실이 **텅 비겠죠**(empty).

1353 exempt
[igzémpt]

동 면제하다 형 면제된

창고가 텅 비었으니(empty) 세금을 **면제해주세요** (exempt).

함께 익혀요 immune 형 면역성의, 면제의 immunity 명 면역, 면제

1354 roll
[roul]

동 굴리다 명 회전, 두루마리

롤러스케이트 – 바퀴가 굴러 나아가는 스케이트

함께 익혀요 role 명 역할, 배역 → 영화에서 굴러가는(roll) 배역(role) 을 맡았어요.

1355 enroll
[inróul]

동 등록하다, 입학하다

옛날엔 두루마리(roll) 종이에 **등록을 했지요**(enroll).

⊕ enrollment 명 등록, 등록부

1356 tire
[taiər]

명 타이어 동 피곤하다, 지치다

하루 종일 굴러다니는 자동차 **타이어**는 얼마나 피곤할까요 (tire)?

⊕ tired 형 피곤한, 싫증난

1357 entire
[intáiər]

형 완전한, 전체의 명 전체

둥근 타이어는 **완전한**(entire) 원이죠.

1358 retire
[ritáiər]

동 은퇴하다 명 은퇴

리타이어 푸어 – 은퇴 후에 가난한 사람

평생을 열심히 일한 뒤에는 지쳐서(tire) 뒤로(re) 물러나게(retire) 되죠.

1359 satire
[sǽtaiər]

명 풍자

하루 종일 길거리의 먼지를 뒤집어 쓴 타이어(tire)를 비꼰 **풍자**(satire)

01 02 03 04 05 06 07 08 09 10 11 12 13 14 15 16 17 18 19 20

역에서 기차를 타고 내리는 평평한 곳을
플랫폼(platform)이라고 하지요.
pla는 **평평한**을 뜻합니다.

1360 **plain**
[plein]

몡 평야 혱 평범한, 쉬운

평평한(pla) 땅이 **평야**(plain) 아닌가요?
– 평야는 특별한 게 없고 평범하죠(plain).

1361 **explain**
[ikspléin]

함께 익혀요
됭 설명하다

설명할(explain) 때는 쉬운(plain) 용어를 써야 해요.
➕ explanation 몡 설명

1362 **flat**
[flæt]

혱 평평한, 납작한, 펑크 난 몡 아파트

flat(**평평한/납작한**)은 pla(평평한)와 모양과 의미가
비슷하답니다.

1363 **flatter**
[flǽtər]

됭 아첨하다

납작한(flat) 자세로 엎드려서 **아첨하다**(flatter)
➕ flattery 몡 아첨, 아부

1364 **ecosystem**
[ékousistəm]

몡 생태계

환경을 생각하는 **에코** 디자인
➕ ecology 몡 생태학 eco-friendly 혱 환경 친화적인

1365 **elastic**
[ilǽstik]

혱 탄력 있는, 신축성이 있는

일래스틱 탄력 밴드

1366 **elegy**
[élədʒi]

몡 애가, 비가

몸의 에너지(energy)가 소진되어 사망하면 주변 사람들이
애가(elegy)를 부르겠죠.

1367 **episode**
[épəsòud]

몡 에피소드, 삽화, 짧은 이야기

재미있는 **에피소드**를 들려주세요.
함께 익혀요 anecdote 몡 일화, 비화

1368 earn
[ə:rn]

동 벌다, 얻다

잘 배우면(learn) 좋은 직업을 갖게 되고, 그렇게 되면 돈도 잘 **벌겠죠**(earn).

➕ earning 명 소득

1369 earnest
[ə́:rnist]

형 열심인, 진지한

누구나 돈 버는 데는 정말 열심이죠.
– 벌다(earn)에 최상급 접미사(est)가 결합되어 **열심인/진지한**(earnest)이 됩니다.

1370 elementary
[èləméntəri]

형 초보의, 기본적인

elementary school – **초등**학교

1371 element
[éləmənt]

명 요소, 원소

물질을 이루는 기본적인(elementary) **요소**(element)

1372 chant
[tʃænt]

명 노래 동 노래를 부르다

프랑스의 가요인 샹송을 아세요?
– chanson(샹송)의 사촌뻘인 chant
(**노래/노래를 부르다**)

1373 enchant
[intʃǽnt]

동 매혹시키다

멋진 노래(chant)로 사람들을 **매혹시키다**(enchant)

1374 prose
[prouz]

명 산문

산문(prose)을 쓰다보면 문장이 자꾸 플러스(plus)되어 길어지지요.

1375 stroll
[stroul]

동 한가롭게 거닐다, 산책하다 명 산책

롤러스케이트 타고 공원을 **산책하다**(stroll)

DAY 26

The book changed my attitude on life.

그 책이 삶에 대한 제 태도를 바꿔놓았어요.

Day26.mp3

1376 error
[érər]

명 잘못, 틀림

에러가 났어요. - 뭔가 잘못 되었어요. 컴퓨터 시스템 에러

⊕ **err** 동 틀리다, 잘못하다   **erroneous** 형 틀린, 잘못된

1377 errand
[érənd]

명 심부름, 잡일

잘못했으니(err) 벌칙으로 **심부름**(errand)이나 할까요?

1378 attitude
[ǽtitjùːd]

명 태도, 자세

에티켓(etiquette)이 있는 사람은 **태도**(attitude)부터 달라요.

1379 ethics
[éθiks]

명 윤리, 윤리학

올바른 에티켓(etiquette)을 가르치는 것도 **윤리**(ethics) 이죠.

⊕ **ethic** 명 가치체계, 윤리   형 윤리의(= ethical)

1380 special
[spéʃəl]

형 특별한

스페셜 메뉴 - 특별한 메뉴, 스페셜 이벤트 - 특별 행사

1381 specialize
[spéʃəlàiz]

동 전공하다, 전문화하다

특별한(special) 학문을 **전공하다**(specialize)

1382 species
[spíːʃiːz]

명 종류, 인류, 종

(진화론) 아주 특별한(special) **종**(species)만 적자생존 (適者生存) 한다고 하죠.

"한 단어당 10초씩 읽어 보세요."

⏱ 목표 시간: **15분**

✓ 걸린 시간: **분**

쉽게 풀어낸 어원

요즘은 인공치아를 심는 임플란트를 많이 하지요.
implant의 **plant**는 **심다**를 뜻합니다.

1383
implant
[implǽnt]

동 **심다, 이식하다**
임플란트 치료

➕ **plant** 동 심다 명 식물, 공장, 설비 → 플랜트 산업 – 설비 산업,
해양 플랜트 [함께 익혀요] **implement** 명 [ímpləmənt] 기구
동 [ímpləmènt] 이행하다 → 임플란트(implant) 할 때는 기구
(implement)가 필요하죠. ➕ **implementation** 명 이행, 실행

1384
transplant
[trænsplǽnt]

동 **옮겨 심다, 이식하다** 명 **이식**
가로질러(trans → train 연상)와 심다(plant)가 합쳐져
옮겨 심다/이식하다/이식(transplant)이 됩니다.

1385
underage
[ʌndəréidʒ]

형 **미성년의, 연령 미달의**
➕ **age** 명 나이, 연령, 시대 → 골든 에이지 – 황금 시대, 전성기

1386
exaggerate
[igzǽdʒərèit]

동 **과장하다**
남자들은 밖에서(ex) 자기가 형님이라며 나이(age)를
과장해서(exaggerate) 말하기도 하죠.

1387
sage
[seidʒ]

명 **현인, 성인** 형 **현명한**
사람은 나이(age)를 먹으면 철이 들고
현명해져요(sage).

쉽게 풀어낸 어원

음료를 다시 채워주는 리필(refill) 서비스.
fill(채우다)의 사촌뻘인 **ple** 역시 **채우다**를 뜻합니다.

1388 supply
[səplái]

명 공급, 생활용품(supplies) 동 공급하다, 보충하다
(컴퓨터) 파워 **서플라이** – 전원 공급 장치
➕ **supplement** 명 [sʌ́pləmənt] 보충 동 [sʌ́pləmènt] 보충하다

1389 complete
[kəmplíːt]

동 성취하다, 완료하다 형 완전한
미션 **컴플리트** – 임무 완료
– 항아리에 물을 다 같이(com) 채우면(ple) 미션이
완료되는(complete) 것이죠.
➕ **deplete** 동 비우다, 고갈시키다 → 항아리 아래(de)에 구멍을
내서 물을 비울까요(deplete)?

1390 complement
명 [kámpləmənt]
동 [kámpləmènt]

명 보충 동 보충하다
부족한 것은 다 같이(com) 채워서(ple) **보충해야겠죠**
(complement).
➕ **compliment** 명 칭찬 동 칭찬하다 → 잘 보충했으면
(complement) 엄지손가락(i)을 들어서 칭찬해야겠죠
(compliment)?

1391 accomplish
[əkámpliʃ]

동 완성하다, 성취하다
같이(com) + 채우다(pl → ple)

1392 teen
[tiːn]

형 십대의
하이**틴** – 십대 후반

1393 keen
[kiːn]

형 날카로운, 예민한
십대(teen) 청소년은 사춘기여서 많이 **예민하죠**
(keen).

1394 fashion
[fǽʃən]

명 유행, 패션
패션쇼, 패션 모델

1395 fascinate
[fǽsənèit]

동 매혹하다, 반하게 하다
멋진 패션(fashion)으로 **매혹시키다**(fascinate)

1396 period
[píːəriəd]

명 기간, 마침표
아이스하키의 1**피리어드**는 20분 – 아이스하키 등의
스포츠에서 경기 시간의 단위를 피리어드라고 하죠.

1397 periodical
[pìəriάdikəl]

형 정기의, 정기간행의　명 정기간행물
어떤 일을 하는 정해진 기간(period)이 있다면 **정기적인**
(periodical) 것이죠.

1398 agony
[ǽgəni]

명 고민, 고뇌, 고통
agony는 아~ **고뇌**군요.

1399 epoch
[épək]

명 신기원, 신시대
돼지고기(pork)를 먹기 시작한 건 음식 문화의 **신기원**
(epoch)인가요?

함께 익혀요 **era** 명 신기원, 시대, 시기
★잠깐 상식 벨에포크 – 19세기 말부터 세계 제1차 대전 발발까지
　프랑스 파리가 번성했던 화려한 시대

1400 spouse
[spauz]

명 배우자
(호주) **스파우즈** 비자 신청 – 배우자 비자 신청

1401 extreme
[ikstríːm]

형 극단적인　명 극단
스피드와 스릴을 만끽할 수 있는 **익스트림** 스포츠

쉽게 풀어낸 어원

득점 포인트, 포인트 카드에서
point는 점(수)를 뜻합니다.

Final Exam Score (100) 100

1402 appoint
[əpɔ́int]

통 임명하다, 지정하다, 약속하다
임명할(appoint) 때는 누군가를 점(point)으로 찍듯
콕 찍어서 임명하지요.
➕ **appointment** 명 지명, 약속

1403 disappoint
[dìsəpɔ́int]

통 실망시키다
임명되지 않으면 실망하겠죠.
– 벗어난(dis)과 임명하다(appoint)가 합쳐져
실망시키다(disappoint)가 됩니다.

1404 interior
[intíəriər]

형 내부의 명 내부
인테리어 공사 – 실내 공사

1405 internal
[intə́:rnl]

형 내부의
interior(내부의)와 internal(**내부의**)은 모양도 의미도
매우 비슷하죠.
➕ **external** 형 외부의, 해외의

1406 shiver
[ʃívər]

통 몸을 떨다, 흔들리다
배(ship)를 타면 파도 때문에 몸이 **흔들리지요**(shiver).

1407 chivalry
[ʃívəlri]

명 기사도, 기사 제도
몸을 떠는(shiver) 여성을 보호하는 **기사도**(chivalry)
정신 연상

1408	**divide** [diváid]	통 나누다, 분할하다 명 분할 (학용품) **디바이더**(divider) – 분할 컴퍼스 ➕ division 명 분할, 나눗셈, 대학의 학부

1409	**dividend** [dívədènd]	명 (주식) 배당금 (주식) 주주들에게 나누어(divide) 주는 **배당금** (dividend)

1410	**individual** [ìndəvídʒuəl]	명 개인 형 개인의 더 이상 나눌 수 없는 존재가 개인이죠. – 부정의 의미(in)와 나누다(divide)가 합쳐져 **개인/개인의**(individual)가 됩니다. 함께 익혀요 divine 형 신성한, 비범한 → 신은 자신의 몸을 여러 개로 나눌(divide) 수 있는 신성한(divine) 존재인가요?

1411	**taint** [teint]	통 더럽히다 명 오염 깨끗하게 페인트(paint)칠을 했는데 누가 **더럽혔나요** (taint)?

1412	**faint** [feint]	형 희미한, 약한 통 기절하다 페인트(paint)칠이 오래 되면 색이 **희미해지죠**(faint). – 정신이 극도로 희미해지면 기절하겠죠.

1413	**expert** [ékspə:rt]	명 전문가, 익숙한 사람 형 노련한, 능숙한 **엑스퍼트** 과정 – 전문가 과정 ➕ expertise 명 전문 기술, 전문 지식

1414	**experience** [ikspíəriəns]	명 경험 통 경험하다 전문가(expert)는 풍부한 **경험**(experience)을 지니고 있겠죠.

1415	**experiment** 명 [ikspérəmənt] 통 [ekspérəmènt]	명 실험 통 실험하다 전문가(expert)는 다양한 **실험**(experiment)도 하겠죠.

쉽게 풀어낸 어원

세계적으로 인기 있는(popular) 팝가수를 보면
사람들이 열광하죠.
popu 또는 **pub**가 들어간 단어는
사람들과 관련이 있습니다.

1416

popular
[pápjulər]

[형] 인기 있는, 대중의

팝송(popular song의 약자), 포퓰리즘 – 대중 영합 주의

➕ **popularity** [명] 인기, 유행, 평판, 대중성
[함께 익혀요] **Pope** [명] 교황 → (가톨릭) 교황은 사람들이 무척
좋아하지요.

1417

population
[pàpjuléiʃən]

[명] 인구, 주민

population은 사람들이(popu) 모여 있는 것이니
인구/주민(population)을 뜻하죠.

➕ **populate** [동] 거주시키다

1418

public
[pʌ́blik]

[형] 공공의, 공적인

퍼블릭 라이브러리 – 공공 도서관
– public은 다수의 사람들(pub)을 위한 공공의/공적인
(public)을 뜻하지요.

➕ **publicity** [명] 선전, 홍보

1419

republic
[ripʌ́blik]

[명] 공화국

왕이 주인인 군주제와 달리 **공화국**(republic)은 다시(re)
사람들(pub)이 주인인 나라죠.

1420

publish
[pʌ́bliʃ]

[동] 출판하다, 발표하다

사람들(pub)에게 널리 알리기 위해 책을 **출판하죠**
(publish).

➕ **publication** [명] 출판, 발표

1421

pharmacy
[fɑ́:rməsi]

[명] 약국, 약학

○○ **파머시**와 같이 약국 이름에 pharmacy가 자주
쓰이죠.

➕ **pharmacist** [명] 약사

| 1422 | **fat**
[fæt] | 몡 지방 혱 뚱뚱한
로팻(low fat) 우유 – 저지방 우유 |
| 1423 | **fatigue**
[fətíːg] | 몡 피로 동 지치게 하다
뚱뚱하면(fat) 쉽게 **피로**(fatigue)를 느끼나요? |

1424	**treat** [triːt]	동 다루다, 대접하다, 치료하다 몡 대접 헤어 **트리트먼트** – 머리카락에 영양과 수분을 주는 머리 손질 ➕ **treatment** 몡 취급, 대우, 치료
1425	**threat** [θret]	몡 협박, 위협 앞에서는 잘 대접하면서(treat) 뒤에서 **위협**(threat)하면 곤란해요. ➕ **threaten** 동 위협하다
1426	**treaty** [tríːti]	몡 조약 개인 사이에 대접하듯이(treat) 국가 간에 어떻게 대우할지 다루는 **조약**(treaty)
1427	**entreat** [intríːt]	동 간청하다 정성을 다해 대접한(treat) 다음에 소원을 **간청해보세요** (entreat).

| 1428 | **harmony**
[háːrməni] | 몡 조화
하모니가 중요해. – 조화가 중요해.
하모니카는 조화로운 소리를 내는 악기인가요? |
| 1429 | **harm**
[haːrm] | 몡 손해 동 해치다
해칠 해(害)
– harm(**손해/해치다**)은 harmony(조화)와 그 모양은
유사하지만 의미는 상반되네요.
➕ **harmful** 혱 유해한, 해로운 |

What is the purpose of the meeting?

그 모임의 목적은 무엇인가요?

 Day27.mp3

1430 save
[seiv]

툉 구하다, 저축하다 젠 ~을 제외하고
(야구) 세이브 투수
– 앞서가는 점수를 지켜 팀을 구하는 투수
➕ safe 톙 안전한 몡 금고

1431 savage
[sǽvidʒ]

톙 야만스러운, 잔인한 몡 야만인
야만인(savage)이라도 물에 빠지면 우선 구해야죠
(save).

1432 esteem
[istíːm]

툉 존중하다, 간주하다
존중이란 상대방을 최고로 여기는 것
– 최상급 표현(est)를 떠올리면 **존중하다/간주하다**
(esteem)가 쉽게 연상되지요.

1433 estimate
툉 [éstəmèit] 몡 [éstəmət]

툉 평가하다 몡 견적, 평가
친구의 능력은 최대한 높이 평가해 줘야지요.
– 최상급 표현(est)과 친구(mate)가 합쳐져
평가하다/평가/견적(estimate)이 됩니다.
➕ overestimate 툉 과대평가하다 몡 과대평가

1434 fit
[fit]

톙 건강에 좋은, ~에 적합한 툉 적합하다
피트니스 센터 – 건강을 유지시켜주는 헬스클럽
피팅룸 – 옷이 적합한지(잘 맞는지) 입어보는 방
➕ outfit 몡 의상 한 벌 툉 공급하다 ➔ 피팅룸(fitting room)에서
의상(outfit)을 갈아입지요.

1435 fix
[fiks]

툉 정하다, 고정시키다, 수리하다
이건 **픽스**야. – 이건 정해진 거야.
가장 적합한(fit) 것으로 **정합시다**(fix).
➕ fixate 툉 고정시키다

"한 단어당 10초씩 읽어 보세요."

🕐 목표 시간: 15분

✓ 걸린 시간: 분

쉽게 풀어낸 어원 pos①

멋진 포즈(pose)를 취하려면
몸의 위치를 제대로 잡아야(놓아야)겠죠?
pos는 **놓다**를 뜻합니다.

1436

pose
[pouz]

몡 포즈, 자세 동 자세를 취하다

➕ poise 몡 평형, 균형 동 평형을 잡다 → 멋진 포즈(pose)를
취하려면 균형(poise)을 잘 잡아야 해요.

함께 익혀요 pause 몡 멈춤, 중단 동 잠시 멈추다

1437

propose
[prəpóuz]

동 청혼하다, 제안하다, 제출하다

애인 앞(pro)에 꽃을 놓는(pos) **프러포즈**

➕ proposal 몡 청혼, 신청, 제안

1438

purpose
[pə́:rpəs]

몡 목적, 의도

목적(purpose)은 앞(pur → pro)에 놓을까요(pos),
아니면 뒤에 놓을까요?

1439

oppose
[əpóuz]

동 반대하다, ~에 대항하다

부정의 의미(o → a) + 놓다(pos)

➕ opposite 혱 반대의, 맞은편의 opponent 몡 적, 적수, 상대

1440

dispose
[dispóuz]

동 처리하다, 배치하다

(원래 자리를) 벗어나서(dis)와 놓다(pos)가 결합되면
처리하다/배치하다(dispose)가 됩니다.

➕ disposal 몡 처분, 처리 disposable 혱 처분할 수 있는,
일회용의 몡 일회용품

1441

deposit
[dipázit]

몡 보증금, 예금 동 맡기다

(은행) **디파짓** – 예금
– 은행에서는 돈을 아래(de)의 안전한 금고에 놓겠죠(pos).

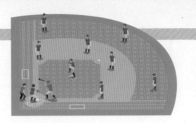

쉽게 풀어낸 어원 pos②

축구 선수들은 포지션이 중요하죠?
position의 **pos**는 **놓다**를 뜻합니다.

1442
impose
[impóuz]

동 의무를 부과하다, 강요하다

강제 노역장 안에(im → in) 죄수들을 데려다 놓고(pos)
의무적으로 할 일을 **부과하다**(impose).

1443
expose
[ikspóuz]

동 노출하다, 폭로하다

밖(ex)과 놓다(pos)가 합쳐져 **노출하다/폭로하다**
(expose)가 되지요.

➕ **exposure** 명 노출, 폭로

1444
compose
[kəmpóuz]

동 작곡하다, 작문하다, 구성하다

작곡가는 '소프라노–알토–테너–베이스'를 같이 배열하여
멋진 악보를 만들지요.
– 같이(com)와 놓다(pos)가 합쳐진
작곡하다/작문하다/구성하다(compose)

➕ **composition** 명 작곡, 작문, 구성 함께 익혀요 **component**
명 구성요소 **composure** 명 침착, 평정

1445
repose
[ripóuz]

명 휴식 동 휴식하다

열심히 공부했으니 뒤에 가서 잠시 쉴까요?
– 뒤(re)와 놓다(pos)가 합쳐진 **휴식/휴식하다**
(repose)

1446
position
[pəzíʃən]

명 위치, 지위

(스포츠) **포지션** 이동 – 위치 이동

1447
peel
[pi:l]

명 껍질 동 ~의 껍질을 벗기다

껍질을 **벗긴**(peel) 복숭아의 부드러운 느낌(feeling)

1448
bishop
[bíʃəp]

명 주교

이 성당의 **주교**(bishop)는 쇼핑(shopping)을 좋아하나요?

1449 field
[fi:ld]

명 들판, 분야

필드하키는 아이스하키와 달리 잔디구장(field)에서 경기를 하죠.

1450 yield
[ji:ld]

동 생산하다, 양보하다, 굴복하다 명 생산

들판(field)에서 **생산한**(yield) 곡식

1451 feudal
[fjú:dl]

형 봉건적인

들판(field)에 옹기종기 모여 있는 시골집을 보고 **봉건**(feudal) 시대의 한 모습 연상

1452 feat
[fi:t]

명 위업, 업적, 공적

달리기는 결승선을 발(feet)로 밟아야 **위업**(feat)을 달성한 거죠.

함께 익혀요 **foot** 명 발(복수형 feet)

1453 defeat
[difí:t]

명 패배 동 패배시키다, 패배하다

위업이 있으면 패배도 있는 법
– 아래(de)와 위업(feat)이 결합된
패배/패배시키다/패배하다(defeat)

1454 feature
[fí:tʃər]

명 특색, 용모, 이목구비

위업(feat)을 달성한 사람의 **용모**(feature)는 어떨까요? 잘생겼을까요?

1455 futile
[fjú:tl]

형 쓸데없는, 무익한

귀한 물건도 발(fut → foot)로 밟아버리면 **쓸데없어지겠죠**(futile).

1456 fertile
[fə́:rtl]

형 비옥한, 기름진, 다산의

fertile(**비옥한**)과 futile(쓸데없는)은 모양은 비슷하지만 의미는 상반되네요.

➕ **fertilize** 동 비옥하게 하다 **fertilizer** 명 비료

쉽게 풀어낸 어원

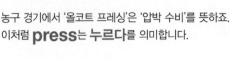

농구 경기에서 '올코트 프레싱'은 '압박 수비'를 뜻하죠.
이처럼 **press**는 누르다를 의미합니다.

1457

press
[pres]

동 누르다 명 출판, 인쇄, 언론계

프레스 카드 – 신문 기자가 휴대하는 출입 허가증

➕ **pressure** 명 압력, 압박, 기압 → 프레셔 쿠커 – 압력솥

1458

impress
[imprés]

동 감동시키다

마음 속(im → in)을 찡하게 누르는(press) 것이 바로
감동(impress)이지요.

➕ **impression** 명 인상, 감명 **impressive** 형 인상적인

1459

express
[iksprés]

명 급행열차 형 고속의 동 표현하다

익스프레스웨이 – 고속도로
– 밖(ex)과 누르다(press)가 결합된
급행열차/고속의/표현하다(express)

➕ **expression** 명 표현, 표정

1460

depress
[diprés]

동 억압하다, 낙담시키다, 우울하게 하다

아래로(de) 찍어 누르면(press) **억압하다/낙담시키다/
우울하게 하다**(depress)가 되겠죠.

➕ **depressed** 형 우울한, 풀이 죽은 **depression** 명 불경기,
저기압, 우울증

1461

suppress
[səprés]

동 억압하다, 진압하다, 금지하다

불을 밟아서 끄는 모습 연상
– 아래(sup → subway 연상)와 누르다(press)가 결합된
억압하다/진압하다/금지하다(suppress)

1462

oppress
[əprés]

동 억압하다, 압박하다

망치질을 할 때 못 위를 치는 모습 연상
– 위(op → up)와 누르다(press)가 결합된
억압하다/압박하다(oppress)

1463

compress
[kəmprés]

동 압축하다, 요약하다 명 압박붕대

압축할(compress) 때는 양쪽을 같이(com) 눌러야지
(press) 한쪽만 누르면 다른 쪽으로 튀어나가지요.

1464 fulfill
[fulfíl]

통 이행하다, 실행하다

시키는 대로 물독을 가득(ful → full) 채웠다면(fill) 임무를 잘 **이행한**(fulfill) 것이겠죠.

1465 spill
[spil]

통 엎지르다 명 엎지름

물을 너무 많이 채우려다(pill → fill) 되려 물을 **엎지르다**(spill)

1466 till
[tíl]

전 ~까지 접 ~할 때까지 통 경작하다

콜라를 리필(refill)할 **때까지**(till)

➕ until 전 접 ~할 때까지

1467 figure
[fígjər]

명 모양, 도형, 인물, 수치

피겨 스케이팅 – 얼음판 위를 활주하며 여러 가지 모양과 형태를 표현하는 스케이팅

1468 figurative
[fígjurətiv]

형 비유적인

적절한 모양(figure)과 형태를 이용해서 **비유적인** (figurative) 표현을 하다

1469 steel
[sti:l]

명 강철

(축구) 포항 **스틸러스** – 강철 구단(강철을 생산하는 포스코 소속 팀)

1470 steal
[sti:l]

통 몰래 가다, 훔치다(-stole-stolen)

(야구) **스틸** – 도루(주자가 수비의 허술한 틈을 타서 다음 베이스까지 몰래 가는 일)

1471 favorite
[féivərit]

형 가장 좋아하는

my favorite book – 내가 **가장 좋아하는** 책

➕ favorable 형 호의적인 → 가장 좋아하는(favorite) 사람에게 는 호의적이겠죠(favorable). favor 명 호의, 찬성, 부탁

쉽게 풀어낸 어원

골포스트(축구 골대, goal post)는 축구장 제일 뒤에 있지요. 포스트모더니즘(postmodernism)은 모더니즘 이후의 철학 사조이고요. **post**는 후(後), 나중에를 뜻합니다.

1472
post
[poust]

명 기둥, 지위, 우편 동 (게시물을) 붙이다
메모해서 붙일 수 있는 **포스트**잇(post-it)
블로그에 사진 포스팅하기

1473
postpone
[poustpóun]

동 늦추다, 연기하다
나중에(post) 결정하기로 하면 **늦추는**(postpone)
것이지요.

1474
posterity
[pastérəti]

명 후손, 자손
post(후)에서 파생한 posterity(**후손/자손**)

1475
heel
[hi:l]

명 발뒤꿈치
하이힐 – 발뒤꿈치가 높은 신발

1476
heed
[hi:d]

명 주의 동 주의하다
하이힐(heel)을 신을 때는 넘어지지 않도록
주의하세요(heed).

1477
feed
[fi:d]

동 먹이다, 공급하다(-fed-fed)
food(음식)에서 파생된 feed(**먹이다**)
➕ **food** 명 음식 → 푸드 코트 **feedback** 명 피드백, 반응

1478
feeble
[fi:bl]

형 허약한, 연약한
허약한(feeble) 사람은 잘 먹여야(feed) 해요.

쉽게 풀어낸 어원

1톤 트럭 포터(porter)는 짐을 잘 나르겠죠.
port는 **나르다** 또는 **항구**를 뜻합니다.

1479 **export**
명 [ékspɔ:rt] 동 [ikspɔ́:rt]

명 수출 동 수출하다
밖으로(ex)와 나르다(port)가 합쳐져 **수출/수출하다**
(export)가 되죠.
➕ **import** 명 [ímpɔ:rt] 수입 동 [impɔ́:rt] 수입하다
→ 안(im→in) + 나르다(port)

1480 **important**
[impɔ́:rtənt]

함께 익혀요
형 중요한
외국에서 수입한(import) 물건은 **중요한**(important)
물건이 많겠죠.

1481 **transport**
[trænspɔ́:rt]

동 운송하다 명 수송
전국을 가로질러(trans) 나르는(port) 것이 **운송/수송**
(transport)이죠.
➕ **transportation** 명 수송, 교통, 교통기관

1482 **support**
[səpɔ́:rt]

동 지지하다, 후원하다 명 지원, 부양
축구 **서포터** – 특정 축구 팀을 집중적으로 응원하는 사람
➕ **supporter** 명 지지자, 보호자

1483 **reptile**
[réptil]

명 파충류
화장실 타일(tile)에 붙어 있는 **파충류**(reptile)

1484 **refine**
[rifáin]

동 세련되게 하다, 정제하다
다시(re)와 좋은(fine)이 결합되어 **세련되게 하다**
(refine)가 됩니다.
➕ **refined** 형 세련된, 정제된

1485 **profile**
[próufail]

명 옆모습, 윤곽, 인물 소개, 프로필
장관 **프로필**, 영화배우 **프로필**

DAY 28

I think time is the most precious thing.

저는 시간이 가장 귀중한 것이라고 생각해요.

 Day28.mp3

쉽게 풀어낸 어원

세인트 루이스, 성인(聖人)으로 인정받는 사람의 이름 앞에는
Saint를 붙이죠. **sa** 또는 **sac**은 **신성한**을 뜻합니다.

| 1486 | **saint**
[seint] | 명 성인, 성자
세인트 루이스 대학교
성인(聖人) **세인트** 프란체스코 |

| 1487 | **sacrifice**
[sǽkrəfàis] | 명 제물, 희생 동 희생하다
거룩한(sac)과 불(fice → fire)이 합쳐져
제물/희생/희생하다(sacrifice)가 됩니다.
⊕ **sacred** 형 신성한, 거룩한 |

| 1488 | **French**
[frentʃ] | 형 프랑스의 명 프랑스어, 프랑스인
프렌치프라이 – 프랑스에서 유래된 감자 튀김
⊕ **France** 명 프랑스 |

| 1489 | **frantic**
[frǽntik] | 형 광란의, 미친
지난주에 프랑스(France)에서 **광란의**(frantic) 밤을
보냈어요. |

| 1490 | **rank**
[ræŋk] | 명 열, 계급, 순위 동 등급을 매기다
우리나라 축구 대표팀은 FIFA **랭킹** 몇 위인가요?
⊕ **ranking** 명 순위 |

| 1491 | **frank**
[fræŋk] | 형 솔직한
현재 자신의 순위(rank)에 대해 **솔직해야겠죠**(frank). |

"한 단어당 10초씩 읽어 보세요."

목표 시간: 15분

걸린 시간: 분

쉽게 풀어낸 어원

노벨 프라이즈(노벨상)는 가치 있는 상이죠.
prize는 가치, 상을 뜻합니다.

1492 **prize**
[praiz]

명 상, 상금
상(prize)으로 프라이드(pride) 자동차를 받았어요.

1493 **precious**
[préʃəs]

형 귀중한
prize(가치)에서 파생된 precious(**귀중한**)

함께 익혀요 **appreciate** 통 감사하다, 감상하다, 평가하다 →
귀중한(precious) 것에 대해 감사해야겠죠(appreciate).
appreciation 명 감사, 감상

1494 **priceless**
[práislis]

형 아주 귀중한
사랑하는 가족은 너무 귀해서 가격을 매길 수 없어요.
– 값(price)과 없는(less)이 합쳐져 **아주 귀중한**
(priceless)이 되지요.

1495 **law**
[lɔ:]

명 법
로스쿨 – 법학 전문 대학원, 로펌 – 법률 회사
➕ **outlaw** 통 불법화하다, 금지하다 명 무법자 **legal** 형 법률의,
합법의 **illegal** 형 불법의

1496 **flaw**
[flɔ:]

명 결점, 흠
법(law)을 어기면 법적 **결점/흠**(flaw)이 남겠죠.
함께 익혀요 **raw** 형 미숙한, 가공하지 않은, 날것의 → 결점(flaw)이
많은 사람은 미숙한(raw) 사람이죠.

쉽게 풀어낸 어원

'프린스(prince)'는 왕국 첫 번째(= 으뜸) 아들인 '왕자'이죠.
prin 혹은 **prim**은 **첫째**를 뜻합니다.

1497

prince
[prins]

명 왕자
프린스 윌리엄 – 윌리엄 왕자(영국)

1498

principal
[prínsəpəl]

명 교장, 우두머리 형 주요한
학교에서 첫 번째(prin)인 **교장**(principal)
– 펜팔(pen pal) 하시는 교장 선생님 연상 암기

1499

principle
[prínsəpl]

명 원리, 법칙
가장 중요한(첫 번째, prin) 공식이 **원리/법칙**(principle)
이지요.

1500

prime
[praim]

형 으뜸의, 제일의
프라임 미니스터(총리) – 첫 번째(prim) 장관(minister)

1501

primary
[práimeri]

형 최초의, 초등의, 중요한
최초의(primary) 학교인 초등학교(primary school)

1502

primitive
[prímətiv]

형 초기의, 원시의 명 원시인
인류의 첫 번째(prim) 조상인 **원시인**(primitive)

1503

priest
[pri:st]

명 성직자
중세 유럽 사회에서는 성직자 계급이 제1계급이었다죠.
– 첫째(pri)와 최상급 접미사(est)가 결합된 **성직자**
(priest)

1504

prior
[práiər]

형 우선하는, 이전의
첫째(pri)와 비교급 접미사(or)가 합쳐지면
더 중요한/이전의(prior)가 됩니다.

➕ **priority** 명 우선순위 함께 익혀요 **previous** 형 이전의, 앞의

1505 full
[ful]

형 가득한

풀타임 근무 – 전일제 근무, (스포츠) 풀스윙 – 힘껏 공을 치기 위해 방망이나 라켓을 최대한 휘두르는 것

1506 fool
[fu:l]

동 놀리다 명 바보

너무 많이 먹어서 배가 가득하면(full) **바보**(fool)라고 놀림을 받을까요?

➕ **foolish** 형 어리석은 **folly** 명 어리석음, 어리석은 짓

1507 conflict
명 [kánflikt] 동 [kənflíkt]

명 투쟁, 갈등 동 싸우다

함께(con)와 싸우다(flict → fight)가 결합하여 **투쟁/갈등/싸우다**(conflict)가 됩니다.

함께 익혀요 **friction** 명 마찰, 압력 → 투쟁(conflict)하면 당연히 마찰(friction)이 생기지요.

1508 afflict
[əflíkt]

동 괴롭히다

일방적으로 한(a) 명이 싸움을 건다면(flict → fight) **괴롭히는**(afflict) 것이죠.

➕ **affliction** 명 고통, 괴로움

1509 inflict
[inflíkt]

동 고통을 주다, 상처를 입히다

몸 안(in)까지 흔적이 남도록 싸워서(flict → fight) **상처를 입혔군요**(inflict).

1510 clear
[kliər]

형 분명한, 깨끗한 동 정리하다, 제거하다

클리어하다 – 알아듣기 쉽고 분명하다
클리어 파일 – 투명 파일

1511 nuclear
[njú:kliər]

형 핵의

핵무기(nuclear weapon)는 모든 걸 제거하는(clear) 무시무시한 무기죠.

1512 clarify
[klǽrəfài]

동 투명하게 하다, 명백히 하다

맑고 청아한 클라리넷 연주를 들으면 마음까지 깨끗해지죠? – clear(깨끗한)에서 파생한 clarify(**투명하게 하다/ 명백히 하다**)

1513 gesture
[dʒéstʃər]

명 몸짓 동 손짓하다
제스처 – 몸짓 언어, 그 사람 제스처가 멋있어.

1514 suggest
[səgdʒést]

동 암시하다, 제안하다
저런 제스처 아래 어떤 뜻이 숨어 있을까요?
– 아래(sug → sub)와 몸짓(gest → gesture)이
결합된 **암시하다/제안하다**(suggest)
➕ suggestion 명 암시, 제안

1515 game
[geim]

명 경기, 시합, 사냥감
아시안 **게임**, 올림픽 게임
함께익혀요 match 명 경기, 경쟁 상대, 성냥 동 조화하다
→ (권투) 타이틀매치, 빅매치, 조화롭게 매칭하기

1516 gamble
[gǽmbl]

명 도박 동 도박을 하다
갬블러 – 도박사

1517 furniture
[fə́:rnitʃər]

명 가구
아트 **퍼니처** – 예술 가구
가구(furniture) 안에 들어가서 놀면 재미있나요(funny)?

1518 fur
[fə:r]

명 모피, 털
가구(furniture)에 넣어 보관하는 **모피**(fur)

1519 furnish
[fə́:rniʃ]

동 공급하다, 갖추다
모피(fur) 제품을 **공급해**(furnish) 주세요.

1520 clumsy
[klʌ́mzi]

형 어색한, 서투른
아마추어가 드럼(drum)을 치면 아무래도 좀 **서툴겠죠**
(clumsy).

물이 새지 않는 것으로 입증된 제품을 워터프루프 제품이라고 하죠.
proof의 동사형 **prove**는 **증명하다**를 뜻합니다.

1521 **proof**
[pru:f]

명 증명, 입증
➕ prove 동 증명하다, ~으로 판명되다
함께 익혀요 roof 명 지붕 동 지붕으로 덮다 → (자동차) 선루프 –
햇빛이 들어올 수 있도록 만든 차량 천장, (건설) 루핑 공사 –
지붕 공사

1522 **disprove**
[disprú:v]

동 반증을 들다
벗어난(dis)과 증명하다(prove)가 결합하여
반증을 들다(disprove)가 됩니다.
➕ disproof 명 반박, 반증

1523 **approve**
[əprú:v]

동 찬성하다, 승인하다
우수성을 증명해(prove) 보이면 다들 적극 **찬성할**
(approve) 거예요.
➕ approval 명 찬성, 승인

1524 **improve**
[imprú:v]

동 개선하다, 향상하다, 진보하다
제품의 외관뿐만 아니라 속까지 업그레이드시키면
금상첨화겠죠?
– 안(im → in)과 증명하다(prove)가 결합된
개선하다/향상하다/진보하다(improve)

1525 **reprove**
[riprú:v]

동 비난하다, 꾸짖다
앞으로(올바르게) 증명하지 않고 뒤로(나쁜 의도로, re)
증명하는(prove) 사람에겐 **비난해야겠죠**(reprove).

1526 **probe**
[proub]

함께 익혀요
명 탐색, 탐사선 동 조사하다
그럴듯하게 증명(proof)하려면 **탐색**(probe)도 하고
조사도 해야겠죠.

1527 **barrel**
[bǽrəl]

명 통, 맥주 통, (석유) 배럴
배럴당 석유 가격

질문하고 답하는 퀴즈(quiz) 프로그램 좋아하세요?
qua, que 혹은 **qui**는 질문하다, 찾다를 뜻합니다.

1528

quest
[kwest]

몡 탐색, 찾기, 추구
que(찾다)에서 파생한 quest(**탐색/찾기/추구**)

1529

exquisite
[ikskwízit]

함께 익혀요
혱 아주 훌륭한, 절묘한
신비하고 **절묘한**(exquisite) 것을 밖에서(ex)
찾아볼까요(qui)?
함께 익혀요 **quaint** 혱 진기한

1530

inquire
[inkwáiər]

동 묻다, 조사하다
선생님께 개인적으로 **물어볼**(inquire) 때는 교무실 안에(in)
들어가서 질문하지요(qui).
➕ **inquiry** 몡 질문, 조사

1531

acquire
[əkwáiər]

동 얻다, 습득하다
찾으면(qui) **얻으리라**(acquire)

1532

acquaint
[əkwéint]

동 익히다, 숙지하다, 알리다
지식을 얻으려면(acquire) 배우고 **익혀야**(acquaint)
하지요.
➕ **acquaintance** 몡 아는 사람, 친지

1533

conquer
[káŋkər]

동 정복하다
보물섬을 다 같이(con) 찾아서(que) **정복하다**(conquer)
➕ **conquest** 몡 정복, 획득

1534

require
[rikwáiər]

동 필요로 하다, 요구하다
자신에게 필요한 것은 다시 찾게 되지요.
– 다시(re)와 찾다(qui)가 결합된 **필요로 하다**
(require)

➕ **requirement** 몡 필요, 요구 **requisite** 혱 필요한, 필수의
몡 필수품 **request** 몡 요구, 요청 동 요청하다 ➔ TV 프로그램
〈사랑의 리퀘스트〉는 불우이웃에 대한 사랑을 요청하는 방송이지요.

1535	**answer** [ǽnsər]	함께 익혀요 몡 대답 통 대답하다, 책임을 지다 question & answer(질문과 **답변**, Q&A)

1536	**germ** [dʒə:rm]	몡 세균, 미생물 점보다 작은 **세균/미생물**(germ)

1537	**glance** [glæns]	몡 힐끗 봄 통 힐끗 보다 유리(glass)로 만든 건물이라면 지나가는 사람들이 한 번씩 **힐끗 보겠죠**(glance). 함께 익혀요 **glimpse** 몡 얼핏 봄 통 힐끗 보다

1538	**guarantee** [gærəntí:]	몡 보증 통 보증하다 **개런티**할 수 있어? – 보증할 수 있어? 정품 개런티 – 정품 보증 함께 익혀요 **warrant** 몡 보증, 허가 통 보증하다 **warranty** 몡 보증서

1539	**graze** [greiz]	통 풀을 뜯어먹다, 방목하다 graze는 grass(풀)에서 파생하여 **풀을 뜯어먹다/방목하다**(graze)를 뜻합니다.

1540	**prodigal** [prɑ́digəl]	혱 낭비하는, 방탕한 명품 프라다를 입는 여자(gal → girl)라고 **낭비하는** (prodigal) 사람은 아닐 거예요. 함께 익혀요 **frugal** 혱 검소한, 알뜰한 → '낭비하는(prodigal)'과 상반된 개념의 '검소한(frugal)'

1541	**slogan** [slóugən]	몡 슬로건, 모토, 구호 선거 **슬로건**

1542	**federal** [fédərəl]	혱 연방의, 연합의 FBI(Federal Bureau of Investigation) – 미 **연방** 수사국 ➕ **federation** 몡 연합, 연맹, 협회, 조합

DAY 29

We need a radical change in the plan.

우리는 그 계획에 대한 근본적인 변경이 필요해요.

Day29.mp3

쉽게 풀어낸 어원

X-ray를 처음 발견했을 때는 무슨 빛인지 몰라서
엑스레이라고 불렀다고 하네요.
ray 또는 **radi**는 빛, 광선을 뜻합니다

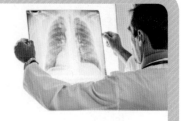

1543 **ray**
[rei]

명 광선
엑스레이
함께익혀요 radiate 동 빛나다 radiant 형 빛나는, 아주 밝은

1544 **radioactive**
[rèidiouǽktiv]

형 방사능의
방사능은 10년 이상 빛을 낼 수 있다죠.
– radi(빛)에서 파생한 radioactive(**방사능의**)

1545 **radical**
[rǽdikəl]

형 근본적인, 급진적인, 과격한
빛은 만물의 근원인가요?
– radi(빛)에서 파생한 radical(**근원적인/급진적인**)

1546 **chef**
[ʃef]

명 요리사
스타 **셰프** – 스타 요리사
함께익혀요 sheriff 명 (미국) 보안관

1547 **shelf**
[ʃelf]

명 선반
요리사(chef)가 **선반**(shelf)에서 음식 재료를 꺼내다

1548 **thief**
[θiːf]

명 도둑
요리사(chef)가 만든 맛있는 음식을 훔쳐 먹는 **도둑**(thief)
⊕ thieve 동 훔치다 theft 명 도둑질, 절도

"한 단어당 10초씩 읽어 보세요."

⏱ 목표 시간: **15분**

✓ 걸린 시간: **분**

1549

hand
[hænd]

명 손, 솜씨 통 ~을 건네주다
핸드폰 – 손으로 들고 다니는 전화(올바른 표현은 cellphone)
(스포츠) 핸드볼
➕ handcuff 명 수갑

1550

handle
[hǽndl]

명 손잡이, 핸들 통 손으로 다루다
자동차 **핸들** – 자동차 운전대 (올바른 표현은 steering wheel)

1551

hard
[ha:rd]

형 단단한, 어려운 부 열심히
(컴퓨터) **하드**웨어 – 단단한 본체
하드 – 딱딱한 아이스크림
➕ hardy 형 튼튼한, 강한

1552

hardship
[hɑ́:rdʃip]

명 고난, 역경
배(ship)를 타고 멀미를 심하게 해본 적 있으세요?
– hard(어려운)에서 파생한 hardship(**고난/역경**)
함께 익혀요 harsh 형 거친, 가혹한

1553

do
[du]

통 하다
무언가를 **하다**가 do인 건 초등학생도 알지요.
➕ undo 통 취소하다, 원상태로 돌리다 deed 명 행위
indeed 부 참으로, 진실로 → 안(in) + 행위(deed)

1554

doom
[du:m]

명 운명, 멸망 통 운명 짓다
둠스데이(Doom's day) – 운명의 날
– 콩 심은 데 콩 나듯 무엇을 하느냐(do)에 따라서
운명(doom)이 결정되죠.

쉽게 풀어낸 어원

공이 다시 튀어 오르는 것을
리바운드(rebound)라고 하죠.
re는 다시를 뜻해요.

1555

recall
[rikɔ́:l]

동 기억해내다, 철회하다, 회수하다 명 상기, 회수

자동차 **리콜**, 세탁기 리콜

1556

remind
[rimáind]

동 생각나게 하다, 상기시키다

다시(re) 정신(mind)이 들게 하는 것이
생각나게 하다/상기시키다(remind)죠.

➕ **mind** 명 정신, 마음 동 유의하다, 꺼리다 → 정신을 다스리는
마인드 컨트롤, 마인드가 중요하다

1557

recycle
[ri:sáikl]

동 재활용하다 명 재생, 재활용

리사이클 아트 센터 – 재활용 예술 센터
– 다시(re)와 순환(cycle)이 결합한 재활용하다(recycle)

➕ **cycle** 명 순환, 주기, 자전거 → 사이클 동호회

1558

refresh
[rifréʃ]

동 새롭게 하다, 원기를 돋우다

다시(re)와 신선한(fresh)이 합쳐져
새롭게 하다/원기를 돋우다(refresh)가 됩니다.

➕ **fresh** 형 신선한 동 신선하게 하다 **refreshment** 명 원기
회복, (-s) 다과, 간식 **freshman** 명 신입생

함께 익혀요 **sophomore** 명 (고등학교·대학교) 2학년생

1559

research
[risə́:rtʃ]

명 조사, 연구 동 연구하다

다시(re)와 찾다(search)가 결합하여
조사/연구/연구하다(research)가 됩니다.

➕ **search** 동 찾다, 수색하다 명 찾기, 수색 → 서치 엔진 –
검색 엔진(정보를 찾는 검색 사이트)

1560

return
[ritə́:rn]

동 돌아가다, 돌아오다 명 귀환

유럽 여행 **리턴** 티켓 – 유럽 여행 돌아오는 항공권
– 다시(re) + 돌다(turn)

➕ **turn** 동 돌다, 돌리다 명 차례 → 유턴 – U자 형태로 도는 것

1561
repair
[ripέər]

동 수리하다 명 수선
짝(pair)이 안 맞으면 다시(re) 맞도록 고쳐야겠죠?
– 다시(re)와 짝(pair)이 결합된 **수리하다/수선**(repair)

1562
war
[wɔːr]

명 전쟁
(영화) 스타**워즈**(Star Wars) – 별들의 전쟁
➕ **warrior** 명 전사, 용사 → 전설의 워리어 **warfare** 명 전쟁, 전투

1563
warn
[wɔːrn]

동 경고하다
전쟁(war)이 임박했다면 국민들에게 **경고해야죠**(warn).
➕ **warning** 명 경고

1564
beware
[biwέər]

동 조심하다
전쟁(war)이 날 수도 있으니 **조심하세요**(beware).

1565
reward
[riwɔ́ːrd]

명 상, 보수 동 보답하다
전쟁(war)이 끝난 뒤에 군인들에게 주어지는 **포상**(reward)
함께 익혀요 **award** 명 상품 동 상을 주다, 수여하다 → 아카데미
어워드 – 미국 최대의 영화상(일명 오스카상)

1566
laboratory
[lǽbərətɔ̀ːri]

명 실험실, 연구소
실험실(laboratory)을 흔히 lab–랩이라고 하지요.
함께 익혀요 **lavatory** 명 화장실, 세면소 → 실험실(laboratory)에
는 화장실(lavatory)이 없어요.

1567
labor
[léibər]

명 노력, 노동 동 일하다
과학자들은 실험실(lab)에서 열심히 **노력하죠**(labor).
➕ **collaboration** 명 협력 → 같이(col) + 노력(labor)
elaborate 동 정성들여 만들다 형 정교한

1568

high
[hai]

형 높은

하이스쿨 – 고등학교, **하이**틴 – 십대 후반

➕ height 명 높이, 키
highway 명 고속도로, 간선도로 → 하이웨이

1569

hijack
[háidʒæk]

동 공중납치 하다 명 하이잭

하이재킹 – 항공기 납치
– 하늘 높은(hi → high) 곳에서 공중납치(hijack)가
발생하죠.

1570

haughty
[hɔ́:ti]

형 거만한

높은(high) 지위에 올라갔다고 **거만한**(haughty) 모습을
보이지 맙시다.

함께 익혀요 naughty 형 행실이 나쁜, 장난꾸러기인 → 거만한
(haughty) 사람이 행실까지 나쁘다면(naughty) 꼴불견이겠죠.

1571

salt
[sɔ:lt]

명 소금

(미국 유타) **솔트** 레이크 – 소금 호수

➕ salty 형 맛이 짠 함께 익혀요 spicy 형 매운, 양념 맛이 강한
→ 스파이시하다 – 맵다, 스파이시 치킨 spice 명 양념, 향신료
sweet 형 달콤한, 향기로운 → 스위트콘(sweet corn) –
사탕옥수수 bitter 형 맛이 쓴, 쓰라린

1572

halt
[hɔ:lt]

동 서다 명 정지

(구약 성경) 소돔 성이 멸망할 때 도망가지 않고
멈춰 서서(halt) 소금(salt) 기둥이 된 롯의 아내

1573

insult
명 [ínsʌlt] 동 [insʌ́lt]

명 모욕, 무례 동 모욕하다

상대방의 옷 안(in)으로 소금(sult → salt)을 뿌린다면
모욕(insult)이겠죠.

1574

hazard
[hǽzərd]

명 위험 동 위험을 무릅쓰다

모럴 **해저드** – 도덕적 해이(위험 관리 분야에서 활용함),
(정치) 총리 해저드 – 대통령을 보좌하는 총리가 오히려
대통령에게 위험 요인이 되는 경우

함께 익혀요 moral 형 도덕적인 morale 명 사기, 의욕

쉽게 풀어낸 어원

약한 물건을 바위(rock)에 던지면 깨지겠죠?
rupt은 **rock**의 사촌뻘로 **깨지다**를 뜻합니다.

1575 rupture
[rʌ́ptʃər]

몡 파열 동 파열하다, 터지다
rupture는 rupt(깨지다)에서 파생되어 **파열**(rupture)을
뜻합니다.

1576 bankrupt
[bǽŋkrʌ̀pt]

혱 파산한 동 파산시키다
파산과 **뱅크럽시**
– 은행(bank)과의 신용이 깨지면(rupt) **파산한**
(bankrupt) 것이겠죠.
➕ bankruptcy 몡 파산

1577 interrupt
[ìntərʌ́pt]

동 가로막다, 훼방하다
데이트 하는 사이에(inter) 끼어들어 분위기를 깨면(rupt)
가로막다/훼방하다(interrupt)가 되죠.

1578 erupt
[irʌ́pt]

동 화산이 뿜어져 나오다, 분출하다, 폭발하다
화산이 폭발하면서 밖(e)으로 지각을 깨고(rupt) 용암을
분출하지요(erupt).

1579 corrupt
[kərʌ́pt]

혱 부패한, 타락한 동 타락시키다
다 같이(cor) 법을 깨면(rupt) **부패한**(corrupt) 사회
겠죠.
➕ corruption 몡 타락

1580 abrupt
[əbrʌ́pt]

혱 돌발적인, 갑작스러운
얼음이 깨질(rupt) 때는 **갑작스럽게**(abrupt) 깨지지요.

1581 salary
[sǽləri]

몡 봉급
샐러리맨 – 봉급 생활자

쉽게 풀어낸 어원

호모 에렉투스(Home Erectus)는 직립 인간,
즉 똑바로 선 인간을 뜻하죠.
rect 또는 **reg**는 **똑바로, 바른**을 뜻합니다.

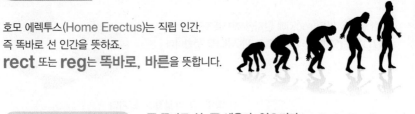

1582 **erect**
[irékt]

형 똑바로 선 동 세우다, 일으키다

1583 **direct**
[dirékt, dairékt]

동 지시하다 형 직접의, 똑바른
(배구) **다이렉트** 공격 – 상대방의 서브를 직접 공격하는 것
– 아래(di → down)에 있는 사람들에게 똑바로(rect) 하라고
말하면 **지시하다**(direct)가 되겠죠.
➕ **direction** 명 방향, 지시, 명령

1584 **correct**
[kərékt]

동 고치다, 교정하다 형 올바른
교정(矯正)이란 다 같이 바른 상태로 만드는 것이죠.
– 다 같이(cor)와 똑바로(rect)가 결합된
고치다/교정하다/올바른(correct)
➕ **incorrect** 형 틀린, 부정확한

1585 **rectangle**
[réktæŋgl]

명 직사각형
세 개(tri)의 각(angle)이 있으면 트라이앵글(triangle, 삼각형)
– rectangle은 바른(rect) 각(angle)을 갖고 있으므로
직사각형(rectangle)

1586 **regular**
[régjulər]

형 보통의, 규칙적인
레귤러 피자 – 보통 사이즈 피자

1587 **regulate**
[régjulèit]

동 규제하다, 조정하다
올바른(reg) 기준에 따라 **규제하다**(regulate)
➕ **regulation** 명 규칙, 규제

1588 **region**
[ríːdʒən]

명 지역, 행정구
올바른(reg) 기준에 따라 나누어진 **행정구**(region)

1589 reign
[rein]

동 지배하다, 통치하다 명 통치

통치(reign)는 바르게(rei → reg) 해야 해요.

함께 익혀요 **sovereign** 명 통치자, 군주 형 주권을 갖는, 자치의 →
위(sover→super) + 통치(reign) **regime** 명 정권, 체제

1590 boom
[bu:m]

명 붐, 호황, 갑작스런 인기

출생률이 급상승했던 시기를 뜻하는 베이비**붐**.

1591 boost
[bu:st]

동 증가하다, 돋우다 명 상승

베이비붐(boom) 이후의 인구 **증가**(boost)

1592 orientation
[ɔ̀:riəntéiʃən]

명 방향 결정, 안내

신입생 **오리엔테이션**, 신입사원 오리엔테이션
– orient(동쪽 하늘)에서 유래한 orientation(방향결정/안내)

1593 stock
[stak]

명 주식, 재고품, 가축, 저장 동 저장하다

스톡 마켓 – 주식 시장
치킨 스톡 – 닭고기 육수(이때의 stock은 '육수'라는 뜻)

함께 익혀요 **stack** 명 더미, 쌓음 동 쌓다, 쌓이다 → 재고 물품(stock)
을 높게 쌓으세요(stack).

1594 pour
[pɔ:r]

동 퍼붓다, 쏟다

비가 여러 시간(hour) 동안 **퍼부어서**(pour) 홍수가 났어요.

1595 heathen
[hí:ðən]

명 이교도, 이방인

열(heat) 받은 암탉(hen)이 **이교도**(heathen)인가요?
이런 식으로 종교적 신념이 다른 사람을 비하하면 안 되죠.

1596 government
[gʌ́vərnmənt]

명 정부, 정치

거번먼트 3.0 – 정부 3.0(공공정보를 개방·공유하고 부처 간
소통·협력을 위해 노력하는 새로운 정부 운영의 패러다임)

➕ **govern** 동 통치하다, 다스리다, 관리하다

DAY 30

Many people still live in poverty.

많은 사람들이 여전히 빈곤하게 살아요.

 Day30.mp3

쉽게 풀어낸 어원

호모 사피엔스(Homo Sapiens)는
'생각하는 사람'을 말하죠.
sci는 **알다**를 뜻합니다.

1597

conscious
[kάnʃəs]

형 알고 있는, 의식적인

사람이 정신 활동을 하면 천억 개가 되는 뇌세포들도 같이
움직이죠.
– 같이(con)와 알다(sci)가 결합되어
알고 있는/의식적인(conscious)이 됩니다.

➕ **unconscious** 형 알지 못하는, 무의식의 **subconscious**
형 잠재의식의 → '아래'를 뜻하는 sub→subway 연상

1598

conscience
[kάnʃəns]

명 양심, 도덕심

양심(conscience)은 따로 배우지 않아도 다 같이(con)
알고(sci) 있는 것이지요.

➕ **conscientious** 형 양심적인

1599

tutor
[tjú:tər]

명 가정교사, 개인교사

튜터 모집 – 개인교사 모집, 튜터링 – 1:1 교수

1600

tuition
[tju:íʃən]

명 수업, 수업료

가정교사(tutor)에게 받는 **수업**(tuition)

1601

intuition
[intju:íʃən]

명 직관, 통찰력

직관은 수업으로 배우는 것이 아니라 타고나는 것
– 부정의 의미(in)와 수업(tuition)이 결합된
직관/통찰력(intuition)

➕ **intuitive** 형 직관에 의한

1602	**poor** [puər]	형 가난한, 불쌍한, 서투른 (경제 상식) 하우스 **푸어** – 집 가진 가난한 사람(무리한 대출로 인한 이자 부담 때문에 빈곤하게 사는 사람들)
1603	**poverty** [pávərti]	명 가난, 빈곤 poverty는 poor(가난한)에서 파생하여 **가난/빈곤**(poverty)을 뜻합니다. ➕ impoverish 동 가난하게 하다, 쇠약하게 하다

1604	**imperial** [impíəriəl]	형 제국의, 황제의 **임페리얼** 팰리스 – 황궁 ➕ empire 명 제국, 왕국 → 뉴욕의 황제로 불리는 엠파이어 스테이트 빌딩
1605	**imperative** [impérətiv]	형 반드시 해야 하는, 긴요한 황제의(imperial) 지시를 받은 일은 **반드시 해야 하는**(imperative) 일이죠.

1606	**hockey** [háki]	명 하키 아이스**하키**, 하키 경기
1607	**hobby** [hábi]	명 취미 하키(hockey)가 **취미**(hobby)세요? 하비 페스티벌 – 취미를 즐기는 사람들의 축제

향기(scent)는 위로 올라가며 퍼지죠.
scent의 사촌뻘인 **scend**는 **오르다**를 뜻합니다.

1608 scent
[sent]

함께 익혀요
명 향기, 냄새 동 냄새 맡다

플라워 **센트** – 꽃향기

1609 ascend
[əsénd]

동 오르다, 올라가다

가파른 산을 오를 때는 한 걸음씩 오르시오.
– 한(a) 걸음과 오르다(scend)가 합쳐진
오르다/올라가다(ascend)

➕ ascent 명 상승, 오르막 ascendant 명 선조, 조상 →
내 위로 아버지, 그 위로 할아버지, 이런 식으로 계속 올라가면
(scend) 모든 조상(ascendant)과 이어지게 돼요.

1610 descend
[disénd]

동 내려가다, 유전되다, ~의 자손이다

아래(de)와 오르다(scend)가 결합하여 **내려가다/
유전되다/~의 자손이다**(descend)가 됩니다.

➕ descendant 명 자손, 혈통

1611 property
[prápərti]

명 재산, 소유권

poverty(가난)와 property(**재산**)는 모양은 유사하지만
완전히 상반된 의미를 가지죠.

1612 proper
[prápər]

형 적절한, 알맞은

재산(property)은 얼마나 있어야 **적절할까요**(proper)?

➕ improper 형 부적당한 → 부정의 의미 im
propriety 명 적당, 예의바름 appropriate 형 적당한

1613 prosperity
[praspérəti]

명 번영

재산(property)이 많으면 **번영**(prosperity)을 구가
하겠죠.

➕ prosper 동 번영하다 prosperous 형 번영한, 번창한

1614	**holiday** [hάlədèi]	몡 휴일 해피 **홀리데이**! – 행복한 휴일 보내세요!
1615	**holy** [hóuli]	톙 신성한, 경건한 휴일(holiday)은 원래 신을 경배하는 **신성한**(holy) 날이었는데 나중에 휴일이 되었대죠.

1616	**step** [step]	몡 스텝, 걸음, 단계 톰 발을 내딛다 **스텝**이 꼬였어. – 걸음이 꼬였어. 백스텝 – 뒷걸음
1617	**steep** [sti:p]	톙 험한, 가파른 몡 가파른 비탈 발을 내딛기(step) 힘들 정도로 **가파른 비탈**(steep)

1618	**hide** [haid]	톰 숨다, 숨기다(-hid-hidden) **숨바꼭질**(hide-and-seek) 히든카드 – 숨어 있는 카드
1619	**hideous** [hídiəs]	톙 무서운, 소름 끼치는 **무서운**(hideous) 도깨비를 만나면 뒤로 숨겠죠(hide).

1620	**reply** [riplái]	톰 대답하다 몡 응답 인터넷 댓글을 뜻하는 리플은 **리플라이**(reply)의 줄임말 이죠.
1621	**imply** [implái]	톰 의미하다, 암시하다 그녀의 황당한 대답(reply)은 무엇을 **의미하나요** (imply)? ➕ implication 몡 암시, 함축

쉽게 풀어낸 어원

세안을 할 때 스크럽(scrub)을 하고 나면 개운하죠.
scr는 긁다를 뜻합니다.

1622 **scrape**
[skreip]

圄 긁다

미국 플로리다 올랜도에 있는 세계 최고의 롤러코스터 스카이
스크레이퍼는 진짜 하늘을 긁을(scr) 수 있을까요?

⊕ **skyscraper** 圆 마천루, 고층 건물 → 하늘(sky)을 긁는(scr)
빌딩 – 표현이 재밌죠?

1623 **scratch**
[skrætʃ]

圄 긁다, 할퀴다 圆 긁은 자국

긁어서(scr) 그림을 그리는 **스크래치**북
스크래치 가구 할인 매장 – 긁힌 가구 할인 매장

함께 익혀요 **itch** 圆 가려움 圄 가려움을 일으키다 → 1 inch
(= 2.54센티미터)가 가려운가요(itch)? **itchy** 圈 가려운

1624 **steady**
[stédi]

圈 꾸준한, 한결같은

스테디셀러 – 꾸준한 판매가 이루어지는 책

1625 **steadfast**
[stédfæ̀st]

圈 부동의, 불변의, 확고한

마라톤 선수가 꾸준한(steady) 지구력에 빠르기까지(fast)
하면 **부동의**(steadfast) 1등이겠죠.

1626 **invest**
[invést]

圄 투자하다

최고의(best) 것에 **투자하다**(invest)

1627 **investigate**
[invéstəgèit]

圄 조사하다, 수사하다

투자한(invest) 자금에 비리가 있으면 **조사해야죠**
(investigate).

1628 hunt
[hʌnt]

명 사냥 통 사냥하다, 찾다
헤드 **헌팅** – 동물을 사냥하듯이 고급인력을 스카우트 하는
것으로, 원시 부족이 상대 부족의 머리를 잘라오는 것에서
유래한 말

함께 익혀요 **haunt** 통 ~에 자주 가다, 출몰하다, (유령 등이) 자주
나오다 → 사냥꾼(hunter)은 사냥터에 자주 가겠죠(haunt).

1629 want
[wɔ:nt]

통 원하다, 필요로 하다, 부족하다 명 부족
부족한(want) 게 있으면 사냥(hunt)을 떠나야죠.

1630 pant
[pænt]

통 갈망하다, 헐떡이다
pant(**갈망하다**)와 want(원하다)는 의미와 모양이
유사하네요.

1631 toxic
[táksik]

형 독성의, 유독한
간 해독에 좋은 **디톡스** 주스
➕ detox 명 해독 통 해독하다

1632 intoxicate
[intáksikèit]

통 취하게 하다
독성이 강한(toxic) 술(독한 술)은 금방 **취하게 하죠**
(intoxicate).

1633 index
[índeks]

명 목록, 색인, 지수
(주식 용어) **인덱스** 펀드 – 특정 주가 지수에 기초한 투자
펀드

1634 occupy
[ákjupài]

통 점령하다, 차지하다
우승컵(cup)을 **차지하다**(occupy)
➕ occupation 명 점령, 점유, 직업 preoccupy 통 먼
저 차지하다, 마음을 빼앗다 → 미리(pre) + 차지하다(occupy)
preoccupation 명 몰두, 선취

1635 ideal
[aidí:əl]

명 관념, 이상 형 이상적인
생각(idea)이 깊어지면 **관념**(ideal)이 되나요?
➕ idealist 명 이상주의자, 몽상가

편지를 다 쓴 후에 덧붙여 쓰는 글이 postscript(추신, P. S.)죠.
script의 **scri**는 쓰다를 뜻해요.

P.S. I love you.

1636 **script**
[skript]

몡 원본, 대본
영화감독은 **스크립트**(대본)를 바탕으로 영화를 찍어요.

1637 **describe**
[diskráib]

통 묘사하다, 표현하다
아래(de)와 쓰다(scri)가 결합되어
묘사하다/표현하다(describe)가 됩니다.
➕ description 몡 묘사, 설명서

1638 **prescribe**
[priskráib]

통 처방하다, 규정하다
의약분업 시대! 약국에 가기 전에 의사의 처방전을 미리
받아야지요.
– 미리(pre)와 쓰다(scri)가 결합된
처방하다/규정하다(prescribe)
➕ prescription 몡 처방, 규정

1639 **subscribe**
[səbskráib]

통 서명하다, 구독하다, 기부하다
잡지를 정기구독 하게 되면 계약서 제일 아래에 서명을 하죠.
– 아래(sub)와 쓰다(scribe)가 합쳐진 **서명하다/구독
하다/기부하다**(subscribe)

1640 **inscribe**
[inskráib]

통 새기다, 파다
묘지에 가보면 비석 안쪽으로 망자(亡者, the dead
person)에 대한 내력이 새겨져 있어요.
– 안(in)과 쓰다(scribe)가 결합된 **새기다/파다**
(inscribe)

1641 **ascribe**
[əskráib]

통 ～의 탓으로 돌리다
죄수들은 모두 무죄를 주장하며 한 가지씩 핑계를 대지요.
– 한 가지(a)와 변명을 쓰다(scribe)가 합쳐진
～의 탓으로 돌리다(ascribe)

1642 Scripture
[skríptʃər]

몡 성경, 성서

Scripture는 신의 계시를 받아 써(scr) 놓은 **성경/성서**(Scripture)를 뜻합니다.

★잠깐 상식 마틴 루터의 종교개혁 슬로건, '솔라 스크립투라
  – 오직 성경으로'

1643 limp
[limp]

동 다리를 절다

림프선의 혹과 **다리를 저는**(limp) 것은 상관없다고 해요.

1644 initial
[iníʃəl]

혱 처음의 몡 머리글자, 이니셜

ROK – 대한민국(Republic of Korea)의 영문 **이니셜**
이니셜 커플링

➕ initiate 동 시작하다

1645 initiative
[iníʃiətiv]

몡 개시, 선도, 진취적 기상

이니셔티브 – 선도적 위치에서 이끌거나 지도할 수 있는
권리, 통일과 유라시아 이니셔티브

1646 intimate
[íntəmət]

혱 친밀한

친구(mate)라면 **친밀한**(intimate) 사이겠죠.

➕ intimacy 몡 친밀함 함께 익혀요 mate 몡 동료, 친구, 짝, 부부
의 한쪽 → 룸메이트

1647 zealous
[zéləs]

혱 열광적인, 열심인

뉴질랜드(New Zealand) 사람들은 **열광적인**(zealous)
사람들인가요?

➕ zeal 몡 열심

1648 scan
[skæn]

동 자세히 조사하다, 살피다

스캐너(scanner) – 컴퓨터에 화상을 읽어 들이는 장치
스캔하는 방법

함께 익혀요 scant 혱 부족한 → 스캔(scan)을 많이 하면 종이가
부족하겠죠(scant).

1649 irony
[áiərəni]

몡 아이러니, 반어법, 비꼼, 풍자

아이러니하다, 역사의 아이러니

DAY 31

Smoking is forbidden in public places.

공공장소에서는 흡연을 금합니다.

Day31.mp3

1650 **jeans**
[dʒiːnz]

명 진, 진바지

블루**진**(blue jeans) – 청색 진바지(청바지)

함께익혀요 **lean** 동 몸을 구부리다, 기대다 형 여윈 → 진바지(jeans)를 입고 몸을 구부려보세요(lean).

1651 **jealous**
[dʒéləs]

형 질투하는

진바지(jeans)를 입은 저 사람은 **질투할**(jealous) 만큼 멋지네요.

➕ **jealousy** 명 질투

1652 **vest**
[vest]

명 조끼, 속옷

라이프 **베스트**(life vest) – 구명조끼

1653 **vessel**
[vésəl]

명 선박, 대형 배, 그릇

구명조끼(life vest)를 입고 **배**(vessel)를 타다

1654 **kidnap**
[kídnæp]

명 유괴, 납치 동 납치하다

아이(kid)를 **납치하는**(kidnap) 유괴범

➕ **kid** 명 아이 동 놀리다

1655 **bid**
[bid]

동 명령하다, 말하다, 입찰에 응하다
(-bid-bid / -bade-bidden) 명 경매

부모가 아이(kid)에게 **명령하기도**(bid) 하죠.

1656 **forbid**
[fərbíd]

동 금지하다

명령해도(bid) 듣지 않으면 잘못된 행동을 **금지해야죠**(forbid).

"한 단어당 10초씩 읽어 보세요."

 목표 시간: 15분

 걸린 시간: 분

쉽게 풀어낸 어원

맨날 1등 뒤만 따라가는 세컨드(두 번째의).
second의 **sec** 또는 **sequ**는
따라가다를 뜻합니다.

1657
sequence
[síːkwəns]

명 연속, 순서

줄줄이 따라가면(sequ) **연속**(sequence)이 되겠군요.

➕ **consecutive** 형 연속적인, 일관된 → 함께(con) +
따라가다(secu)

1658
subsequent
[sʌ́bsikwənt]

형 뒤따르는

인솔자 아래(sub → subway 연상)로 따라가면(sequ)
뒤따르는(subsequent) 사람이죠.

1659
consequence
[kánsəkwèns]

명 결과, 중요성

콩 심은 데 콩 나는 법
– 원인과 함께(con) 따라오는(sequ) **결과**
(consequence)

➕ **consequent** 형 결과로서 생겨나는, 결과의

1660
prosecution
[prὰsikjúːʃən]

명 기소, 고발

러시아 문호 도스토옙스키의 《죄와 벌》
– 검찰의 **기소**(prosecution)는 앞서(pro) 저지른
범죄를 따라가지요(secu).

1661
persecute
[pə́ːrsikjùːt]

동 박해하다, 압박하다

스토커가 적당히 따라다니면 상관없지만 완전히(끝까지,
per → perfect 연상) 따라다니면(secu) 상대방을
박해하는(persecute) 것과 다름없죠.

★잠깐 상식 땅끝까지 따라오는 로마의 박해자를 피해 땅속으로
피신했던 초기 크리스천들의 '카타콤의 순교자' 이야기를 들어
보셨나요?

쉽게 풀어낸 어원

지면을 나누어서 분야별로 기사를 싣는 섹션(section) 신문
se 또는 **sect**는 나누다, 자르다를 뜻합니다.

1662 **section**
[sékʃən]

명 구역, 부(部), 자르기
카드 **섹션** – 구역을 나누어 색색의 카드로 글씨나 그림을
만들어 보이는 것
➕ sector 명 분야, 지역

1663 **secretary**
[sékrətèri]

명 비서, 장관
마담 **세크리터리** – 여성 장관
– 사장의 비밀(secret) 업무까지 취급하는 사람이 비서
(secretary)죠.

1664 **sever**
[sévər]

동 자르다
세브란스(Severance) 병원 외과수술이 세계 최고인가요?
병원 이름에 잘 **자른다**(sever)고 쓰여 있네요.

1665 **severe**
[sivíər]

형 심한, 엄격한
자르는 데에는 격렬한 고통이 따르는 법
– severe는 se(자르다)에서 파생하여 **심한/엄격한**
(severe)을 뜻합니다.

1666 **persevere**
[pə̀:rsəvíər]

동 인내하다, 견디어내다
커다란 통나무를 완전히(per → perfect 연상) 자르는(se)
데는 **인내**(persevere)가 필요해요.
➕ perseverance 명 인내

1667 **several**
[sévərəl]

형 몇몇의, 여러 가지의
귤을 자르면 여러 조각이 되죠.
– several은 se(자르다)에서 유래하여 **몇몇의**(several)
를 뜻합니다.

1668 **segment**
명 [ségmənt] 동 [ségmənt]

명 구획, 부분 동 분할하다
segment 역시 se(자르다)에서 파생하여 **구획**
(segment)을 뜻합니다.

1669 separate
동 [sépərèit] 형 [sépərət]

동 떼어놓다 형 분리된

(스피드 스케이팅) **세퍼레이트** 경기 – 빙상 경기는 위험하기 때문에 선수별로 나누어진(se) 코스를 달리는 경기 방식이 많답니다.

➕ separation 명 분리

1670 intersection
[intərsékʃən]

명 교차로, 네거리

강남역 **인터섹션**

– 길과 길이 서로(inter → 서로 바라보는 interview 연상) 나누어지는(sect) **교차로/네거리**(intersection)

1671 light
[lait]

명 빛 형 가벼운 동 불을 붙이다

헤드**라이트** – 자동차 앞부분에 빛을 비추는 장치
담배 **라이터** – 불을 붙이는 도구
(권투) **라이트** 플라이급 – 날아갈 듯이 가벼운 체급

➕ enlighten 동 계몽하다, 교화하다

1672 slight
[slait]

형 적은, 하찮은

가벼운(light) 것이 양도 **적을까요**(slight)?

1673 delight
[diláit]

동 즐겁게 하다 명 즐거움

밝은 불빛 아래 사람들이 즐겁게 웃고 떠드네요.
– 아래(de)와 빛(light)이 결합된
즐겁게 하다/즐거움(delight)

1674 bright
[brait]

형 밝은, 영리한 부 환히

bright(**밝은/영리한**)는 light(빛)의 유사어예요.

[함께 익혀요] brilliant 형 찬란한, 훌륭한

1675 mold
[mould]

명 틀, 주형 동 ~을 형성하다

녹인 초콜릿을 **몰드**에 부어 굳혀 모양을 만들면 수제 초콜릿이 완성되지요.

1676 wheat
[hwiːt]

명 밀

밀(wheat)과 고기(meat)

쉽게 풀어낸 어원

'난센스 퀴즈', '센스 있다'에서
sense의 **sen**은 **느끼다**를 뜻합니다.

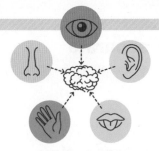

1677
sensor
[sénsər]

명 감지기

센서가 나갔어요. – 감지기가 고장 났어요.

[함께 익혀요] **censure** 명 비난 동 비난하다 → 도둑질하다가 감지기(sensor)에 걸려 들통이 나면 사람들이 비난하겠죠censure). **censorship** 명 검열

1678
sensation
[senséiʃən]

명 돌풍, 대사건, 센세이션

센세이션을 일으키다 – 열풍을 일으키다

1679
sensible
[sénsəbl]

형 현명한, 분별력이 있는

올바른 방향으로 느낄(sen) 수 있다면(ible)
분별력이 있는(sensible) 사람이겠죠.

1680
sensitive
[sénsətiv]

형 민감한, 감수성이 강한

감정을 잘 느끼는(sen) 사람은
민감한/감수성이 강한(sensitive) 사람이죠.
– sensi**tive**한 사람은 TV만 봐도 눈물을 흘리곤 해요.

1681
sentimental
[sèntəméntl]

형 감정적인, 감상적인

너무 **센티멘털**하다 – 너무 감상적이다
– 느끼다(sen)와 정신의(mental)가 결합된
감정적인/감상적인(sentimental)

➍ **sentiment** 명 감정, 정서

1682
assent
[əsént]

동 동의하다, 찬성하다

모두가 하나(a)로 느끼는(sen) 것이 **동의하는**(assent)
것이죠.

➍ **dissent** 동 의견을 달리하다 명 불찬성 → 벗어난(dis) + 느끼다(sen)

1683
consent
[kənsént]

동 동의하다, 승낙하다 명 동의, 승낙

상대방과 같이(con) 느끼는(sen) 것이 **동의하는**
(consent) 것이죠.

1684 resent
[rizént]

동 분개하다, 분노하다
화가 치밀면 역(逆)감정을 느끼죠.
- 뒤(re)와 느끼다(sen)가 결합된
분개하다/분노하다(resent)
⊕ resentment 명 분개, 분노

1685 cattle
[kǽtl]

명 (집합적) 소, 가축
고양이(cat) 과의 **가축**(cattle)은 무엇인가요?

1686 kettle
[kétl]

명 주전자, 솥
케틀벨 – 주전자 모양의 운동기구

1687 mannequin
[mǽnəkin]

명 마네킹, 인체 모형
사람처럼 생긴 **마네킹**
함께 익혀요 akin 형 혈족의, 동류의, 유사한

1688 mankind
❶[mæ̀nkáind] ❷[mǽnkàind]

명 ❶인간, 인류 ❷남성
⊕ man 명 남자, 인간 → 슈퍼맨, 카메라맨

1689 monster
[mɑ́nstər]

명 몬스터, 괴물
포켓 **몬스터** – 주머니 속의 괴물
⊕ monstrous 형 기괴한

1690 summon
[sʌ́mən]

동 소환하다
괴물(monster)을 **소환하다**(summon)

1691 fight
[fait]

동 싸우다

(격투기) **파이트** 머니 – 선수가 경기의 대가로 받는 돈, 대전료(참고로 '화이팅 – 힘내'라는 표현은 잘못된 표현이며 'Cheer up – 치어업'이 올바른 표현입니다.)

함께 익혀요 **despite** 전 ~에도 불구하고 → 이렇게(dis→this) 싸웠음에도(pite→fight) 불구하고 **in spite of** 전 ~에도 불구하고

1692 fright
[frait]

명 놀람, 공포

주변에서 누군가 싸우면 몹시 놀라겠죠.
– fright는 fight(싸우다)에서 파생하여 **놀람/공포(fright)**를 뜻합니다.

➕ **frightful** 형 무서운, 소름끼치는, 기괴한 **frighten** 동 놀라게 하다

1693 might
[mait]

명 힘

싸우려면(fight) **힘(might)**이 필요하죠.

➕ **mighty** 형 힘센

1694 life
[laif]

명 생명, 목숨

라이프 재킷 – 목숨을 구하는 조끼(구명조끼)

➕ **livelihood** 명 생계, 살림

1695 relieve
[rilíːv]

동 구제하다, 완화하다, 안도시키다

죽어가는 사람을 다시(re) 살도록(lieve → live)
구제하다(relieve)

➕ **relief** 명 구제, 경감, 안심

1696 leave
[liːv]

동 떠나다(-left-left) 명 휴가

살다보면(live) 여행을 **떠나고(leave)** 싶을 때도 있지요.

➕ **leftover** 명 나머지 형 나머지의, 먹다 남은 함께 익혀요 **rib** 명 갈빗살, 갈빗대 → 휴가(leave)를 떠나서 갈비(rib)를 먹다

1697 joint
[dʒɔint]

명 관절, 이음매 형 공동의

조인트 벤처(joint venture)
– 어떤 사업을 공동으로 수행하는 합작회사

쉽게 풀어낸 어원

축구 용어 중 '리저브팀'이라고 아세요?
1군 팀을 지키기 위한 예비전력팀, 즉 2군 팀을 가리키죠.
이처럼 **serv**에는 **지키다, 보존하다**라는 의미가 있어요.

1698
conserve
[kənsə́:rv]

동 보존하다, 유지하다

우리 강산을 다 같이(con) 푸르게 지키면(serv) **보존할**
(conserve) 수 있겠죠.

➕ **conservative** 형 보수적인

1699
preserve
[prizə́:rv]

동 지키다, 유지하다

미리(pre)부터 지키면(serv) 완벽하게 **유지할**(preserve)
수 있어요.

➕ **preservative** 형 보존의 명 방부제

1700
reserve
[rizə́:rv]

동 저축하다, 남겨두다, 예약하다

리저브 와인 – (뒤에 남겨놓은) 숙성된 와인
– 뒤(re)와 지키다(serv)가 결합된
저축하다/남겨두다/예약하다(reserve)

➕ **reservation** 명 예약 **reservoir** 명 저수지, 저장소 →
강 뒤쪽(re)에서 물을 보존하는(serv) 저수지(reservoir)

1701
deserve
[dizə́:rv]

동 ~할 만하다, ~을 받을 만하다

대한민국 제일 아래에(de) 있는 마라도를 지키는(serv)
이유는 소중하게 지킬 **만한**(deserve) 우리 영토이기 때문
이지요.

1702
observe
[əbzə́:rv]

동 관찰하다, 보다, 준수하다

(시사 용어) **옵저버**(observer) – 관찰자
– 옵저버는 소중한 것을 지키기(serv) 위해 두 눈을
부릅뜨고 관찰하죠(observe).

➕ **observation** 명 관찰 **observance** 명 준수

1703
bump
[bʌmp]

명 충돌 동 충돌하다

(놀이 공원) **범퍼**카 – 다른 차와 충돌하며 즐기는 차
자동차 범퍼 – 자동차의 충돌 시 충격을 흡수하는 장치

DAY 32

He is deliberate in his actions.

그는 신중하게 행동해요.

1704 liberty
[líbərti]

명 자유, 해방, 방종

뉴욕 **리버티** 섬에 있는 자유의 여신상
(축구) 리베로(libero) – 포지션이 자유로운 선수

➕ **liberal** 형 자유주의의, 진보적인, 방탕한

1705 deliberate
형 [dilíbərət] 동 [dilíbərèit]

형 신중한, 꼼꼼한, 의도적인 동 숙고하다

진보적인(liberal) 삶을 살고 싶으세요, 아니면 **신중한**
(deliberate) 삶을 살고 싶으세요?

➕ **deliberately** 부 고의적으로, 신중히

1706 mystery
[místəri]

명 신비, 불가사의

미스터리하다 – 신비하다, 미스터리한 사람

1707 myth
[miθ]

명 신화(= mythology)

신비(mystery)에 기초한 **신화**(myth)

➕ **mythical** 형 신화의, 가공의

1708 leaf
[li:f]

명 잎(복수형 leaves)

(광고) **리플릿** – 작은 잎사귀처럼 제작된 홍보 인쇄물
연주회 리플릿, 리프 티(leaf tea) – 잎 채로 우려내는 차

함께 익혀요 **brochure** 명 소책자, 브로슈어 → 브로슈어 제작
pamphlet 명 소책자, 팸플릿

1709 leap
[li:p]

동 도약하다, 뛰어오르다

떨어지는 것이 있으면 뛰어오르는 것도 있겠죠.
– 떨어지는 잎(leaf)과 상반된 개념인
뛰어오르다/도약하다(leap).

함께 익혀요 **reap** 동 베다, 수확하다 → 수확할(reap) 때는 r 모양의
낫을 사용하지요.

"한 단어당 10초씩 읽어 보세요."

 목표 시간: 15분

 걸린 시간: 분

쉽게 풀어낸 어원

아기를 돌보는 베이비시터(babysitter)는
앉아서 아기를 돌보나요?
sit 또는 **sid**는 앉다를 뜻합니다.

1710 **sit**
[sit]

图 앉다, 위치하다

[함께 익혀요] **situation** 图 상황, 상태, 위치 → 황당한 시추에이션이야.
시추에이션 코미디 – 동일한 무대/등장인물이지만 매회 이야기가 다
른 방송 코미디로, 줄여서 '시트콤(sitcom)'이라고 하죠.

1711 **president**
[prézədənt]

图 대통령, 회장

(미국) 워싱턴 & 링컨 대통령의 업적을 기리는
프레지던트 데이
– 앞에(pre)와 앉다(sid)가 연계되면 어딜 가나 제일
앞에 앉는 **대통령/회장**(president)이 됩니다.

➕ **preside** 图 사회를 보다, 주재하다

1712 **resident**
[rézədənt]

图 주민, 전공의, 레지던트

뒤에(re) 편안하게 앉아(sid) 있는 **주민**(resident)
– 병원에서 숙식하며 거의 24시간(?) 환자를 돌보기 때문에
전공의를 레지던트라고 부르죠.

➕ **reside** 图 살다, 거주하다

1713 **lade**
[leid]

图 싣다(-laded-laden)
꽃가마에 숙녀(lady)를 **싣다**(lade)

1714 **garment**
[gάːrmənt]

图 의복, 의류
나이트 가운(gown, 잠옷)도 **의복**(garment)이지요.

1715 **dead**
[ded]

형 죽은, 마비된

데드 라인 – 넘어서면 죽게 되는 선(마감시한, 최종 기한)
(야구) 데드볼 – 투수가 던진 공이 타자에게 맞으면
죽은 공으로 인정되어 타자가 1루로 진출하게 됨

함께 익혀요 dread 동 두려워하다 명 공포, 불안 dreadful
형 무서운, 무시무시한, 끔찍한 → 죽은(dead) 시체는
무섭겠죠(dreadful).

1716 **deaf**
[def]

형 귀먹은, 무관심한

죽은(dead) 사람은 귀먹은(deaf) 상태이죠.

1717 **debt**
[det]

명 빚, 채무

죽은(dead) 사람까지 따라다닌다는 무시무시한
빚/채무(debt)

➕ indebted 형 부채가 있는, 은혜를 입고 있는

1718 **loan**
[loun]

명 대출금, 빌려주기 동 빌려주다

카드론, 햇살론, 무지개론은 모두 대출 상품을 의미하죠.

1719 **moan**
[moun]

동 신음하다

대출금(loan)을 많이 빌리면 갚느라 힘들어 신음(moan)
소리 좀 나겠죠.

함께 익혀요 mourn 동 슬퍼하다

1720 **bread**
[bred]

명 빵

할리우드 브레드 피트를 우스갯소리로 빵발이 형 또는 오빠
라고 하죠.

1721 **breath**
[breθ]

명 숨, 호흡, 생기

쉬지 않고 빵(bread)을 먹었으면 잠깐 숨(breath)을
쉬어야겠죠? 헉헉~

➕ breathtaking 형 숨을 조이는, 아슬아슬한

쉽게 풀어낸 어원

사인펜, 네온사인에서 sign은
표시, 사인을 뜻합니다.

1722 **design**
[dizáin]

몡 디자인, 설계 통 설계하다, 계획하다

인테리어 **디자인**

➕ **designate** 통 지시하다, 가리키다 → 오늘은 건물 디자인
(design)에 대하여 지시할게요(designate).

1723 **significant**
[signífikənt]

혱 중요한, 의미 있는

사장님이 사인(sign)한 **중요한**(significant) 서류

➕ **significance** 몡 중요성, 의의 **signify** 통 중요하다,
~을 뜻하다

1724 **assign**
[əsáin]

통 할당하다, 지정하다

오늘의 업무를 하나(a)씩 표시(sign)해서
할당하겠습니다(assign).

➕ **assignment** 몡 할당, 숙제

1725 **resign**
[rizáin]

통 사임하다, 포기하다

입사할 때는 연봉 계약서에 사인을 하고, 퇴사할 때는
퇴직금을 받으려고 다시 사인하지요.
– 다시(re)와 사인(sign)이 결합된
사임하다/포기하다(resign)

1726 **royal**
[rɔ́iəl]

혱 왕의, 왕조의, 위엄 있는

여왕벌이 먹는다는 **로열**젤리, 로열 패밀리

➕ **royalty** 몡 왕위, 왕족

1727 **loyal**
[lɔ́iəl]

혱 충성스러운, 성실한

왕의(royal) 신하라면 **충성스러운**(loyal) 모습을 보여야죠.

➕ **loyalty** 몡 충성, 로열티

쉽게 풀어낸 어원

시뮬레이션(simulation)은 실제와 똑같은
형태의 모의실험이죠. **sim** 또는 **sem**은 **같은**을 뜻합니다.

1728 **simulation**
[siumjuléiʃən]

명 모의실험, 흉내
컴퓨터 **시뮬레이션** – 컴퓨터 모의실험
⊕ simulate 동 흉내 내다

1729 **similar**
[símələr]

형 비슷한, 유사한
sim(같은)에서 파생한 similar(**비슷한**)
⊕ assimilate 동 동화하다 → 같을 동(同)

1730 **simultaneous**
[sàiməltéiniəs]

형 동시에 일어나는
같은(sim) 시간(tane → time)에 벌어지는 일을
동시적(simultaneous)이라고 하죠.

1731 **simple**
[símpl]

형 단순한, 심플한
심플한 인테리어 – 단순한 인테리어, 심플한 디자인
⊕ simplicity 명 간단, 단순

1732 **single**
[síŋgl]

함께 익혀요
형 유일한, 단 하나의, 독신의
싱글베드 – 1인용 침대, 싱글족
⊕ singular 형 단수의, 이상한

1733 **assemble**
[əsémbl]

동 모이다, 조립하다
유유상종(類類相從)
– 취미가 같은(sem) 사람끼리 **모이는**(assemble) 법이죠.

1734 **resemble**
[rizémbl]

동 닮다
다시(re) 봐도 똑같으면(sem) **닮은**(resemble) 것이죠.

1735 **idle**
[áidl]

형 게으른 동 빈둥거리며 보내다
아이들은 게임도 하고 만화책도 보면서
빈둥거리며 보낼(idle) 때가 많죠.

1736
lot
[lat]

명 구역, 몫, 운명, 많음

파킹랏(parking lot) – 주차장(주차 구역)

➕ lottery 명 복권 뽑기, 추첨 → 로또 복권

1737
allot
[əlát]

동 할당하다, 분배하다

각자의 몫(lot)을 정확하게 **할당하다**(allot)

함께 익혀요 alert 동 경계하다 명 경계 형 방심하지 않는, 빈틈없는
→ 많이(a lot) 가진 사람은 도둑을 경계해야겠죠(alert).

1738
shark
[ʃɑːrk]

명 상어

샥스핀(shark's fin) – 상어 지느러미 요리

함께 익혀요 lurk 동 숨어 있다 → 바다에는 상어(shark)가 숨어
있어요(lurk).

1739
sharp
[ʃɑːrp]

형 날카로운, 급격한

샤프하다 – 날카롭다

샤프심 – 샤프에 들어가는 날카로운 심

1740
loaf
[louf]

명 (빵) 덩어리

빵 덩어리(loaf)에 곰팡이가 생기지 않게
로프(rope, 밧줄)에 매달아 보관할까요?

1741
lofty
[lɔ́ːfti]

형 우뚝 솟은, 매우 높은, 숭고한

매우 **높은**(lofty) 곳을 올라갈 때는 로프(rope)가 필요하지요.

1742
nap
[næp]

명 낮잠 동 잠깐 졸다, 낚아채다

낮잠(nap)을 자다가 침을 흘리면 냅킨(napkin)이
필요하겠죠.

1743
map
[mæp]

명 지도

인터넷 맵 – 인터넷 지도
– 낮잠(nap) 자며 침으로 그린 지도(map)

쉽게 풀어낸 어원

축구에서 어시스트(assist) 하는 선수는 골게터 옆에 서서 도와주죠.
sist는 서다를 뜻합니다.

1744
assist
[əsíst]

동 돕다, 원조하다

축구 **어시스트** 기록

➕ **assistance** 명 보조, 원조 **assistant** 명 조력자 형 보조의

1745
resist
[rizíst]

동 저항하다, 반대하다

줄다리기를 할 때는 뒤를 향해 서서 버티죠.
– 뒤(re)와 서다(sist)가 결합된 **저항하다/반대하다**
(resisit)

➕ **resistance** 명 저항, 반항 **resistant** 명 저항자 → 프랑스의
민병대인 '레지스탕스'를 들어보셨죠? **irresistible** 형 저항할 수 없
는 → 부정의 의미(ir) + 저항하다(resist) + ~할 수 있는(ible)

1746
insist
[insíst]

동 주장하다, 고집하다

방 안에 버티고 서서 고집을 피우는 모습 연상
– 안(in)과 서다(sist)가 결합된 **주장하다/고집하다**
(insist)

1747
consist
[kənsíst]

동 ~으로 이루어지다

축구장에서는 같이 서 있는 선수끼리 한 팀으로 구성되죠.
– consist는 같이(con)와 서다(sist)가 결합되어
~으로 이루어지다(consist)를 뜻합니다.

➕ **consistent** 형 일치된, 시종일관된 → 투표할 때 모두 함께
(con) 기립한다면(서 있다면, sist) 일치된(consistent) 의견이죠
(만장일치죠).

1748
persist
[pərsíst]

동 고집하다, 주장하다, 지속하다

고집하는(persist) 사람은 끝까지(완전히, per) 버티고
서서(sist) 미동도 하지 않아요.

➕ **persistence** 명 고집, 끈기

1749
legislation
[lèdʒisléiʃən]

명 입법, 법률의 제정

우리나라 국회의원은 **법률을 제정**(legislation)할 때
손을 들고, 미국 의원은 다리(leg)를 드나요?

➕ **legitimate** 형 합법적인, 정당한

현미경(microscope)이나 망원경(telescope)처럼
무엇을 보거나 관찰하는 기기는 scope로 끝나는 경우가 많죠.
이때의 **scope**는 보다를 뜻합니다.

1750
scope
[skoup]

명 시야, 범위

1751
microscope
[máikrəskòup]

명 현미경

디지털 **마이크로스코프** – 전자 현미경
– 작은(micro)과 보다(scope)가 결합된
현미경(microscope)

1752
telescope
[téləskòup]

명 망원경

사랑하는 사람과는 멀리 떨어져 있어도 텔레파시가 통하죠.
– 멀리(tele)와 보다(scope)가 결합된
망원경(telescope)

1753
landscape
[lǽndskeip]

명 풍경, 경치

광활한 땅(land)을 멀리서 보면(scape → scope)
풍경/경치(landscape)를 감상하는 것이죠.

➕ land 명 땅, 육지 동 착륙하다

1754
delete
[dilí:t]

명 삭제하다

데이터를 삭제할 때 쓰는 컴퓨터 Del 키(delete-key)
딜리트한 사진의 복구

함께 익혀요 dilute 형 묽은 동 희석시키다

1755
lure
[luər]

동 유혹하다

루어 낚시 – 가짜 미끼를 이용해서 고기를 유혹하는 낚시

➕ allure 동 유혹하다, 매혹하다 명 매력 → 친구가 '일루와'라고
유혹하네요(allure).

1756
reluctant
[rilʎktənt]

형 마음이 내키지 않는, 싫어하는

행운이 내게서 점점 뒤로 멀어진다면 싫겠죠.
– 뒤(re)와 행운(luc → luck)이 결합한 **싫어하는/**
마음이 내키지 않는(reluctant)

함께 익혀요 hesitate 동 주저하다, 망설이다

DAY 33

This is a matter of trust.
이것은 신뢰에 관한 문제예요.

Day33.mp3

1757 marble
[má:rbl]

명 대리석 형 대리석의
지구를 '블루 **마블**(blue marble)'이라고 하죠.
달 탐사선 아폴로 호에서 찍은 지구 사진이 푸른 대리석
같다고 해서 붙여진 이름이에요.

1758 marvel
[má:rvəl]

동 놀라다 명 경이, 경탄
블루 마블(marble) 같은 지구의 모습을 보고 **놀랐어요**
(marvel).

1759 matter
[mǽtər]

명 일, 문제 동 중요하다
It matters. – 그것은 **중요하다**.

1760 material
[mətíəriəl]

명 물질, 재료 형 물질적인
살아가는 데는 **물질**(material)이 정말 **중요하죠**(matter).

1761 little
[lítl]

형 어린, 작은, 적은, 거의 없는
리틀 야구단 – 어린이 야구단

1762 riddle
[rídl]

명 수수께끼
어린(little) 아이들이 좋아하는 **수수께끼**(riddle)

1763 ridicule
[rídikjù:l]

명 조롱, 조소 동 조소하다
성인을 어린(little) 아이 취급하면 **조롱하는**(ridicule)
것이겠죠.

"한 단어당 10초씩 읽어 보세요."

 목표 시간: 15분

 걸린 시간: 분

쉽게 풀어낸 어원

요즘 트위터나 페이스북 같은 소셜 미디어
(social media)를 많이 이용하죠.
soci가 포함된 단어는 **사회**와 관련이 있습니다.

1764 **social**
[sóuʃəl]

형 사회의, 사교적인

소셜 친구, 소셜 네트워크 서비스 – 사회 관계망 서비스
(SNS)

1765 **society**
[səsáiəti]

명 사회, 사교계, 단체, 교제

특정 단체의 명칭에는 **소사이어티**가 붙는 경우가 많죠.
한국–아랍 소사이어티 – 한국–아랍 문화 교류 단체

1766 **associate**
동 [əsóuʃièit] 명 [əsóuʃiət]

동 교제하다, 연합하다 명 동료

soci(사회의)에서 파생한 associate
(교제하다/연합하다/동료)

➕ **association** 명 교제, 협회

1767 **politics**
[pálətiks]

명 정치학

고대 그리스의 도시국가인 폴리스(Polis)에서 유래한
정치학(politics)

➕ **policy** 명 정책, 방침, 수단 → 도시국가 폴리스(Polis)를
운영하는 정책인 policy

1768 **metropolis**
[mitrápəlis]

명 수도, 대도시, 중심지

metropolis가 폴리스(Polis)에서 파생하여
수도/주요도시(metropolis)를 의미하는 건
서울 지하철 메트로를 타는 사람은 다 알겠죠.

➕ **metropolitan** 형 수도권의, 대도시의

1769 blueprint
[blú:prìnt]

圀 청사진, 상세한 계획, 설계도
설계도(blueprint)는 푸른(blue)색으로 인쇄하나요?

1770 bruise
[bru:z]

圀 멍, 타박상
시퍼런(blue) **멍**(bruise)이 들었군요.

1771 brutal
[brú:tl]

圀 야만적인, 잔혹한, 짐승의
멍(bruise)이 들도록 싸우면 **잔혹한**(brutal) 싸움이겠죠.
➕ **brutality** 圀 잔인함, 무자비 **brute** 圀 짐승

1772 miser
[máizər]

圀 구두쇠
남에게 베풀 줄 모르고 모든 것이 나의(my) 것이라고
주장하는 **구두쇠**(miser)

1773 misery
[mízəri]

圀 비참
지독한 구두쇠(miser)가 친구들도 떠나버리고 **비참**
(misery)한 인생을 보내는 모습 연상
➕ **miserable** 圀 비참한, 불쌍한 → 빅토르 위고의 소설
《레미제라블》

1774 machine
[məʃí:n]

圀 기계
타임**머신** – 시간 여행을 떠나는 기계
러닝머신(정확한 표현은 treadmill)
➕ **machinery** 圀 (집합적) 기계(류)

1775 mechanic
[məkǽnik]

圀 수리공, 정비사
기계(machine)를 고치는 **정비사**(mechanic)
➕ **mechanical** 圀 기계의 **mechanism** 圀 기계 장치, 체제,
메커니즘

쉽게 풀어낸 어원

솔로는 외롭죠. 솔로 탈출 프로젝트!
sol은 홀로를 뜻합니다.

1776 **solo**
[sóulou]

형 혼자 하는 명 솔로, 독주

➕ sole 형 유일한, 혼자서의 solitary 형 혼자의, 고독한
solitude 명 고독, 외로움

1777 **isolate**
[áisəlèit]

동 격리시키다, 고립시키다
나 홀로 집에?
– 나(I)와 홀로(sol)가 결합하여
격리시키다/고립시키다(isolate)가 됩니다.

1778 **console**
[kánsoul]

동 위로하다
같은(con) 솔로(sol)끼리 **위로하는군요**(console).

➕ consolation 명 위안, 위로

1779 **solace**
[sáləs]

명 위안, 위로 동 위로하다
외로운 솔로(sol)에게 에이스(ace) 과자를 주면서
위로할까요(solace)?

1780 **insolent**
[ínsələnt]

형 오만한
나만의 세계 속(in)에서 홀로(sol) 사는 것은 **오만한**
(insolent) 것일 수 있어요.

1781 **slim**
[slim]

형 날씬한
슬림하다 – 날씬하다, 다이어트에 성공한 슬림한 몸매

1782 **trim**
[trim]

동 정돈하다, 손질하다
볼록 튀어나온 살들을 **손질하면**(trim) 날씬한(slim)
몸매가 되겠죠.

쉽게 풀어낸 어원

어려움에 부딪혔을 때 어떤 솔루션(solution)이 있으세요?
solu 또는 **solv**는 풀다를 뜻합니다.

1783
solution
[səlúːʃən]

명 해결책, 용해

키 성장 **솔루션**
– 문제를 푸는(sol) 해결책(solution)

➕ **solve** 통 풀다, 해결하다 **soluble** 형 해결 가능한, 녹는
solvent 명 솔벤트, 용제(물질을 녹이는 데 쓰는 액체)

1784
dissolve
[dizάlv]

통 녹이다, 녹다

냉동고를 벗어난(dis) 얼음은 스르르~ 풀어져서(solv)
녹겠죠(dissolve).

1785
resolve
[rizάlv]

통 분해하다, 해결하다, 결심하다

뭉쳐 있는 것을 다시(re) 잘 풀어서(sol) **분해하다**
(resolve)

➕ **resolute** 형 결심한, 단호한 → 문제를 해결하기(resolve)
위해서는 단호한(resolute) 결심을 해야겠죠.

1786
remarkable
[rimάːrkəbl]

형 두드러진, 현저한

다시(re) 표시(mark)를 할 정도면 **두드러진**
(remarkable) 것이겠죠.

➕ **remark** 통 주목하다, 말하다 명 의견

1787
merit
[mérit]

명 장점

메리트가 있다 – 장점이 있다

1788
thrift
[θrift]

명 절약

스키장에서 리프트(lift)를 타고 꼭대기까지 올라가면
시간이 많이 **절약**(thrift)되지요.

➕ **thrifty** 형 절약하는, 검소한

1789
janitor
[dʒǽnitər]

명 수위, 관리인

TV 모니터(monitor)로 건물을 감시하는 **수위/관리인**
(janitor)

쉽게 풀어낸 어원 spec/spi ①

액션영화의 스펙터클(spectacle)한 장면,
몰래 숨어서 보는 스파이(spy).
spec 또는 **spi**는 보다를 뜻합니다.

1790
spectacle
[spéktəkl]

명 스펙터클, 광경, 구경거리, 안경(spectacles)
스펙터클 – 현란한 장관 혹은 볼거리
스펙터클한 제주 여행

함께 익혀요 **specimen** 명 표본, 실례(實例) → 예를 들어 보여주는 (spec) 실례(specimen)

1791
expect
[ikspékt]

동 바라다, 기대하다, 예상하다
뭔가를 **기대할**(expect) 때에는 목이 빠져라 밖(ex)을 쳐다보겠죠(spec).

1792
prospect
[práspekt]

명 전망, 예상, 기대
(나이아가라 폭포) **프로스펙트** 포인트 – 전망(前望) 타워
– 앞(pro)과 보다(spec)가 합쳐진 **전망/예상/기대** (prospect)

➕ **prospective** 형 유망한, 기대되는

1793
respect
[rispékt]

동 존경하다 명 존경, 점
위대한 사람은 다시 쳐다보게 되죠.
– 다시(re)와 보다(spec)가 결합된 **존경하다/존경** (respect)

➕ **respectful** 형 예의바른 → 존경(respect)으로 가득한(ful)
respective 형 각각의
함께 익혀요 **reverence** 동 존경하다 명 존경
revere 동 존경하다, 숭배하다

1794
suspect
동 [səspékt] 명 [sʌspekt]

동 의심하다 명 용의자
의심스러울 때는 아래까지 꼼꼼히 살피겠죠.
– 아래(sus → subway 연상)와 보다(spec)가 결합된 **의심하다/용의자**(suspect)

➕ **suspicious** 형 의심스러운, 미심쩍은

1795
aspect
[æspekt]

명 쪽, 방향, 측면, 양상
여행 가면 동서남북 어디부터 구경하세요?
– aspect는 한쪽(a)과 보다(spec)가 합쳐져
쪽/방향/측면/양상(aspect)이 되지요.

1796 **mole**
[moul]

명 사마귀, 점

멍울 비슷하게 생긴 **사마귀/점**(mole)

1797 **molecule**
[málәkjùːl]

명 분자, 미립자

'1몰 = 6.02×10²³개의 입자'임을 과학시간에 배운 적이 있죠?
– molecule은 사마귀(mole)보다 훨씬 작은
분자/미립자(molecule)

1798 **journey**
[dʒә́ːrni]

명 여행

여행(journey) 떠나면 좋으니?
뮤직 저니 – 피아노 선율 타고 떠나는 음악 여행

1799 **sojourn**
[sóudʒәːrn]

동 묵다 명 체류

여행(journey) 가면 어디에 **묵을**(sojourn) 예정이세요?

1800 **slender**
[sléndәr]

형 날씬한, 가느다란, 호리호리한

다이어트 후 날씬해질(**slender**) 내 모습을 상상하면
마음이 설렌다.

1801 **mood**
[muːd]

명 기분, 분위기, 무드

무드를 잡다 – 분위기를 잡다

1802 **muscle**
[mʌsl]

명 근육, 힘

근육(muscle, 머슬)이 발달한 머슴
➕ muscular 형 근육의

1803 **melancholy**
[mélәnkàli]

명 우울 형 우울한

멜랑꼴리하다 – 우울하다
우울할(melancholy) 땐 멜론 먹고 메롱해 보세요. 웃음은
우울증에 특효약

쉽게 풀어낸 어원 spec/spi②

액션영화의 스펙터클(spectacle)한 장면,
몰래 숨어서 보는 스파이(spy).
spec 또는 **spi**는 보다를 뜻합니다.

1804
inspection
[inspékʃən]

명 검사, 점검

(세관) **인스펙션** – 물품 검사
– 안(in)을 살펴보는(spec) **검사/점검**(inspection)

➕ inspect 동 검사하다

1805
perspective
[pərspéktiv]

명 원근법, 조망, 전망

원근법(遠近畵法, perspective)으로 그림을 그릴 때는
처음부터 끝까지(완전히, per → perfect 연상) 잘 보면서
(spec) 그려야죠.

1806
spectator
[spékteitər]

명 구경꾼, 관중

지켜보고(spec) 있는 사람(or)이 **구경꾼**(spectator)이죠.

1807
speculate
[spékjulèit]

함께 익혀요
동 사색하다, 투기하다

철학책을 보면서(spec) 깊이 **사색하다**(speculate)

➕ speculation 명 사색

1808
specific
[spisífik]

형 구체적인, 명확한, 분명한

투명인간은 눈에 보이지 않죠.
– 눈에 보이는(spec) 것은 구체적이고 **명확한**(specific)
것이죠.

1809
despise
[dispáiz]

동 무시하다, 깔보다

아래로(de) 내려다보면(spi) **무시하는**(despise) 것이죠.

1810
conspicuous
[kənspíkjuəs]

형 눈에 잘 띄는

여럿이 함께(con) 본다는(spi) 건 **눈에 잘 띈다는**
(conspicuous) 것이죠.

DAY 34
His speech inspired me.
그의 연설이 저에게 영감을 주었어요.

1811 noble
[nóubl]

형 고귀한, 귀족의
노블레스 오블리주 – 귀족은 그에 따르는 의무를 갖지요.
함께익혀요 **oblige** 동 (도덕적인) 의무를 지우다, 강요하다
obligation 명 의무, 구속, 책임 **ignoble** 형 천한, 비열한
→ 부정의 의미 ig

1812 nobleman
[nóublmən]

명 귀족
고귀한(noble) 사람(man)

1813 operate
[ápərèit]

동 움직이다, 일하다, 운영하다, 수술하다
수술실을 OR(operating room)이라고 하지요.
⊕ **operation** 명 작업, 운영, 수술

1814 cooperate
[kouápərèit]

동 협력하다, 협동하다
함께(co) + 움직이다(operate)
⊕ **cooperation** 명 협력
함께익혀요 **corporation** 명 회사, 법인 → 회사(corporation)는
직원들 간의 협력(cooperation)이 중요하지요. **corporate** 형
회사의, 법인의 **incorporate** 동 통합하다, 법인을 설립하다 형 법
인의

1815 reckless
[réklis]

형 무모한, 분별없는, 앞뒤를 가리지 않는
목을 내놓으면 무모한 사람이겠죠.
– 목(reck → neck)과 없는(less)이 결합된
무모한/분별없는(reckless)

1816 reckon
[rékən]

동 계산하다, ~라고 생각하다
무모한(reckless) 사람도 있지만 철저히 **계산하고**
(reckon) 행동하는 사람도 있지요.

"한 단어당 10초씩 읽어 보세요."

 목표 시간: 15분

 걸린 시간: 분

쉽게 풀어낸 어원

원팀 원스피릿(spirit)은 한 팀이면 정신도 하나여야 한다는 의미죠.
spir는 혼, 숨쉬다를 뜻합니다.

1817 **spirit**
[spírit]

명 영혼, 정신, 숨

숨 쉬며(spir) 살아가는 동안 우리 몸에는
영혼(spirit)이 깃들지요.

➕ spiritual 형 영적인, 정신적인

[함께 익혀요] split 동 나누다, 쪼개다(-split-split) 명 분열 →
사후(死後)에는 육체와 영혼(spirit)으로 나누어지나요(split)?

1818 **perspire**
[pərspáiər]

동 땀이 나다, 땀을 흘리다

땀구멍으로도 호흡을 하지요.
– **땀을 흘리는**(perspire) 구멍을 통해 완전하게
(per → perfect 연상) 숨 쉬어(spir) 볼까요?

➕ perspiration 명 땀, 노력

1819 **inspire**
[inspáiər]

동 영감을 주다, 격려하다

신이 몸 안에(in) 영적인 기운(spir, 혼)을 불어넣으면
영감을 주는(inspire) 것이죠.

➕ inspiration 명 영감, 고무

1820 **aspire**
[əspáiər]

동 열망하다, 갈망하다

꼭 이루고 싶은 한 가지(a)를 위해 혼신의(spir) 힘을
다하는 것이 **열망하는**(aspire) 것이죠.

➕ aspiration 명 포부, 열망

1821 **conspire**
[kənspáiər]

동 음모하다, 공모하다

악당들이 모여서 같이(con) 호흡하며(spir) 나쁜 일을
공모하지요(conspire).

➕ conspiracy 명 음모, 공모 → 영화 〈컨스피러시〉

1822 snake
[sneik]

명 뱀

(사모아) **스네이크** 협곡에서 만난 거대한 뱀
스네이크 아이즈(eyes) – 주사위 1이 두 개 나올 때
뱀의 눈 같다고 해서 붙여진 이름이에요.

1823 naked
[néikid]

형 나체의, 벌거벗은

뱀(snake)은 털 하나 없는 **벌거벗은**(naked) 모습이죠.

1824 snare
[snɛər]

명 덫, 올가미, 유혹 동 덫으로 잡다, 유혹하다

뱀(snake)을 덫(snare)을 놓아 잡다

1825 police
[pəlí:s]

명 경찰

폴리스 라인 – 사건 현장에 경찰이 쳐놓은 차단선
로보카 폴리 – 아이들이 좋아하는 경찰 로봇

1826 polish
[púliʃ]

동 광내다 명 광택제, 윤내기

저 경찰(police)은 멋진 제복을 입고 번쩍번쩍
광을 낸(polish) 구두도 신었네요.

1827 polite
[pəláit]

형 예의바른, 공손한

경찰(police) 앞에서는 불량배도 **공손해지지요**(polite).

1828 petty
[péti]

형 작은, 사소한

애완동물(pet)처럼 **작은/사소한**(petty)

1829 compete
[kəmpí:t]

동 경쟁하다

같은(com)과 애완동물(pet)이 합쳐져 **경쟁하다**
(compete)가 됩니다.

➕ competitive 형 경쟁적인, 경쟁의 competent 형 경쟁력
있는, 능력 있는

쉽게 풀어낸 어원 **sta**①

책상 위에 스탠드(stand) 조명을 세워놓죠.
sta는 **서다**를 뜻합니다.

1830 **statue**
[stǽtʃuː]

명 상(像), 조각
시베리아에 있는 스탈린 동상은 춥지 않을까요?
– 서다(sta)와 추(tue)가 결합되어 **상(像)/조각**
(statue)이 됩니다.

함께익혀요 **stature** 명 키, 신장, 평판

1831 **status**
[stéitəs]

명 지위, 상태
사회 속에 서(sta) 있는 우리(us) 모습이 **지위/상태**
(status)겠죠.

1832 **estate**
[istéit]

명 재산, 소유지
(영국) 크라운 **이스테이트** – 왕실 재산 관리 기구
국가(state)는 많은 재산/소유지(estate)를 보유하고 있겠죠.

1833 **stall**
[stɔːl]

명 가판대, 노점, 매점
길거리에 서(sta) 있는 **가판대**(stall)

1834 **establish**
[istǽbliʃ]

동 설립하다, 제정하다
밖(e) + 서다(sta)

1835 **oak**
[ouk]

명 오크, 참나무
참나무로 만든 **오크** 가구, 미국산 오크 가구

1836 **oath**
[ouθ]

명 맹세, 서약
〈삼국지〉의 유비, 관우, 장비가 복숭아 밭에서 '도원결의'
했듯이 서양인은 참나무(oak) 아래서 **맹세**(oath)할지도
몰라요.

쉽게 풀어낸 어원 **sta**②

책상 위에 스탠드(stand) 조명을 세워놓죠.
sta는 **서다**를 뜻합니다.

1837 stand
[stǽnd]

> 통 서다, 견디다(-stood-stood)
>
> ➕ **standpoint** 명 입장, 견지

1838 understand
[ʌ̀ndərstǽnd]

> 통 이해하다(unterstood-unterstood)
>
> 상황 아래에 서봐야 제대로 이해할 수 있겠죠.
> – 아래(under)와 서다(sta)가 결합된 **이해하다**
> (understand)
>
> ➕ **misunderstand** 통 오해하다

1839 withstand
[wiðstǽnd]

> 통 저항하다, 견디다(-withstood-withstood)
>
> 씨름할 때 상대방 선수와 함께(with) 서서(sta) 힘으로
> **버티죠**(withstand).

1840 station
[stéiʃən]

> 명 역, 정거장, 방송국
>
> 서울 **스테이션**
>
> ➕ **static** 형 정지 상태의 → 서(sta) 있으면 정지 상태이죠(static).

1841 stable
[stéibl]

> 형 안정된 명 마구간
>
> 달리는 것보다 서(sta) 있으면 **안정된**(stable) 상태이죠.
> – 말이 서(sta) 있는 마구간(stable)
>
> ➕ **stabilize** 통 안정시키다

1842 constant
[kɑ́nstənt]

> 형 끊임없는, 일정한, 불변의
>
> 수많은 사람이 같이(con) 서(sta) 있으면 그 줄이
> **끊임없이**(constant) 이어지겠죠.

1843 stance
[stǽns]

> 명 서 있는 자세, 입장, 태도
>
> 골프 **스탠스**, 복싱 스탠스
> – 모든 운동은 서(sta) 있는 **자세**(stance)가 중요하죠.

1844 **substance**
[sʌ́bstəns]

명 본질, 실체, 물질
껍질 아래(sub → subway 연상)에 서(sta) 있는
본질/실체(substance)
➕ **substantial** 형 실질적인, 사실상의

1845 **obstacle**
[ɑ́bstəkl]

명 장애물
반대로(o → a) 서(sta) 있는 **장애물**(obstacle)
함께 익혀요 **obstinate** 형 완고한, 고집 센 → 고집 센(obstinate)
사람은 장애물(obstacle)처럼 버티고 서 있지요.

1846 **vogue**
[voug]

명 유행, 인기
요즘 사이보그(가상의 인조인간)가 **인기**(vogue) 있나요?

1847 **obese**
[oubíːs]

형 비만의, 지나치게 살찐
음식에 복종하면(obey) **비만**(obese) 상태가 되겠죠.
➕ **obesity** 명 비만

1848 **convey**
[kənvéi]

동 나르다, 전달하다
컨베이어 벨트 – 물체를 운반하는 데 사용할 수 있는
이동식 벨트

1849 **briefing**
[bríːfiŋ]

명 간단한 상황 설명, 요약 보고, 브리핑
뉴스 **브리핑**, 사건 브리핑
➕ **brief** 형 짧은, 간결한 **brevity** 명 간결함, 짧음

1850 **purchase**
[pɚ́ːrtʃəs]

명 구입, 획득 동 구매하다
지갑(purse)에 돈이 있어야 물건을 **구입하겠죠**
(purchase).

1851 **chill**
[tʃil]

명 추위, 한기
언덕(hill) 위는 바람도 세고 **춥지요**(chill).
➕ **chilly** 형 쌀쌀한, 냉담한
함께 익혀요 **chilli** 명 고추, 칠리(= chili) → 매운 고추(chili)를
먹으면 몸에 열이 나니 추위(chill)에 도움이 좀 되겠네요.

뷰티 인스티튜트(institute)를 우리말로 하면
'미용 연구소'가 되겠죠.
sta와 마찬가지로 **stit** 역시 **서다**를 뜻합니다.

1852
institute
[ínstətjùːt]

명 연구소, 협회 동 설립하다
캠브리지 **인스티튜트**, 괴테 인스티튜트
– 재단 안에(in) 세우는(stit) **연구소**(institute)
➕ institution 명 협회, 설립, 제도

1853
constitution
[kÀnstətjúːʃən]

명 구조, 설립, 헌법
기둥들이 함께(con) 서(stit) 있음으로써 건물의 **구조**
(constitution)를 이루죠.
– 헌법은 그 나라의 구조와 골격이 되는 법이죠.
➕ constitute 동 구성하다, 설립하다

1854
substitute
[sÁbstətjùːt]

동 대리하다, 대용하다, 바꾸다 명 대리인
상황 아래(sub)에 서서(stit) 업무를 **대리하다**
(substitute)

1855
superstition
[sùːpərstíʃən]

명 미신
허황되게 위(super)에 누군가(산신령?)가 서(stit) 있다고
믿는 **미신**(superstition)

1856
destitute
[déstətjùːt]

형 ~이 결핍한, 궁핍한, 빈곤한
저 아래(de) 서(stit) 있는 **궁핍한**(destitute) 상태 연상

1857
gorgeous
[gɔ́ːrdʒəs]

형 화려한, 호화로운
금(gold)은 **화려한**(gorgeous) 광물이죠.

1858
bold
[bould]

형 대담한, 용감한
금(gold)을 차지하려는 **용감한**(bold) 사람들

1859 spike
[spaik]

명 대못; 스파이크화 동 대못을 박다
(신발) **스파이크**화 – 바닥이 못처럼 날카로운 모양의 신발

1860 sneak
[sni:k]

동 살금살금 가다, 몰래 움직이다
스니커즈 운동화(sneakers) 신고 **살금살금 가다**
(sneak)
➕ sneaky 형 몰래 하는, 비열한

1861 arrogant
[ǽrəgənt]

형 건방진, 오만한, 무례한
로마의 네로 황제는 **오만한**(arrogant) 황제였죠.

1862 overwhelm
[òuvərhwélm]

동 압도하다, 뒤덮다
over(위)에서 유래한 overwhelm(**압도하다**)
➕ overwhelming 형 압도적인, 굉장한

1863 nervous
[nə́:rvəs]

형 긴장한, 신경질적인
노이로제(neurosis, 신경증)에 걸리면 **신경질적인**
(nervous) 상태가 됩니다.
➕ nerve 명 신경

1864 nevertheless
[nèvərðəlés]

부 그럼에도 불구하고, 그래도
부정의 부정은 강한 긍정
– 결코 ~이 아닌(never)과 부정의 의미(less)가 결합되면
그럼에도 불구하고/그래도(nevertheless)라는 강한
긍정의 뜻이 되지요.

1865 vice
[vais]

명 악덕, 악행, 결점
nice(좋은)와 상반된 개념인 vice(**악행**)
➕ vicious 형 나쁜, 사악한

1866 average
[ǽvəridʒ]

명 평균 형 평균의
골프 **애버리지** – 평균 타수, 볼링 애버리지

1867 slice
[slais]

명 얇은 조각
슬라이스 치즈 – 얇은 조각으로 자른 치즈
삶은 달걀 슬라이스 만들기

I get a physical checkup regularly.

저는 정기적으로 건강검진을 받아요.

(C) Day35.mp3

1868 **physical**
[fízikəl]

형 신체의, 물질의

피티 체조(피지컬 트레이닝, physical training)

➕ physics 명 물리학 physicist 명 물리학자

1869 **physician**
[fizíʃən]

명 의사, 내과의사

신체의(physical) 아픈 곳을 치료하는 **내과의사**
(physician)

1870 **phrase**
[freiz]

명 구, 숙어

이 페이지(page)에 **숙어**(phrase)가 몇 개인지 세어보세요.

함께 익혀요 page 명 페이지, 쪽 chapter 명 장(章)

1871 **phase**
[feiz]

명 국면, 양상

추리소설 한 페이지(page)를 넘기니 새로운 **국면**(phase)
이 펼쳐지네요.

1872 **wage**
[weidʒ]

명 임금

페이지(page) 넘기면 **임금**(wage)을 주는 직업은?
바로 학생이죠. 공부를 잘하면 장학금을 받을 수 있으니까요.

1873 **piety**
[páiəti]

명 경건, 신앙심

애플파이(pie)를 먹기 전에 기도한다면 **신앙심**(piety)이
깊은 사람이겠지요.

1874 **pity**
[píti]

명 동정, 연민, 유감

신앙심(piety)이 깊은 사람은 어려운 이웃에게 **동정**(pity)을
베풀지요.

"한 단어당 10초씩 읽어 보세요."

목표 시간: **15분**

걸린 시간: **분**

쉽게 풀어낸 어원

립스틱(lipstick)은 뾰족하게 생겼죠.
sti는 찌르다, 뾰족한을 뜻합니다.

1875	**stick** [stik]	몡 막대 통 찌르다, 붙이다, 달라붙다(-stuck-stuck) 치즈 **스틱**, 척척 달라붙는 스티커

함께 익혀요 **stiff** 혱 뻣뻣한, 경직된 **stiffen** 통 굳어지다

1876	**stir** [stə:r]	통 휘젓다, 움직이다 뾰족한 막대(stick)로 개울물을 **휘젓다**(stir)

1877	**sting** [stiŋ]	통 찌르다, 쏘다(-stung-stung) 몡 고통 sti(찌르다)에서 파생한 sting(**찌르다/쏘다**)

1878	**stimulus** [stímjuləs]	몡 자극 옆구리를 쿡쿡 찌르는(sti) 것도 **자극**(stimulus)이죠.

1879	**plead** [pli:d]	통 탄원하다, 변호하다 '제발(please) 도와주세요'라고 판사에게 **탄원하다**(plead)

➊ **plea** 몡 탄원, 간청, 구실, 변명

1880	**tease** [ti:z]	통 괴롭히다, 놀리다 please(기쁘게 하다)와 상반된 개념인 tease(**괴롭히다**)

몸을 쭉 뻗는 동작을 스트레칭(stretching)이라고 하죠.
str에는 뻗다라는 의미가 있습니다.

1881 stretch
[stretʃ]

통 늘이다, 몸을 쭉 펴다
하체 **스트레칭**, 스트레칭 다이어트

1882 string
[striŋ]

명 줄, 실
현악기의 **스트링**, 테니스 라켓의 스트링
라켓이나 현악기의 쭉 뻗은(str) 줄/실(string)

1883 organ
[ɔ́ːrgən]

명 조직, 정부 기관, 생물의 기관, (악기) 오르간
오르간 연주

1884 organize
[ɔ́ːrgənàiz]

통 조직하다, 체계화하다
organ(조직)에서 파생된 organize(**조직하다**)
⊕ **organism** 명 유기체, 생물 **organization** 명 조직, 단체

1885 miss
[mis]

명 실책, (M~) ~양(미혼 여자의 성 앞에 붙이는 호칭)
통 놓치다, 그리워하다
미스 브라운 – 브라운 양
(배구) 서브 미스 – 상대방이 넣은 서브를 놓치는 것
함께 익혀요 **Mr.** 명 ~씨 → 남자의 성 앞에 붙이는 호칭

1886 mist
[mist]

명 안개
안개(mist) 속에서는 물건을 놓치기(miss) 쉽겠죠.
함께 익혀요 **moist** 형 촉촉한, 습기가 있는 → 안개(mist) 속은
촉촉한(moist) 상태겠죠. **moisture** 명 습기

쉽게 풀어낸 어원

영어 지문을 독해할 때는
스트럭처(structure, 구조) 파악이 중요하죠.
이때의 **struct**는 세우다를 뜻합니다.

1887
structure
[strʌ́ktʃər]

명 구조, 뼈대, 건물

1888
construct
[kənstrʌ́kt]

동 건설하다, 세우다
벽과 기둥을 함께(con) 세우는(struct) 것이 **건설**
(construct)이죠.

➕ **construction** 명 건설 → 언더 컨스트럭션(under
construction) – 공사 중 **constructive** 형 건설적인

1889
destruction
[distrʌ́kʃən]

명 파괴, 멸망
건물을 파괴해서 잔해를 아래쪽에 세워놓죠.
– 아래(de)와 세우다(struct)가 결합하여 **파괴/멸망**
(destruction)이 됩니다.

➕ **destroy** 동 파괴하다, 멸망시키다

1890
obstruct
[əbstrʌ́kt]

동 막다, 방해하다
반대쪽으로(o → a) 세워서(struct) **방해하다**(obstruct)

1891
instructor
[instrʌ́ktər]

명 교사, 지도자
선생님(instructor)은 학생의 머릿속(in)에 지식을
세워주시는(struct) 분이죠.

➕ **instruct** 동 가르치다 **instruction** 명 가르침, 지도
instructive 형 교훈적인, 유익한

1892
yeast
[ji:st]

명 이스트, 누룩 동 발효하다
제과제빵에 꼭 필요한 **이스트**, 생이스트

1893
wrestle
[résl]

동 씨름하다, 레슬링하다
레슬링 금메달 획득

➕ **wrestling** 명 레슬링

쉽게 풀어낸 어원

지하철(subway)은 땅 밑으로 다니죠.
sub는 **아래에**를 뜻합니다.

1894
subway
[sʌ́bwèi]

명 지하철, 지하도
아래의(sub) + 길(way)
함께 익혀요 **underground** 명 지하 형 지하의 부 지하에

1895
submarine
[sʌ̀bmərí:n]

형 바닷속의 명 잠수함
바다의 왕자 마린보이 & 인어공주
– 아래(sub)와 바다의(marine)가 합쳐져
바닷속의/잠수함(submarine)이 되죠.

1896
pierce
[piərs]

동 뚫다, 관통하다
귀를 뚫는 **피어싱**(piercing)

1897
spear
[spiər]

명 창, 투창
뚫는(pierce) 것의 1인자는 **창**(spear)이지요.

1898
rise
[raiz]

동 일어나다, 기립하다 명 오름
선라이즈 – 일출(태양이 떠오르는 것)
➕ **arise** 동 일어나다, 발생하다

1899
comprise
[kəmpráiz]

동 ~으로 이루어지다, 구성하다
함께(com) 일어나서(rise) 멤버를 **구성합시다**
(comprise)!

1900
raise
[reiz]

동 올리다, 들어 올리다
rise(일어나다)와 의미/모양이 유사한 raise(**들어 올리다**)

1901	**pill** [pil]	몡 알약, 환약 아픈(ill) 사람이 먹는 **알약/환약**(pill)

1902	**pillow** [pílou]	몡 베개 알약(pill)을 먹고 **베개**(pillow)를 베고 자다

1903	**pillar** [pílər]	몡 기둥, 대들보 베개(pillow)를 세우면 작은 **기둥**(pillar)이 되지요.

1904	**peculiar** [pikjúːljər]	혱 독특한 새콤달콤 피클은 **독특한**(peculiar) 맛이 있지요. ➕ **peculiarity** 몡 특색, 습관

1905	**penetrate** [pénətrèit]	동 꿰뚫다, 간파하다, ~에 스며들다 날카로운 펜(pen)으로 종이를 **꿰뚫다**(penetrate)

1906	**pessimist** [pésəmist]	몡 비관론자 **페시미스트**, 페시미즘 – 공격은 하지 않고 패스(pass)만 하는 비관론자(pessimist) ➕ **pessimism** 몡 비관주의

1907	**optimist** [áptəmist]	몡 낙관론자 어려움 속에서도 위(op → up)를 바라보는 **낙관론자** (optimist) ➕ **optimistic** 혱 낙관적인, 낙천적인 함께 익혀요 **optimal** 혱 최선의, 최상의

1908	**plot** [plat]	몡 줄거리, 음모, 계략 동 음모를 꾸미다 (소설) **플롯** 쓰는 법, 플롯과 스토리의 차이점

쉽게 풀어낸 어원

슈퍼맨(superman)은 하늘 위에 있는
슈퍼스타(superstar, 초거성)에서 왔을까요?
super 또는 **sur**는
~위에, ~를 초월하여를 뜻합니다.

1909
supernatural
[sùːpərnǽtʃərəl]

형 초자연적인, 불가사의한

요즘에는 자연스러운 '내추럴' 메이크업이 인기예요.
– 위에(super)와 자연의(natural)가 결합하여
초자연적인/불가사의한(supernatural)이 되지요.

1910
superb
[supə́ːrb]

형 훌륭한, 멋진

B는 항상 A 다음에 오는 서러운 존재이죠.
하지만 슈퍼(super)와 B가 만나면
훌륭한/멋진(superb)이 된답니다.

1911
superior
[səpíəriər]

형 우월한　명 윗사람, 선배

미국의 **슈피리어** 호(湖) – 세계에서 가장 큰 담수호
– 위에(super)와 비교급 접미사(or)가 결합한
우월한/윗사람/선배(superior)

함께 익혀요 **inferior** 형 ~보다 열등한 명 열등한 사람

1912
supreme
[səpríːm]

형 최고의　명 최고

슈프림 피자, 슈프림 카드

1913
surmount
[sərmáunt]

동 극복하다

장애물 위로(sur → sun 연상) 뛰어 오를(mount) 수
있다면 난관을 **극복한**(surmount) 것이지요.

1914
surround
[səráund]

동 둘러싸다, 에워싸다

주인공 위쪽으로(sur → sun 연상) 둥글게(round)
둘러쌉시다(surround).

➕ **surroundings** 명 주변, 환경　**round** 형 둥근, 왕복의
동 ~의 주위를 돌다 → 라운드 티셔츠 – 옷깃이 둥근 티셔츠,
라운드 티켓 – 왕복 티켓

1915
surplus
[sə́ːrplʌs]

명 여분, 과잉　형 나머지의

위에(sur → sun 연상) + 플러스(plus)

1916
surgeon
[sə́ːrdʒən]

명 외과의사

피부 위에(sur → sun 연상) 있는 점(geon의 우리말 발음)
까지 절개하는 **외과의사**(surgeon)

➕ surgery 명 수술

1917
plunge
[plʌndʒ]

동 꽂다, ~을 처넣다, 뛰어들다

전기 플러그(plug)를 **꽂다/처넣다/뛰어들다**(plunge)

1918
prompt
[prampt]

형 신속한, 즉각적인

펌프질(pump)을 할 땐 **신속한**(prompt) 동작이
필요해요.

1919
slum
[slʌm]

명 슬럼가, 빈민가

시카고 **슬럼**가
도시 슬럼화의 문제점

1920
slumber
[slʌ́mbər]

명 선잠 동 선잠을 자다

슬럼프(slump)에 빠지면 자포자기해서 **선잠**(slumber)을
많이 자겠죠.

1921
staple
[stéipl]

명 주요 상품, 주요 산물 형 주요한

주요 상품(staple)에 찍어 구별하는 스탬프(stamp)

함께 익혀요 stapler 명 스테이플러, 호치키스

1922
pollution
[pəlúːʃən]

명 오염

워터 **폴루션** – 수질 오염
– 맑은 시냇물도 막대기(pole)로 휘저으면 오염(pollution)
이 될까요?

1923
enterprise
[éntərpràiz]

명 진취적 기상, 기업, 사업

세계 최초의 원자력 항공모함 **엔터프라이즈** 호

DAY 36

I keep in contact with my old friends.

저는 오랜 친구들과 연락하고 지내요.

🎧 Day36.mp3

1924 ripe
[raip]

형 익은, 성숙한

밥(rice)은 제대로 **익어야**(ripe) 제맛이 나지요.

➕ ripen 동 익다, 익히다

1925 recipe
[résəpi]

명 요리법, 비법, 처방

비빔밥 **레시피** – 비빔밥 요리법

김치찌개 레시피(recipe)에서는 잘 익은(ripe) 김치가 중요하죠.

1926 real
[ríːəl]

형 진짜의

리얼하다 – 진짜 같다. 주인공의 연기가 리얼하네요.
– 주인공의 연기가 진짜처럼 사실적이네요.

➕ realize 동 깨닫다, 달성하다 really 부 진짜로

1927 realty
[ríːəlti]

명 부동산

공인중개사 왈(曰) "**부동산**(realty)이 진짜(real) 재산이죠."

1928 realm
[relm]

명 왕국, 영지

티끌 모아 태산
– 개별 부동산(realty)이 모여 거대한 **왕국**(realm)을 이룰 수도 있어요.

1929 ride
[raid]

동 타다 명 타기

자전거 **라이딩** – 자전거 타기

카트라이더 – 카트(소형 경주용 차량)를 타고 달리는 게임

1930 stride
[straid]

동 성큼성큼 걷다 명 성큼성큼 걷기, 진보

리어커 타는(ride) 게 빠를까요, 아니면
성큼성큼 걷는(stride) 게 빠를까요?

"한 단어당 **10**초씩 읽어 보세요."

목표 시간: **15분**

걸린 시간: 분

쉽게 풀어낸 어원

콘택트(contact) 렌즈는 '눈과 접촉하는 렌즈'라는 의미죠.
ta는 **접촉**을 뜻합니다.

1931
contact
[kάntækt]

명 접촉, 연락 동 접촉하다
아이 **컨택** – 눈을 통한 접촉(눈 맞춤)

1932
intact
[intǽkt]

형 손상되지 않은, 온전한
눈병 환자와 접촉하지 않았으면 눈이 멀쩡하겠죠.
– 부정의 의미(in)와 접촉(ta)이 결합하여
손상되지 않은/온전한(intact)이 됩니다.

1933
contagious
[kəntéidʒəs]

형 전염성의
전염병 환자와 같이(con) 접촉(ta)하면 **전염의**
(contagious) 위험이 있지요.

➕ contagion 명 전염, 감염, 전염병

1934
silly
[síli]

형 어리석은
실리콘밸리 사람들이 **어리석다고요**(silly)?
IT업계를 주도하는 세계 최고 엘리트 집단인데도요?

1935
lily
[líli]

명 백합
금방 시들 줄도 모르고 자아도취에 빠져 있는 **백합**(lily)은
어리석은지도(silly) 몰라요.

함께 익혀요 lyric 명 서정시, 노래 가사 → 백합(lily)을 예찬하는
서정시(lyric)

쉽게 풀어낸 어원

물건을 담아두는 '통'을 컨테이너(container)라고 하죠.
tain은 담다, 잡다를 뜻합니다.

1936 **contain**
[kəntéin]

통 담다, 포함하다

➕ container 명 컨테이너, 통
함께익혀요 contaminate 통 오염시키다, 더럽히다 → 컨테이너(container)의 화학약품이 외부로 새면 환경을 오염시키겠죠(contaminate).

1937 **obtain**
[əbtéin]

통 얻다, 획득하다

열매를 얻으려면(obtain) 나무 위(ob → up)로 손을 뻗어 잡아야(tain) 해요.

1938 **attain**
[ətéin]

통 달성하다

한 가지(a) 목표를 계속 붙잡으면(tain) 언젠가는 꿈을 이루겠죠(attain).

1939 **maintain**
[meintéin]

통 유지하다, 보존하다, 부양하다

현상을 유지하려면(maintain) 중요한(main) 것을 꾸준히 잡고(tain) 있어야겠죠.

➕ maintenance 명 관리, 유지비 함께익혀요 main 형 주요한, 중요한 명 (배관에서) 본관 → 메인 이벤트, 메인 요리, (컴퓨터) 메인보드 remain 통 여전히 ~인 채로 남다, 남다 명 유적(remains) → 우물물은 아무리 퍼내셔도 다시(re) 주요(main) 부분이 그대로 남아있죠(remain).

1940 **sustain**
[səstéin]

통 유지하다, 견디다, 버티다

절벽 아래로(sus → subway 연상) 떨어질 위기에서 구조대가 올 때까지 꽉 잡아(tain) 버티는(sustain) 상황 연상

1941 **retain**
[ritéin]

통 계속 유지하다, 간직하다

중요한 것을 뒤쪽(re) 금고에 잘 담아(tain) 간직하다(retain)

➕ retention 명 보유

1942 present
명형 [préznt] 동 [prizént]

명 선물 형 참석한, 현재의 동 제출하다
크리스마스 **프레즌트** – 크리스마스 선물
➕ **presently** 뷔 곧 → 곧(presently) 참석할(present) 거예요.

1943 represent
[rèprizént]

동 대표하다, 나타내다
어떤 조직을 대표하는 자리에 있다면 중요한 행사에 반복해서 참석하겠죠.
– 다시(re)와 참석한(present)이 합쳐져
대표하다/나타내다(represent)가 됩니다.
➕ **representative** 명 대표 형 대표하는

1944 queen
[kwiːn]

명 여왕
퀸 엘리자베스 – 엘리자베스 여왕, 댄싱퀸 – 춤의 여왕
퀸연아 – 피겨 여왕 김연아

1945 queer
[kwiər]

형 별난, 수상한, 이상한
역사상 수많은 여왕(queen) 가운데 누가 제일
이상할까요(queer)?

1946 season
[síːzn]

명 계절, 시즌, 유행기, 양념
포시즌 – 사계절, 프로야구 시즌
계절 음식에 맞는 계절 양념(season)

1947 reason
[ríːzn]

명 이유, 동기 동 추리하다
사색하는 계절(season)인 가을에는 **추리하며**(reason) 삽시다.
➕ **reasonable** 형 합리적인

1948 source
[sɔːrs]

명 원천, 근원, 출처, 소식통
뉴스 **소스** – 뉴스 출처
함께 익혀요 **sauce** 명 (요리) 소스

1949 resource
[ríːsɔːrs]

명 자원, 물자, 수단
resource는 source(원천)에서 파생하여 **자원/물자**
(resource)를 뜻하죠.

쉽게 풀어낸 어원

느린 템포(tempo)의 노래를 좋아하세요,
빠른 템포의 노래를 좋아하세요?
temp는 시간, 속도를 뜻합니다.

1950	**temporary** [témpərèri]	휑 일시적인 (치과) **템포러리** – 임시 치아 – temp(찰나의 시간)에서 파생한 temporary(일시적인)

1951	**contemporary** [kəntémpərèri]	휑 현대의, 동시대의 명 현대 사람 **컨템포러리** 댄스 – 현대무용 – 같은(con) 시간(temp)이 동시대(contemporary)

1952	**temper** [témpər]	명 기질, 성질, 화 밥 먹는 속도(temp)가 빠른 사람은 **성질**(temper)도 급할까요? ⊕ **temperament** 명 기질, 성격

1953	**temperance** [témpərəns]	명 절제, 금주 타고난 성질(temper)을 자제하는 것이 **절제** (temperance)이지요. ⊕ **temperate** 휑 온화한, 절제하는

1954	**temperature** [témpərətʃər]	명 온도 성질(temper)을 심하게 내면 흥분해서 몸의 **온도** (temperature)도 올라갈 거예요.

1955	**enrich** [inrítʃ]	동 부유하게 하다, 풍부하게 하다 rich(부유한)에서 파생한 enrich(**부유하게 하다**)

1956	**propaganda** [prὰpəgǽndə]	명 (주의·주장 등의) 선전 흑색선전이라고 할 때의 선전이 바로 **프로파간다**이지요. – 국가적인 어젠다(agenda, 의제)가 있을 때 선전(propaganda)과 여론몰이가 왕성해지죠.

쉽게 풀어낸 어원

세상의 종말을 소재로 한 영화 〈터미네이터〉 보셨나요?
'종결자'를 뜻하는 terminator의 **termi**는 끝을 뜻합니다.

1957
terminate
[tə́:rmənèit]

동 끝내다, 종결시키다

1958
terminal
[tə́:rmənl]

명 끝, 종점 형 끝의
시외버스 **터미널**

1959
term
[tə:rm]

명 기간, 학기, 조건, 용어
롱**텀** 투자 – 장기 투자, 텀을 두다 – 일정 기간을 두다

1960
determine
[ditə́:rmin]

동 결정하다, 결심하다
건너갈 다리 아래(de)를 폭파시켜 돌아가지 않겠다고 결정하
는 상황 연상
– 아래(de)와 끝내다(termi)가 합쳐져
결정하다/결심하다(determine)가 됩니다.
➕ **determination** 명 결정, 결심

1961
spare
[spεər]

동 절약하다, 남겨두다 형 여분의
스페어 타이어 – 여분의 타이어
(볼링) 스페어 처리 – 남은 핀 처리

1962
privilege
[prívəlidʒ]

명 특권 동 특권을 주다
프리빌리지를 누리세요 – 특권을 누리세요
조망권이 좋은 마을(velege → village) 앞쪽에(pre)
살 수 있는 특권(privilege)

1963
tide
[taid]

명 조수, 풍조
파도를 타고 놀까요?
– tide는 ride(타다)에서 파생하여 **조수/풍조**(tide)를
뜻하지요.

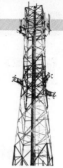

쉽게 풀어낸 어원

안테나(antenna)는 하늘을 향해 쭉 뻗어 있죠.
ten에는 **펼치다, 뻗다**의 뜻이 있습니다.

1964 **tension**
[ténʃən]

몧 긴장 통 긴장시키다

테니스 라켓 줄의 팽팽한 정도를 **텐션**으로 표현하죠.

➕ tense 혱 긴장한, 팽팽한

1965 **intention**
[inténʃən]

몧 의도, 목적

마음 안(in)으로 펼쳐진(ten) 뜻을 **의도**(intention)라고
하지요.

➕ intend 통 의도하다, ~할 작정이다 intent 몧 의도, 의향
intensive 혱 강한, 집중적인 intense 혱 강렬한

1966 **extension**
[iksténʃən]

몧 확장

익스텐션 식탁 – 확장 가능한 식탁
– 밖(ex)으로 펼치는(ten) 것이 확장(extension)이죠.

➕ extend 통 연장하다, 늘리다 extent 몧 넓이, 범위
함께 익혀요 expand 통 확장하다, 팽창시키다
expansion 몧 확장, 팽창

1967 **pretend**
[priténd]

통 ~인 척하다, 핑계 대다

(축구) 헛다리 전법 – 미리(pre) 다리를 뻗어서 헷갈리게 하
는 전법
– 미리(가짜로, pre)와 뻗다(ten)가 합쳐지면
~인 척하다/핑계 대다(pretend)가 됩니다.

1968 **tend**
[tend]

통 ~하는 경향이 있다, ~하기 쉽다

너무 한쪽으로 뻗으면(ten) 치우치는 **경향이 있겠죠**
(tend).

➕ tendency 몧 경향, 추세

1969 **attend**
[əténd]

통 보살피다, ~에 유의하다, 출석하다

어려운 사람을 **보살피기**(attend) 위해 한(a) 손을
뻗읍시다(ten)!

1970

contend
[kənténd]

동 싸우다, 겨루다, 경쟁하다

권투는 함께(con) 손을 뻗어서(ten) **싸우지요**
(contend). 펜싱도 그렇다고요?

➕ contention 명 싸움, 말다툼

1971

continent
[kάntənənt]

명 대륙, 육지

대륙 이동에 편한 **콘티넨탈** 항공
– 수많은 사람이 다 같이(con) 손을 펼치면(tin → ten)
전체 대륙(continent)이 하나로 연결되겠죠.

함께 익혀요 continue 동 계속하다, 연장하다

1972

rebuke
[ribjúːk]

명 비난 동 비난하다

타인의 책을 표절하면 비난받아 마땅해요.
– 다시(re)와 책(buke → book)이 합쳐져
비난/비난하다(rebuke)가 되지요.

1973

token
[tóukən]

명 표시, 증거, (화폐 대용으로 쓰는) 토큰

예전에는 버스를 탈 때 **토큰**을 사용했다는 거 아세요?
게임 토큰

1974

grant
[grænt]

동 수여하다, 인정하다 명 보조금

훌륭한(grand) 일을 하면 표창장을 **수여하지요**(grant).

함께 익혀요 grand 형 장대한, 훌륭한 → 그랜드캐니언

1975

tolerate
[tάlərèit]

동 참다, 견디다

화장실(toilet)이 급한데 **참을**(tolerate) 수 있나요?

➕ tolerable 형 참을 수 있는 → '~할 수 있는'을 뜻하는 able
intolerable 형 참을 수 없는 → 부정의 의미 in
tolerant 형 관대한, 용인하는 → 관대한(tolerant) 사람일수록 많
이 참겠죠(tolerate).

1976

meadow
[médou]

명 목초지, 초원

소들이 음메~하는 **목초지**(meadow)

1977

meager
[míːgər]

형 여윈, 빈약한

여윈(meager) 사람에게는 고기(meat)가 필요할지도
몰라요.

DAY 37

Doing yoga is my daily routine.

요가는 제가 일상적으로 하는 것이에요.

Day37.mp3

쉽게 풀어낸 어원

아파트 안에서 한 줌의 흙을 만질 수 있는 곳은
테라스(terrace)겠죠. 테리어(terrier) 종은 땅에 붙어
다닐 만큼 다리가 짧은 애완견이고요.
terra 또는 **terri**는 흙, 땅을 뜻합니다.

1978 **territory**
[térətɔ̀:ri]

명 영토, 국토

terri(흙)에서 파생한 territory(**영토/국토**)

1979 **the Mediterranean**
[ðə mèdətəréiniən]

명 지중해(地中海)

유럽, 아시아, 아프리카 중간에(med) 있는 땅(terra)
부근의 바다가 **지중해**(Mediterranean)이지요.

1980 **extraterrestrial**
[ékstrətəréstriəl]

명 외계인, 우주인(ET)   형 외계의

별개의(extra)와 땅(terre → terra)이 합쳐져
외계의/우주인(extraterrestrial)이 되지요.

1981 **route**
[ru:t]

명 길, 통로, 루트

판매 **루트**를 개척하다, 공격 **루트**를 차단하다

1982 **routine**
[ru:tí:n]

형 일상적인, 틀에 박힌   명 일상적인 일

루틴하다 – 틀에 박힌 듯하다
출퇴근 길(route)은 맨날 왔다 갔다 하는 **틀에 박힌**
(routine) 길이죠.

"한 단어당 10초씩 읽어 보세요."

목표 시간: 15분

걸린 시간: 분

1983 **trigger**
[trígər]

명 방아쇠 동 발사하다, 유발하다
호랑이(tiger)를 향해 당긴 **방아쇠**(trigger)

1984 **tyrant**
[táiərənt]

명 폭군, 전제 군주
호랑이(tiger)와 **폭군**(tyrant) 중에 뭐가 더 무서울까요?
⊕ **tyranny** 명 전제정치, 포악

1985 **user**
[júːzər]

명 사용자, 유저
유저 추천 음악 – 실제 사용자가 추천하는 음악
⊕ **use** 명 [juːs] 이용 동 [juːz] 쓰다, 사용하다 **useful** 형 쓸모
있는, 유용한 **useless** 형 쓸모없는, 무익한 **usage** 명 용법, 어
법, 습관

1986 **usual**
[júːʒuəl]

형 보통의, 일상의
일반인들이 사용하는(use) **보통의**(usual) 물건
⊕ **unusual** 형 비범한, 이상한

1987 **abuse**
동 [əbjúːz] 명 [əbjúːs]

동 남용하다, 학대하다 명 남용, 학대
차일드 **어뷰즈** – 아동 학대
– 벗어난(ab)과 사용하다(use)가 합쳐진
남용하다/학대하다/남용/학대(abuse)

1988 **stain**
[stein]

명 얼룩 동 더러워지다, 얼룩지게 하다
녹슬지 않는 **스테인**리스(stain**less**) 믹서기

1989 **disdain**
[disdéin]

명 경멸 동 경멸하다
얼굴에 얼룩(stain)이 좀 묻었다고 **경멸하면**(disdain)
안 되겠죠.

쉽게 풀어낸 어원

노래 실력을 증명하고 싶다면
노래 콘테스트(contest)에 참가해보세요.
test는 시험, 증거를 뜻합니다.

1990
test
[test]

명 테스트, 실험, 시험 동 시험을 치르다
➕ **testify** 동 증언하다, 입증하다

1991
contest
명 [kántest] 동 [kəntést]

명 콘테스트, 시합 동 논쟁하다, 다투다
댄스 **콘테스트**, 칠면조 먹기 콘테스트

1992
testimonial
[tèstəmóuniəl]

명 증명서, 추천서
시험(test)을 통과하면 발급되는 품질 **증명서**
(testimonial)
➕ **testimony** 명 증명, 증언

1993
protest
동 [prətést] 명 [próutest]

동 항의하다, 주장하다 명 시위, 주장
항의할(protest) 때는 앞으로(pro) 증거(test)를
내밀죠.

1994
detest
[ditést]

동 미워하다, 싫어하다
누군가를 **싫어한다면**(detest) 아래(de)로 끌어내리는
불리한 증거(test)를 대겠죠.

1995
school
[sku:l]

명 학교, 교실, 수업 동 훈련하다
스쿨 버스 – 통학 버스, 미들 스쿨 – 중학교
➕ **scholarship** 명 장학금, 학문

1996
stool
[stu:l]

명 (등받이가 없는) 의자, 걸상
등받이가 없는 **의자**(stool)를 사용하는 학교(school)도 있
겠죠.

1997	**rose** [rouz]	명 장미 **로즈** 데이 – 연인에게 장미를 선물하는 날 로즈 가든 – 장미 정원
1998	**cosy** [kóuzi]	형 아늑한(= cozy) 장미(rose)로 둘러싸여 있는 **아늑한**(cosy) 정원

1999	**service** [sə́:rvis]	명 서비스, 봉사, 수고 고객 **서비스** 센터, 서비스가 좋군요. ➕ **serve** 통 봉사하다, 시중들다
2000	**servant** [sə́:rvənt]	명 종업원, 공무원, 하인 손님에게 봉사하는(serve) 종업원(servant)

2001	**integrate** [íntəgrèit]	통 통합하다, 합병하다 수학에서 '적분'을 **인테그럴**(integral)이라고 하죠. 이 integral이 바로 integrate(통합하다)에서 나왔어요.
2002	**license** [láisəns]	명 면허증, 인가(= licence) 드라이버스 **라이선스**(driver's license) – 운전면허 라이선스 계약 – 지적 재산권 등을 제3자에게 허락하는 것
2003	**insert** [insə́:rt]	통 삽입하다, 끼워 넣다 나사 **인서트** – 나사를 삽입하는 공구 (컴퓨터) 인서트 키 – 삽입 키
2004	**scheme** [ski:m]	명 계획 통 계획하다 스케줄(schedule)에 따른 **계획**(scheme)
2005	**sanitary** [sǽnətèri]	형 위생의 소금기 있는 바닷물에 씻긴 모래(sand)는 **위생적이겠죠** (sanitary). ➕ **sanitation** 명 위생

2006
scarce
[skɛərs]

형 부족한, 드문

스카프(scarf)가 몇 장 **부족한**(scarce) 상태예요.

➕ scarcely 부 간신히, 거의 ~않다 → 부족한(scarce) 와중에 간신히(scarcely) 해냈군요.

2007
skeleton
[skélətn]

명 해골, 골격, 뼈대

동계올림픽 **스켈레톤** 경기(썰매가 사람의 골격을 닮은 데서 유래), 스켈레톤 시계(투명하여 내부 **구조**가 보이는 시계)

함께 익혀요 skeptical 형 의심 많은, 회의적인(= sceptical) → 의심 많은 (skeptical) 사람의 해골(skeleton)은 어떻게 생겼길래 맨날 의심하죠?
skull 명 두개골 → skeleton(해골)의 유의어인 skull(두개골)

2008
skip
[skip]

동 건너뛰다, 스킵하다

드라마를 보면서 지겨운 부분을 **스킵**했지.

2009
random
[rǽndəm]

형 무작위의, 닥치는 대로 하는

랜덤 추첨 – 무작위 뽑기

2010
within
[wiðín]

부 안쪽에 전 ~의 안에

in(안)에서 파생한 within(**안쪽에/안에**)

2011
serene
[sərí:n]

형 조용한, 고요한, 잔잔한, 화창한

serene(**조용한**)은 시끄러운 siren(사이렌, 경보)과 상반된 개념이죠.

2012
release
[rilí:s]

동 석방하다, 발표하다 명 석방, 발표

(야구) **릴리스** 포인트 – 투수가 야구공을 놓는(석방하는) 지점

2013
relax
[rilǽks]

동 편안하게 하다, 늦추다, 쉬다, 긴장을 풀다

릴랙스 의자에 앉아 편안하게 릴랙스 마사지를 받다

2014
leisure
[líːʒər]

명 레저, 여가 형 한가한

레저 스포츠(레포츠), 레저 산업

쉽게 풀어낸 어원

프로 팀 사이에서 소속 선수를 이적시키거나
교환하는 것을 트레이드(trade)라고 하죠.
tra는 넘기다를 뜻합니다.

Pitcher   Heater

2015 **trade**
[treid]

통 교환하다 명 거래, 무역
트레이드마크(TM), e-트레이드 – 전자무역

2016 **tradition**
[trədíʃən]

명 전통, 전설, 관습
전통(tradition)은 조상이 후손에게 넘겨주는(tra) 것이죠.
➕ **traditional** 형 전통적인

2017 **betray**
[bitréi]

통 배반하다, 누설하다
비밀을 넘겨버리면(tra) **누설하는**(betray) 것이죠.
➕ **betrayal** 명 배반, 배신
함께 익혀요 **traitor** 명 반역자 **trait** 명 특색, 특징 → 반역자
(traitor)의 얼굴은 어떤 특색(trait)이 있을까요?

2018 **tragedy**
[trǽdʒədi]

함께 익혀요
명 비극
조국을 배반한(betray) 매국노에겐 **비극**(tragedy)이
기다리지요.
➕ **tragic** 형 비극의, 비참한

2019 **illustrate**
[íləstrèit]

통 설명하다, 예증하다, ~에 삽화를 넣다
일러스트가 들어간 책, 일러스트 작가
➕ **illustration** 명 삽화, 예증

2020 **panel**
[pǽnl]

명 패널, 토론자단, 합판, 널빤지
TV 토론 **패널**, (건축) 판넬('패널'의 콩글리시 발음)

2021 **channel**
[tʃǽnl]

명 경로, 해협
TV **채널**, 외교 채널
함께 익혀요 **canal** 명 운하, 수로

쉽게 풀어낸 어원

토네이도(tornado)는 회오리치며
뒤틀리듯 부는 바람이죠.
tor는 뒤틀다를 뜻합니다.

2022
torture
[tɔ́ːrtʃər]

명 고문 동 고문하다

토처 테라피 – 고문을 통한 치유(이런 치유도 있군요~)
– 몸을 뒤틀게(tor) 하는 **고문**(torture)

2023
torment
명 [tɔ́ːrmənt] 동 [tɔːrmént]

명 고문, 심한 고통 동 고문하다, 괴롭히다

미국 워싱턴 주의 **토먼트** 폭포를 정면으로 맞는 것은
고문(torment)일 거예요.

2024
distort
[distɔ́ːrt]

동 왜곡하다, 곡해하다

진실을 벗어나게(dis) 뒤틀면(tor) **왜곡하는**(distort)
것이죠.

2025
retort
[ritɔ́ːrt]

명 말대꾸, 응수 동 말대꾸하다

가는 말이 고와야 오는 말이 고운 법
– 한쪽이 꼬아 말하면 상대방은 다시(re) 뒤틀어(tor)
말대꾸하겠죠(retort).

2026
goodwill
[gúdwil]

명 친절, 호의

좋은(good)과 의지(will)가 결합하여 **친절/호의**
(goodwill)가 됩니다.
➕ will 명 의지, 결심, 유언장 동 ~일 것이다

2027
gear
[giər]

명 장비, 기어 동 조정하다

자동차의 **기어**를 바꾸어 넣다

2028
right
[rait]

명 오른쪽, 권리 형 올바른 부 바로

(권투) **라이트** 훅 – 오른쪽 훅, 라이트 잽 – 오른쪽 잽
➕ upright 형 똑바른, 정직한 righteous 형 바른, 공정한

트랙터는 땅을 질질 끌면서(tract) 밭을 갈죠.
tract는 끌다를 뜻합니다.

2029

attraction
[ətrǽkʃən]

명 매력, 끄는 힘

놀이공원이나 테마파크의 **어트랙션**
– 매력(attraction)이란 사람의 마음을 끌어당기는(tract)
힘이죠.

➕ **attract** 동 끌다, 매혹하다

2030

contract
명 [kántrækt] 동 [kəntrǽkt]

명 계약 동 계약하다

양쪽 당사자가 함께(con) 합의사항을 끌어내면(tract)
계약(contract)을 체결한 것이죠.

2031

extract
동 [ikstrǽkt] 명 [ékstrækt]

동 뽑다, 추출하다, 발췌하다 명 추출물

엑기스를 밖(ex)으로 뽑아내는(끌어내는, tract) 것을
추출한다고(extract) 하지요.

2032

abstract
동 형 [æbstrǽkt] 명 [ǽbstrækt]

동 추출하다, 발췌하다 형 추상적인 명 추상

원심분리기는 회전력을 이용해서 물체가 중심에서 벗어나
도록(ab) 끌어당겨서(tract) **추출하지요**(abstract).

함께 익혀요 **distraction** 명 산만함, 주의 산만, 오락

2033

subtract
[səbtrǽkt]

동 빼다, 공제하다

숫자를 아래로(sub → subway 연상) 끌어당기면(tract)
빼다/공제하다(subtract)가 되지요.

2034

regret
[rigrét]

명 후회 동 후회하다

대단한 사람 뒤에서 후회만 한다면 성공할 수 없어요.
– 뒤(re)와 대단한(gret → great)이 합쳐져
후회/후회하다(regret)가 됩니다.

➕ **regretful** 형 뉘우치는 → 후회(regret)로 가득한(ful)
regrettable 형 유감스러운, 후회스러운

His rudeness made me upset.

그의 무례함이 제 기분을 언짢게 했어요.

2035 outset
[áutset]

명 착수, 시작
자동차를 차고 밖에(out) 놓고(set) 운전을 **시작**(outset)
해 볼까요?

2036 upset
동 [ʌpsét] 명 형 [ʌ́psèt]

동 뒤엎다, 당황하게 하다(-upset-upset)
명 전복 형 기분이 상한
모래시계의 바닥 쪽을 위(up)로 돌려놓으면(set)
뒤엎다(upset)가 되지요.

2037 settle
[sétl]

동 정착하다, 해결하다
모든 게 풀세트(set)로 제공되는 집에 **정착하여**(settle)
살고 싶어요.

2038 essay
[ései]

명 수필, 에세이
에세이 분야 베스트셀러

2039 say
[sei]

동 말하다, 표현하다(-said-said)
이 에세이(essay)를 통해 저자는 무엇을 **말하고**(say)
있죠?

2040 theme
[θi:m]

명 주제, 화제, 제목(= thema)
테마(thema) 수업, 테마 파크

2041 theory
[θíːəri]

명 이론
특정 주제(theme)에 기초한 **이론**(theory)

"한 단어당 10초씩 읽어 보세요."

목표 시간: 15분

걸린 시간: 분

쉽게 풀어낸 어원

울트라사운드(ultrasound, 초음파)에서
ultra는 뛰어난, 초(超)를 뜻합니다.

2042 **ultrasound**
[ʌ́ltrəsàund]

명 초음파

울트라사운드 치료기 – 초음파 치료기

2043 **ultraviolet**
[ʌ̀ltrəváiəlit]

명 자외선 형 자외선의

초월한(ultra)과 보라색(자주색, violet)이 합쳐져
자외선(ultraviolet)이 되죠.

함께익혀요 **violet** 명 제비꽃, 보라색, 신경질적인 사람

2044 **ultimate**
[ʌ́ltəmət]

형 최후의, 궁극적인

모든 것을 초월한(ultra) **궁극적인**(ultimate) 경지

2045 **acute**
[əkjúːt]

형 날카로운, 예리한, 격렬한

사람은 귀여울(cute) 때도 있지만 **날카로울**(acute)
때도 있지요.

함께익혀요 **cute** 형 귀여운 → 큐트하다 – 귀엽다, 큐트룩
– 귀여워 보이는 옷차림

2046 **accurate**
[ǽkjurət]

형 정확한

예리한(acute) 작업을 할 때는 **정확한**(accurate) 기술이
필요하죠.

➕ **inaccurate** 형 부정확한

쉽게 풀어낸 어원

유니폼(uniform)은 학교나 직장에서
똑같이 맞춰 입는 옷이죠.
uni는 **하나**라는 뜻입니다.

2047 **uniform**
[jú:nəfɔ̀:rm]

명 유니폼, 제복

하나의(uni) + 폼(form)

2048 **unite**
[ju:náit]

동 연합하다, 결합하다

박지성 선수가 뛰었던 맨유(Manchester United,
맨체스터 유나이티드)
– unite는 하나(uni)로 **연합하다/결합하다**
(unite)입니다.

➕ united 형 연합한 United States 명 미합중국, 미국
함께 익혀요 state 명 국가, 상태, 신분 동 진술하다 → (상식)
스윙 스테이트 – 강대국에 휘둘리는 국가 statesman
명 정치가 → 국가(state)에는 정치가(statesman)가 있죠.

2049 **unit**
[jú:nit]

명 단위, 단일체

아파트 **유닛** 평면도 – 아파트 세대(한 가구) 평면도
게임 유닛
– uni(하나)에서 파생한 unit(단위/단일체)

➕ unity 명 단일성, 통일, 합동

2050 **unique**
[ju:ní:k]

형 유일한, 독특한

유니크하다 – 독특하다
– 하나(uni)밖에 없으면 **독특하겠죠**(unique).

2051 **union**
[jú:njən]

명 협회, 노동조합, 연합

union은 하나(uni)로 뭉쳐진 단체인
협회/노동조합/연합(union)을 뜻합니다.

2052 **unification**
[jù:nəfikéiʃən]

명 통일

우리의 소원은 남북이 하나(uni)되는 **통일**(unification)
이죠.

➕ unify 동 통일하다

2053 drive
[draiv]

통 몰다, 운전하다(-drove-driven) 명 추진력
(자동차) 주말 **드라이브**

2054 deprive
[dipráiv]

통 빼앗다, 박탈하다
음주운전을 하면(drive) 운전면허가 **박탈될**(deprive) 수
도 있어요.

2055 timely
[táimli]

형 때맞춘, 적기의
골든**타임** – 사고나 사건에서 인명을 구조하기 위한 초반
금쪽같은 시간, 타이밍이 좋다
함께 익혀요 **tame** 통 길들이다 형 길든 → 야생마도 시간(time)이
지나면 온순하게 길들일(tame) 수 있겠죠.

2056 timber
[tímbər]

명 수목, 목재
팀버 주택 – 목조 주택, 팀버 가구
– 수목(timber)이 자라는 데는 오랜 시간(time)이 걸리죠.

2057 shutter
[ʃʌ́tər]

명 셔터, 닫는 사람, 덧문
도난의 위험이 있으니 **셔터**를 잘 내리세요.
➕ **shut** 통 닫다, 차단하다(-shut-shut)

2058 shudder
[ʃʌ́dər]

통 떨다, 전율하다
겨울에 문을 닫지(shut) 않으면 추위에 **떨겠죠**(shudder).

2059 noise
[nɔiz]

명 소음, 시끄러움
(경제 용어) **노이즈** 마케팅 – 시끄러운 마케팅(시끄러운
화제로 소비자의 호기심을 이용하는 판매기법)

2060 annoy
[ənɔ́i]

통 괴롭히다, 성가시게 하다, 짜증나게 하다
소음(noise)은 상대방을 **짜증나게 하죠**(annoy).

쉽게 풀어낸 어원

네임 밸류(name value)는
이름이 가지고 있는 가치이지요.
val은 **가치**를 뜻합니다.

2061 **value**
[vǽljuː]

몡 **값, 가치** 통 **존중하다**
소셜 밸류 – 사회적 가치
➕ **valuable** 형 귀중한, 값비싼 **valueless** 형 무가치한 →
가치(value) + ~없는(less)

2062 **invaluable**
[invǽljuəbl]

형 **아주 귀중한, 값을 매길 수 없는**
가족처럼 매우 귀한 것은 값으로 매길 수 없지요.
– 부정의 의미(in) + 가치(val)

2063 **evaluate**
[ivǽljuèit]

통 **평가하다**
밖(e)에서 객관적으로 물건의 가치(val)를 **평가하다**
(evaluate)

2064 **valid**
[vǽlid]

형 **유효한, 타당한**
신용카드에 명시된 **유효**기간(valid date)
➕ **invalid** 형 무효인, 효력 없는 → 부정의 의미 in

2065 **valiant**
[vǽljənt]

함께 익혀요
형 **용감한**
가치(val) 있는 것을 지키려면 **용감해야**(valiant) 해요.

2066 **shy**
[ʃai]

형 **부끄러워하는, 수줍어하는, 소심한**
샤워(shower) 캡을 쓰고 외출했다면 **부끄럽겠죠**(shy).

2067 **sly**
[slai]

형 **교활한**
그 사람은 소심한가요(shy), 아니면 **교활한가요**(sly)?

2068 start
[sta:rt]

동 시작하다, 출발하다 명 출발
스타트 라인 – 출발선, 스타팅 멤버 – 시작하는 멤버
함께 익혀요 retarded 형 지능 발달이 늦은

2069 startle
[stá:rtl]

동 깜짝 놀라게 하다
죽은 줄 알았던 사람이 움직이기 시작한다면(start)
모든 사람을 깜짝 놀라게 하겠죠(startle).

2070 shabby
[ʃǽbi]

형 초라한, 허름한, 누추한
면도하지(shave) 않은 초라한(shabby) 모습
함께 익혀요 shave 명 면도 동 면도하다 → 셰이빙 크림

2071 tidy
[táidi]

형 단정한, 정돈된 동 정돈하다
넥타이(tie)를 맨 단정한(tidy) 모습
➕ untidy 형 단정치 못한 → 부정의 의미 un

2072 sour
[sauər]

형 시큼한, 신
시큼한(sour) 냄새가 나면 샤워(shower)를 해야죠.

2073 sober
[sóubər]

형 술 취하지 않은, 진지한
탄산수(soda, 소다)만 마셨다면 술에 취하지 않은
(sober) 상태이죠.

2074 stuff
[stʌf]

명 물건, 재료, 원료
직원(staff) 전용 물건(stuff)

2075 spur
[spə:r]

명 박차, 자극 동 박차를 가하다
(달리기) 막판 스퍼트(spurt)를 내다
– 막판에 박차를 가해서 힘껏 달리다

2076 prestige
[prestí:ʒ]

명 명성, 위신
프레스티지 카드, 높은 등급의 신용카드나 고급 차량
모델의 이름에 '프레스티지'라는 말이 종종 붙지요.

쉽게 풀어낸 어원

바캉스(vacance, 휴가) 떠나면 집 안이 텅 비겠죠.
va 또는 **vac**는 **텅 빈**을 뜻합니다.

2077

vacation
[veikéiʃən]

명 방학, 휴가

학교가 텅 비는(vac) 신나는 **방학**(vacation)

함께 익혀요 vocation 명 직업 → 직업(vocation)이 없는
것은 끝없는 방학(vacation)을 의미하나요?
vacant 형 비어 있는, 공허한

2078

vacuum
[vǽkjuəm]

명 진공 형 진공의 동 진공청소기로 청소하다

배큠 클리너 – 진공청소기

2079

evacuate
[ivǽkjuèit]

동 비우다, 대피시키다

불이 나면 집을 비우고 밖으로 나가야죠.
– 밖(e)과 텅 빈(vac)이 합쳐져 **비우다/대피시키다**
(evacuate)가 됩니다.

2080

devastate
[dévəstèit]

동 황폐하게 만들다, 폐허로 만들다

집 아래(de)까지 불에 타서 완전히 비면(va)
폐허로 만든(devastate) 것이죠.

2081

vain
[vein]

형 헛된, 소용없는, 허영심이 강한

속이 텅 빈(va) 저금통은 잘라봐야 **소용없어요**(vain).

➕ vanity 명 허무, 허영
함께 익혀요 vein 명 혈관, 정맥 → 정맥(vein)도 속이 비었지요
(ve→va). artery 명 동맥 → 혈관의 신비 → 인체의 예술품(art)이
동맥(artery)이지요.

2082

avoid
[əvɔ́id]

동 무효로 하다, 피하다

과자를 샀는데 봉지 속이 텅 비었다면(vo → va)
과자 구입을 **무효로 해야지요**(avoid).

➕ unavoidable 형 피할 수 없는

2083

vapor
[véipər]

명 수증기, 안개

뿌연 **안개**(vapor) 속은 텅 비어(va) 있죠.

➕ evaporate 동 증발하다, 사라지다 → 밖(e) + 수증기(vapor)

2084 vague
[veig]

형 애매한, 모호한

말은 하지만 내용이 비어(va) 있으면 무슨 뜻인지
모호하겠죠(vague).

2085 stray
[strei]

동 제 위치를 벗어나다

원래 위치에 머물지(stay) 않고 **제 위치를 벗어났군요**
(stray).

➕ **astray** 부 형 길을 잃어, 길을 잘못 들어
함께 익혀요 **stay** 동 머무르다 명 체류 → 오버 스테이 – 허용된 기간
을 넘겨서 머무르기

2086 ecstasy
[ékstəsi]

명 무아의 경지, 황홀

a moment of ecstasy – **무아경**의 순간

2087 saw
[sɔː]

명 톱 동 톱질하다

놀이터의 시소(seesaw)는 **톱**(saw)으로 잘라 만들었요?
함께 익혀요 **sew** 동 바느질하다, 꿰매다 → 아빠가 톱질하면(saw)
엄마는 바느질하죠(sew). → 두 단어의 발음이 동일

2088 article
[áːrtikl]

명 조항, 기사, 물품

법률 조항/신문 기사(article)와 같은 전문적인 글은
아무렇게나 쓸 수 없고 상당한 기술(art)을 요하지요.

2089 insomnia
[insámniə]

명 불면증

인터넷 소설을 줄여서 '인소'라고들 하죠.
– 인소 마니아(mania)라면 밤새 소설을 읽느라
불면증(insomnia)에 걸릴 수도 있겠네요.
함께 익혀요 **asleep** 형 잠이 든

2090 asset
[ǽset]

명 자산, 재산

○○**에셋** 증권, 마이에셋 자산운용

2091 annihilate
[ənáiəlèit]

동 전멸시키다

백범 김구(金九) 선생을 암살한 안두희 같은 사람을
전멸시키다(annihilate).

DAY 39

It is difficult to break the stereotype.

고정관념을 깨기란 어려운 일이에요.

Day39.mp3

2092 **stern**
[stə:rn]

형 엄한, 엄격한
스턴트맨이 받는 **엄격한**(stern) 훈련

2093 **stunning**
[stʌ́niŋ]

형 놀랄 만한, 기절할 정도의, 훌륭한
스턴트맨은 **놀랄 만한**(stunning) 액션을 선보이죠.
➕ stun 통 기절시키다, 놀래다

2094 **type**
[taip]

명 종류, 유형
어떤 **타입**의 물건을 좋아하세요? A 타입? B 타입?
➕ typical 형 전형적인, 대표적인

2095 **stereotype**
[stériətàip]

명 고정관념, 틀에 박힌 방식, 인습
자기 스타일(style)에 안주하려는 **고정관념**(stereotype)
을 버립시다.

2096 **workshop**
[wə́:rkʃàp]

명 강습회, 워크숍
주말 **워크숍**에 한 사람도 빠짐없이 참가합시다!
➕ coworker 명 동료 → 함께(co) + 일하다(work)

2097 **worship**
[wə́:rʃip]

명 예배, 숭배 통 숭배하다
(기독교) 일주일의 6일은 일하고(work) 하루는
예배하지요(worship).

2098 **weak**
[wi:k]

형 힘이 없는, 약한
너무 열심히 일하고(work) 나면 지쳐서 **힘이 없겠죠**
(weak).

"한 단어당 10초씩 읽어 보세요."

⏱ 목표 시간: 15분
✓ 걸린 시간: 분

2099 strike
[straik]

동 치다, 때리다, 파업하다(-struck-struck)
야구나 볼링의 **스트라이크**
노동자들의 스트라이크 – 파업

➕ **striking** 형 현저한, 두드러진 → 과격한 파업(strike)을 목격했다면 그 잔상이 두드러지겠죠(striking).

2100 stroke
[strouk]

명 때리기, 강타, 뇌졸중
strike(때리다)에서 파생한 stroke(**강타**)

➕ **heatstroke** 명 일사병, 열사병

2101 strife
[straif]

명 투쟁
파업(strike)은 노동자가 전개하는 **투쟁**(strife)이지요.

➕ **strive** 동 투쟁하다, 애쓰다

2102 newbie
[njú:bi:]

명 뉴비, 신출내기, 미숙자
new(새로운)에서 파생한 newbie(**신출내기**)

➕ **renew** 동 새롭게 하다, 갱신하다 **renewal** 명 갱신

2103 nuisance
[njú:sns]

명 방해물, 성가신 것
신출내기(newbie)는 모르는 것이 많아 옆 사람에게
성가신 존재(nuisance)인가요?

2104 widow
[wídou]

명 미망인, 과부
창문(window) 밖을 바라보는 **미망인**(widow)

➕ **widower** 명 홀아비

2105 wither
[wíðər]

동 시들다, 말라 죽다
미망인(widow)이 들고 있는 꽃이 **시들다**(wither)

'세상에서 제일 아름다운 거리'로 일컬어지는
파리 상젤리제 애비뉴(avenue)에는 많은 사람들이 오가죠.
ven은 오다, 가다를 뜻합니다.

2106

convenient
[kənvíːnjənt]

형 편리한

가이드와 같이(con) 여행을 가면(ven) 참 **편리하죠**
(convenient).

➕ **convenience** 명 편리 → 컨비니언스 스토어(convenience
store) – (24시간) 편의점 **inconvenience** 명 불편

2107

invent
[invént]

동 발명하다

한 분야 속으로(in) 파고 들어가면(ven) 언젠가 위대한
발명(invent)을 하게 될지도 몰라요.

➕ **invention** 명 발명

2108

intervene
[ìntərvíːn]

동 중재하다, 간섭하다

화해시키려면 당사자 사이(inter)를 왔다 갔다(ven) 하면서
잘 **중재해야죠**(intervene).

2109

prevent
[privént]

동 예방하다, 방해하다

미리(pre) 가서(vent) 사고를 **예방하다**(prevent)

2110

revenue
[révənjùː]

명 세입, 소득

일을 하면 뒤에(re) 따라오는(ven) **소득**(revenue)

2111

convention
[kənvénʃən]

명 집회, 대회, 관습

국제 **컨벤션** 센터 – 국제 회의장
– 집회(convention)가 열리면 다 같이(con) 몰려가죠
(vent).

2112

bazaar
[bəzáːr]

명 시장, 상점가, 바자

(관광지) 나이트 **바자** – 야시장

쉽게 풀어낸 어원

버티컬(vertical) 블라인드는 일반적인
가로형 블라인드와는 달리 슬릿이 세로로 "돌려져" 있죠.
vert 또는 **vers**는 **돌다**를 뜻합니다.

2113	**vertical** [vɔ́:rtikəl]	혱 수직의, 세로의 베란다 **버티컬**

| 2114 | **reverse**
[rivə́:rs] | 몡 반대 혱 반대의, 거꾸로 된 통 되돌리다
자동차가 **반대**(뒤)로 움직이게 하는 후진 기어 R은
reverse의 약자
함께 익혀요 **versus** 젠 ~와 대비하여, ~에 대하여
verse 몡 운문, 시(詩) |

| 2115 | **convertible**
[kənvə́:rtəbl] | 혱 전환할 수 있는 몡 오픈카
(자동차) **컨버터블** – 지붕을 따로 떼어 내거나 접을 수
있도록 만든 차량
➕ **converter** 몡 컨버터, 변환기 **convert** 통 바꾸다, 전환하다 |

| 2116 | **invert**
[invə́:rt] | 통 거꾸로 하다, 뒤집다
옷의 안쪽(in)을 바깥쪽으로 돌려서(vert) **뒤집어**(invert)
입으면 웃기겠죠. |

| 2117 | **diverse**
[divə́:rs] | 혱 다양한
망원경을 돌리면(vers) 보이는 **다양한**(diverse) 경치
➕ **diversity** 몡 다양성 |

| 2118 | **adverse**
[ædvə́:rs] | 혱 반대의, 역(逆)의
계속 돌다(vers) 보면 언제가 **반대의**(adverse) 각도가
되겠죠.
➕ **adversity** 몡 역경, 불행 |

| 2119 | **advertisement**
[ædvərtáizmənt] | 몡 광고(= ad)
애드 벌룬 – 풍선 광고 |

쉽게 풀어낸 어원 **vid/vis/vi** ①

텔레비전(television) 혹은
뮤직 비디오(music video)에서
vid, vis, vi는 모두 **보다**를 뜻합니다.

2120
vision
[víʒən]

명 시력, 통찰력

비전과 전망, 비전 있는 직업

➕ visible 형 보이는, 뚜렷한 invisible 형 볼 수 없는

2121
view
[vjuː]

명 보기, 견해, 관점 동 바라보다

싸이의 〈강남스타일〉 유튜브 조회수가 26억 **뷰**를 넘겼다고
하죠.

2122
preview
[príːvjùː]

명 시사회, 예고편, 예습 동 미리 보다

미리(pre)와 보다(vi)가 합쳐져 **시사회/예고편/예습/
미리 보다**(preview)가 되지요.

2123
review
[rivjú]

동 재조사하다 명 재조사, 복습

핵심 이론 리뷰 & 복습 강좌
– 다시(re)와 보다(vi)가 합쳐져 **재조사하다/재조사/
복습**(review)이 되죠.

2124
visual
[víʒuəl]

형 시각의, 시력의

비주얼 이펙트(visual effect) – 시각 효과

함께 익혀요 virtual 형 가상의, 사실상의

2125
evidence
[évədəns]

명 증거, 증인

범죄를 밖(e)으로 내보여(vid) 밝히는 **증거**(evidence)

➕ evident 형 명백한
함께 익혀요 inevitable 형 피할 수 없는, 필연적인 → 확실한 증거
(evidence)가 있으면 피할 수 없지요(inevitable).

2126
provide
[prəváid]

동 준비하다, 제공하다, 공급하다

미래(앞, pro)를 내다보며(vid) **준비합시다**(provide).

➕ provision 명 비축, 준비, 대비, 비상식량(= provisions)
함께 익혀요 providence 명 선견지명, 신의 섭리, 신의 뜻 →
신이 앞으로(pro) 일어날 일을 보여주신(vid) 것

2127 invite
[inváit]

함께 익혀요
동 초대하다

누군가를 **초대한다는**(invite) 것은 집 안으로(in) 들어와서 이것저것 보라는(vi) 것이죠.

➕ invitation 명 초청, 초대

2128 devise
[diváiz]

동 고안하다, 궁리하다

새로운 것을 생각해낼 때는 아래(de → down)까지 세심하게 보면서(vis) **고안하겠죠**(devise).

➕ device 명 고안, 장치 → 디바이스 – 장치, 모바일 디바이스

2129 deep
[di:p]

형 깊은 명 깊이

지프(jeep) 차가 **깊은**(deep) 수렁에 빠졌네요.

➕ depth 명 깊이

2130 weep
[wi:p]

동 울다, 소리치다

지프(jeep)가 빵빵대는 것도 **우는**(weep) 건가요?

2131 peep
[pi:p]

동 엿보다

왜 우는지(weep) **엿볼까요**(peep)?

2132 coast
[koust]

명 해안

(호주) 골드 **코스트** – 황금빛 해안, 놀이공원의 롤러코스터(rollercoaster)는 유람선(coaster, 코스터)처럼 출렁거리지요.

2133 boast
[boust]

동 자랑하다

해변(coast)에 가면 멋진 수영복을 입고 **자랑**(boast)하는 사람들을 볼 수 있어요.

➕ boastful 형 자랑하는

쉽게 풀어낸 어원 vid/vis/vi②

텔레비전(television) 혹은
뮤직 비디오(music video)에서
vid, vis, vi는 모두 **보다**를 뜻합니다.

2134

revise
[riváiz]

동 개정하다, 교정하다, 복습하다
책을 출판한 후 다시(re) 보면서(vis) 더욱 멋지게
개정하기도(revise) 하죠.
➕ **revision** 명 개정, 교정

2135

obvious
[ábviəs]

형 명백한, 분명한
독수리처럼 위(op → up)에서 아래로 내려다보면(vi)
보다 **분명한**(obvious) 모습이 드러나죠.

2136

oblivion
[əblíviən]

명 망각
인간은 망각의 동물~ 보지 않으면 잊어버리죠.
– 벗어난(ob → off)과 보다(vi)가 합쳐져
망각(oblivion)이 됩니다.

2137

supervise
[sú:pərvàiz]

동 감독하다, 지휘하다
업무를 감독할 때는 위에서(super) 전체적으로 보며(vis)
감독하죠(supervise).

2138

survey
동 [sərvéi] 명 [sə́:rvei, sərvéi]

동 조망하다, (설문) 조사하다   명 조사
위에서(sur → sun 연상) 훑어보면(vey → vi)
내려다보다/조사하다/조사(survey)가 되겠죠.

2139

witness
[wítnis]

명 증거, 증인, 목격자
증인(witness)이란 사건을 직접 눈으로 본(wi → vi)
사람이지요.

2140

rifle
[ráifl]

명 소총, 라이플총
함께 익혀요 **stifle** 동 억누르다, 숨 막히게 하다, 참다 → 소총(rifle)이
있으면 범죄자를 억누를(stifle) 수 있겠죠.

| 2141 | **rink** [riŋk] | 몡 스케이트장, 링크
 목동 아이스 **링크** |

| 2142 | **shrink** [ʃriŋk] | 동 줄다, 오그라들다
 스케이트장(rink)에 가면 추워서 몸이 **오그라들죠** (shrink). |

| 2143 | **shrimp** [ʃrimp] | 몡 새우
 등이 오그라들고(shrink) 구부러진 **새우**(shrimp) |

| 2144 | **ceramic** [səræmik] | 몡 세라믹, 도자기
 세라믹 타일, 세라믹 냄비 |

| 2145 | **weave** [wiːv] | 동 짜서 만들다, 엮다(-wove-woven)
 weave는 web(거미줄)에서 파생되어 **짜서 만들다** (weave)를 뜻하죠. |

| 2146 | **code** [koud] | 몡 부호, 암호
 상품의 바**코드**(bar code)
 ➕ **decode** 동 (암호를) 해독하다 |

| 2147 | **tackle** [tækl] | 동 태클을 걸다, 다루다
 (축구) 백**태클** 금지, 태클 걸지 마! |

| 2148 | **rite** [rait] | 몡 예식, 종교적 의식
 예식(rite)을 치를 때는 격식에 맞는 문장을 쓰지요(write).
 ➕ **ritual** 몡 종교적 의식 혭 의식의 |

| 2149 | **titanic** [taitǽnik] | 혭 거대한
 영화 〈**타이타닉**〉에는 거대한(titanic) 배가 나오죠.
 함께익혀요 **tiny** 혭 아주 작은 → titanic(거대한)의 상반된 개념인 tiny(아주 작은) |

DAY 40

Many flood victims are in need of help.

많은 홍수 피해자들이 도움을 필요로 해요.

 Day40.mp3

쉽게 풀어낸 어원

세상에서 제일 잘 구르는 차는 볼보(Volvo)인가요?
ball의 사촌뻘인 **vol**은 **구르다**를 뜻합니다.

2150

involve
[inΛ́lv]

동 포함하다, 관여하다, 말려들다

사건 안(in)으로 굴러(vol) 들어가면 **관여하게**(involve)
되는 것이죠.

2151

evolve
[ivΛ́lv]

동 진화하다, 발전시키다

역사의 수레바퀴는 밖(e)으로 굴러가며(vol) **진화하지요**
(evolve).

➕ **evolution** 명 진화, 발전

2152

revolution
[rèvəlúːʃən]

명 회전, 혁명

빙빙 돌아가는 '프렌치 레볼루션' 놀이기구
– 다시(re)와 구르다(volv)가 연계되면 **회전/혁명**
(revolution)이 됩니다.

➕ **revolve** 동 회전하다

★잠깐 상식 프렌치 레볼루션(French Revolution)은 유럽의
구 체제를 전복시킨 프랑스 대혁명을 뜻합니다.

2153

revolt
[rivóult]

명 반란, 혐오 동 반역하다

뒷(re) 골목을 굴러다니며(vol) **반란**(revolt)을
일으키다

2154

volume
[vάljuːm]

명 책, 용적, 부피

스피커 **볼륨**을 높여주세요.
옛날 책은 둘둘 만 두루마리였다죠?
– volume(**두루마리 책/용적/부피**) 역시 vol(구르다)
에서 파생되었죠.

쉽게 풀어낸 어원

체육대회 때 '빅토리, v-i-c-t-o-r-y'라며 구호를 외치죠.
victory의 **vict** 또는 **vinc**는
승리, 정복하다를 뜻합니다.

2155 **victory**
[víktəri]

圐 승리, 정복

(역사 상식) **빅토리** 데이 – 연합군이 제2차 세계대전에서 승리한 날

2156 **victim**
[víktim]

圐 희생, 희생자

승자가 있으면 패자도 있는 법
– 승리(victory)의 제물인 **희생/희생자**(victim)

2157 **convince**
[kənvíns]

圐 확신시키다, 설득하다

의심스런 마음을 다 같이(con) 정복하면(vinc)
확신시키는(convince) 것이죠.

➕ **convict** 圐 유죄를 선고하다
conviction 圐 확신, 유죄판결

2158 **oversee**
[òuvərsíː]

圐 감독하다, 감시하다

위에서(over) 보면서(see) **감독하다**(oversee)

함께 익혀요 **sight** 圐 시력, 시야, 풍경 **sightseeing** 圐 관광, 유람
insight 圐 안목, 통찰력 → 안(in)을 보는 능력

2159 **seek**
[siːk]

圐 찾다, 구하다(-sought-sought) 圐 찾기, 수색

see(보다)와 seek(**찾다**)은 그 모양만큼이나 의미도 유사하죠.

쉽게 풀어낸 어원

비타민(vitamin)을 먹으면 활기를 되찾죠.
vitamin의 **vita**는 생명을 뜻합니다.

2160
vitamin
[váitəmin]

몡 비타민
종합 **비타민**, 멀티 비타민

2161
vital
[váitl]

혱 생명의, 중요한, 활기 있는
바이탈 사인 – 호흡, 체온, 심장 박동 등의 측정치
바이탈 체크
➕ **vitality** 몡 생명력, 활력

2162
card
[ka:rd]

몡 카드, 엽서
크리스마스 **카드**

2163
discard
[diská:rd]

동 버리다, 처분하다
쓸모없는 카드(card)는 **버리세요**(discard).

2164
swing
[swiŋ]

동 흔들리다, 스윙하다　몡 그네
(야구) 헛**스윙**, 풀**스윙**

2165
swift
[swift]

혱 신속한
야구할 때 스윙(swing)은 **신속해야죠**(swift).

2166
sweep
[swi:p]

동 쓸다, 청소하다
(축구) **스위퍼** – 청소하듯이 공을 걷어내는 최종 수비수

2167 fist
[fist]

명 주먹

주먹에 끼는 강철 **피스트**

– 폭력 조직에서 법보다 첫 번째(first) 위치에 있는 주먹 (fist)

2168 wrist
[rist]

명 손목, 팔목

fist(주먹)와 wrist(손목)는 스펠링도 비슷하네요.

2169 swan
[swan]

명 백조

스완 레이크(Swan Lake) – 백조의 호수

2170 swamp
[swamp]

명 늪

백조(swan)가 떠다니는 **늪**(swamp)

2171 witch
[witʃ]

명 마녀

전기 스위치(switch)를 끄면 어둠 속에서 걸어 나오는 **마녀**(witch)

함께 익혀요 **wizard** 명 마법사

2172 wicked
[wíkid]

형 나쁜, 사악한

모든 마녀(witch)가 **사악하지는**(wicked) 않아요.

2173 something
[sʌ́mθiŋ]

대 어떤 것, 무엇

썸씽 스페셜 – 뭔가 특별한 것

2174 somebody
[sʌ́mbàdi]

명 상당한 인물 대 어떤 사람, 누군가

썸바디, 헬프 미! – 누가 좀 도와주세요!

쉽게 풀어낸 어원

보이스(voice) 피싱은 목소리를 이용한 전화사기 수법이죠.
voc 또는 **vok**는
부르다, 목소리를 뜻합니다.

2175 **advocate**
명 [ǽdvəkət] 동 [ǽdvəkèit]

명 변호사, 지지자　동 변호하다, 옹호하다
피고인과 하나(a)의 목소리(voc)를 내는 **변호사**
(advocate)

2176 **invoke**
[invóuk]

동 기원하다, 빌다, 호소하다
신전 안(in)에서 신을 부르면(vok) **기원하다/빌다/
호소하다**(invoke)가 되겠죠.

2177 **evoke**
[ivóuk]

동 영혼을 부르다, 일깨우다
무당이 영혼을 밖(e)으로 불러내면(vok) **부르다/일깨우다**
(evoke)가 되지요. 근데 진짜 영혼을 부를 수 있나요?

2178 **provoke**
[prəvóuk]

동 성나게 하다, 도발하다
투우사가 황소 앞(pro)에서 약 올리며 부르는(vok) 상황에서
성나게 하다/도발하다(provoke)가 연상되죠?

2179 **revoke**
[rivóuk]

동 취소하다, 무효로 하다
환불해 달라고 다시(re) 부르면(vok) **취소하다/무효로
하다**(revoke)가 됩니다. 리콜과 비슷한 의미이군요.

2180 **tax**
[tæks]

동 과세하다　명 세금
국세청 홈**택스**, **택스** 프리 – 면세

2181 **tariff**
[tǽrif]

명 관세　동 관세를 부과하다
관세(tariff)는 세금(tax)의 일종이죠.

2182 summary
[sʌməri]

명 요약, 개요

서머리하다 – 요약하다. 시험 직전에는 서머리를 보세요.

➕ summarize 동 요약하다

2183 sum
[sʌm]

동 합계하다, 요약하다 명 합계

제로**섬** 게임 – 한쪽의 이득과 다른 쪽의 손실을 합하면 제로(0)가 되는 게임

2184 health
[helθ]

명 건강

헬스클럽 – 건강을 위한 운동시설을 갖춘 체육관
(정확한 표현은 fitness center)

2185 healing
[híːliŋ]

명 치료

힐링 여행 – 지친 몸과 마음을 치료하는 여행, 힐링 체험

➕ heal 동 낫게 하다, 고치다

2186 soap
[soup]

명 비누

미국의 TV 연속극은 비누 회사가 주 광고주였기 때문에
'**소프** 오페라(soap opera)'라고 했어요.

2187 soak
[souk]

명 담그기, 적시기 동 담그다, 젖다

비누(soap) 거품을 낸 물에 빨래를 **담그다**(soak)

2188 stoop
[stuːp]

동 구부리다, 숙이다

달리다가 멈추면(stop) 숨을 헉헉거리면서 몸을 **구부리게**
(stoop) 되지요.

2189 resort
[rizɔ́ːrt]

명 리조트, 휴양지 동 자주 가다, 의지하다

설악산 ○○ **리조트**

함께 익혀요 retreat 명 피난처, 후퇴 동 물러가다

2190 tablet
[tǽblit]

명 평판, 알약, 정제

태블릿 PC – PDA의 휴대성과 노트북의 기능을 결합한 제품
비타민 **태블릿** – 비타민제

2191 omen
[óumən]

⌾ 전조, 조짐
굿 **오멘** – 길조(좋은 징조)
– 암탉(hen)이 울면 새벽이 올 **전조**(omen)이죠.

2192 therapy
[θérəpi]

⌾ 치료, 요법
요가 **테라피**, 엔도르핀 테라피, 마사지 테라피

2193 stout
[staut]

⌾ 튼튼한, 뚱뚱한
씨름 팀에서는 **튼튼한**(stout) 선수를 스카우트(scout)
하겠죠.

2194 thrill
[θril]

⌾ 전율, 흥분, 스릴 ⌾ 오싹하다, 흥분시키다
스릴 만점의 공포 체험

2195 grill
[gril]

⌾ 그릴, 석쇠, 생선구이 ⌾ 석쇠로 굽다
바비큐 **그릴**, 전기 그릴, 그릴 스테이크

2196 score
[skɔ:r]

⌾ 득점, 점수, 20
더블 **스코어** – 점수 차이가 2배가 되는 것
★잠깐 상식 축구 경기에서 점수가 3:2일 때를 '펠레 스코어'라고 하죠.

2197 cottage
[kátidʒ]

⌾ 오두막집, 시골집
오두막집(cottage)은 코딱지만 한 집인가요?

2198 cotton
[kátn]

⌾ 목화, 면, 솜
면(cotton)으로 만든 커튼(curtain)

2199 curriculum
[kəríkjuləm]

⌾ 커리큘럼, 교과과정
의대 **커리큘럼**, EBS 커리큘럼(흔히 '커리'라고 줄여 부르죠.)

2200 beloved
[bilʌ́vid]

⌾ 사랑스러운, 소중한
beloved는 love(사랑)에서 파생하여
사랑스러운/소중한(beloved)을 뜻하지요.

쉽게 풀어낸 어원

서바이벌(survival) 게임은 마지막까지
살아남은 자가 이기는 게임이죠.
viv는 **살다**를 뜻합니다.

2201 **survival**
[sərváivəl]

명 생존
➕ survive 동 살아남다, ~보다 오래 살다
함께 익혀요 vivid 형 생생한, 발랄한, 뚜렷한

2202 **revival**
[riváivəl]

명 재생, 부활
복고풍 **리바이벌** 열풍, 복고 패션 – 리바이벌 셔츠
– 다시(re)와 살다(viv)가 결합된 재생/부활(revival)
➕ revive 동 소생시키다, 소생하다, 회복하다

2203 **vigor**
[vígər]

명 활력, 정력, 원기
살아가기(vi) 위해 필요한 **활력/정력/원기**(vigor)
➕ vigorous 형 강한, 힘센
함께 익혀요 vulgar 형 천한, 상스러운

2204 **vegetable**
[védʒətəbl]

함께 익혀요
명 채소, 야채
베지버거 – 원료로 고기를 사용하지 않는 햄버거
살아가는(veg → viv) 데 꼭 필요한 **채소**(vegetable)
➕ vegetation 명 식물 vegetarian 명 채식주의자

2205 **cannibal**
[kǽnəbl]

명 식인종
식인종은 큰 이빨을 가지고 있나요?
– cannibal은 사람의 고기(carn)를 먹는 **식인종**
(cannibal, 카니발)을 뜻합니다.

2206 **rejoice**
[ridʒɔ́is]

동 기뻐하다, 기쁘게 하다
다시(re)와 기쁨(joy)이 합쳐져 **기뻐하다**(rejoice)가
됩니다.

2207 **household**
[háushòuld]

명 가족, 가정 형 가족의
한 집(house)에 사는 사람들이 **가족**(household)이죠.
함께 익혀요 housewarming 명 집들이

읽기만 해도 기억에 남는 쉬운 단어를 별도로 정리하였습니다.
가볍게 읽어보세요.

2208 semester
[siméstər]

몡 학기

윈터 **시메스터** – 겨울 학기
학기(semester) 중에는 세미나(seminar)가 많이 열리지요.

함께익혀요 **seminar** 몡 세미나, 토론식 수업

2209 focus
[fóukəs]

몡 초점 톰 집중하다

(카메라) **포커스** 맞추기 – 초점 맞추기

함께익혀요 **focus on** ~에 집중하다

2210 smart
[sma:rt]

혱 영리한, 재치 있는, 멋진

영리한 **스마트**폰, 스마트하다 – 영리하다, 스마트 TV

2211 oxygen
[άksidʒen]

몡 산소

옥시즌 공기청정기

2212 balance
[bǽləns]

몡 균형, 은행잔고, 저울 톰 균형을 유지하다

밸런스를 잡아라. – 균형을 잡아라.
지출과 수입의 밸런스를 잘 맞춰야겠죠.

2213 apology
[əpάlədʒi]

몡 사과, 변명

아폴로(Apollo) 눈병 옮겼다면 **사과**(apology)해야겠죠.

➕ **apologize** 톰 사과하다

2214 centigrade
[séntəgrèid]

몡 백분도 눈금, 섭씨온도 혱 눈금이 백분도의, (온도계가) 섭씨의

물이 어는 온도를 0, 끓는 온도를 100으로 해서 100등분한 것이
섭씨온도지요.
– 백(cent)과 등급(grade)이 결합되어
백분도(의)/섭씨의(centigrade)가 됩니다.

➕ **grade** 몡 등급, 단계, 정도, 학년

2215 amount
[əmáunt]

몡 총계, 양 톰 총계가 ~이 되다

수많은 흙먼지의 **총계**(amount)가 산(mountain)이죠.

➕ **mountain** 몡 산

2216 fountain
[fáuntən]

몡 분수, 근원, 샘

산(mountain)에는 시원한 **샘**(fountain)이 있지요.

2217 **murder**
[mə́ːrdər]

명 살인 동 살인하다

아이에게 생명을 주는 엄마(mother)와 생명을 빼앗는 **살인**(murder)의 발음의 비슷하네요.

함께익혀요 maternal 형 어머니의, 모계의

2218 **suit**
[suːt]

명 양복, 정장, 옷 한 벌 동 적합하다

슈트 – 상하의 한 벌의 양복, 점프슈트 – 바지와 상의가 하나로 붙어 있는 여성복

➕ suitable 형 적합한, 알맞은

2219 **pacific**
[pəsífik]

형 평화스런

(미국 프로야구) **퍼시픽** 리그(Pacific league) – 태평양 리그, 퍼시픽 항공

➕ the Pacific 명 태평양(= 평화로운 바다)

2220 **horizon**
[həráizn]

명 지평선, 수평선

수평선(horizon)은 하늘과 바다가 만나는 허리존(horizon, 허라이즌)인가요?

➕ horizontal 형 수평의

2221 **volunteer**
[vὰləntíər]

명 지원자, 자원봉사 동 자진하여 ~하다

발런티어 데이 – 기부 & 봉사의 날

➕ voluntary 형 자발적인

2222 **impact**
명 [ímpækt]
동 [impǽkt]

명 충돌, 영향 동 충돌하다, 영향을 주다

딥 **임팩트** 탐사선 – 미국 나사(NASA)에서 혜성 충돌을 위해 발사한 무인 우주선

2223 **example**
[igzǽmpl]

명 예, 본보기

수업시간에 많이 쓰는 ex – **예**(例)가 바로 example이지요.

➕ exemplify 동 예증하다, 예시하다

2224 **office**
[ɔ́ːfis]

명 사무실, 사업소

사무실이 모여 있는 **오피스** 빌딩

➕ officer 명 공무원, 경찰관 ➕ official 형 공식적인, 공무상의

2225 **soul**
[soul]

명 영혼, 사람

소울 푸드 – 영혼을 채워주는 음식

2226 **soldier**
[sóuldʒər]

명 군인

스마트 **솔저** – 미래 병사 체계

| 2227 | **cause** | 명 원인, 이유 동 야기하다 |
| | [kɔːz] | 시시콜콜 대의명분을 따지는 **코즈**(cause) 마케팅 |

| 2228 | **trend** | 명 경향, 추세 |
| | [trend] | 패션 **트렌드** |

| 2229 | **deal** | 동 거래하다, 취급하다(-dealt-dealt) 명 거래 |
| | [diːl] | 자동차 **딜러**, 외환 딜러 |

➕ dealing 명 거래 함께 익혀요 transact [trænsǽkt] 동 거래하다, 처리하다 → 가로질러(trans→train 연상) 행동하면(act) 거래하다/처리하다(transact) transaction 명 거래, 처리

| 2230 | **crack** | 동 갈라지다, 부수다 |
| | [kræk] | **크래커**는 잘라서 먹기 편하게 중간에 조그만 구멍이 뚫려 있어요. |

| 2231 | **event** | 명 행사, 사건 |
| | [ivént] | 경품 **이벤트**, 가정의 달 이벤트 |

➕ eventually 부 마침내, 결국

| 2232 | **advice** | 명 충고, 조언 |
| | [ædváis] | 뷰티 **어드바이스** – 미용에 대한 조언, 학습 어드바이스 |

➕ advise 동 충고하다, 조언하다

| 2233 | **detective** | 명 탐정, 형사 |
| | [ditéktiv] | **디텍티브** 코난 – 명탐정 코난 |

➕ detect 동 발견하다, 찾아내다

| 2234 | **protection** | 명 보호 |
| | [prətékʃən] | 아이 **프로텍션** 안경 – 눈 보호 안경 |

➕ protect 동 보호하다, 감싸다 함께 익혀요 protein 명 단백질 → 스포츠 프로틴 – 단백질 보충제 → 단백질(protein)은 3대 필수 영양소로 우리 몸을 보호하죠(protect).

| 2235 | **envy** | 명 시기, 부러움 동 시기하다, 부러워하다 |
| | [énvi] | 하버드, 예일과 같은 아이비(ivy) 리그 대학에 들어가면 다들 **부러워하겠죠**(envy)? |

➕ envious 형 질투심이 강한, 부러워하는
★잠깐 상식 미국 북동부 명문사립대는 담쟁이덩굴(ivy)이 많아서 '아이비리그'로 불리지요.

2236 advance
[ædvǽns]

동 전진하다, 진보하다, 승진시키다　명 전진, 승진
스쿠버 다이빙의 2단계 자격증인 **어드밴스** 자격증

2237 advantage
[ædvǽntidʒ]

명 유리, 이점
(스포츠) 홈 **어드밴티지** – 홈그라운드의 이점
➕ disadvantage 명 불리

2238 able
[éibl]

형 할 수 있는, 능력 있는
에이블 서포터즈 – 장애인 도우미
➕ disabled 형 불구의　unable 형 할 수 없는　enable 동 가능하게 하다
ability 명 능력　inability 명 무능력

2239 traffic jam
[trǽfik dʒǽm]

명 교통체증
트래픽 잼은 차량들(traffic)이 잼(jam)처럼 서로 엉켜 있는 상태인
교통체증을 말합니다
➕ traffic 명 교통 형 교통의

2240 variety
[vəráiəti]

명 다양성, 변화
다양한 볼거리를 제공하는 **버라이어티**쇼
➕ various 형 다양한　vary 동 바꾸다, 변경하다
함께 익혀요 very 형 바로 그 부 매우 → Thank you very much.

2241 trap
[træp]

명 덫, 함정　동 덫을 놓다, 막다
부비**트랩** – 건드리면 폭발하도록 만든 장치
배수관 트랩 – 배수관 역류를 막는 장치

2242 wall
[wɔːl]

명 벽
벽(wall)을 기어오르다 떨어질(fall) 수도 있어요.

2243 quit
[kwit]

동 떠나다, 중지하다(-quit-quit)
바람처럼 신속하게(quick) **떠나요**(quit).
함께 익혀요 quick 형 빠른, 신속한 → 퀵 서비스

2244 but
[bʌt]

접 그러나　부 다만　전 ~을 제외하고

2245 gain
[gein]

동 얻다, 증가하다　명 이익
(성서) 인류 최초의 아들 카인(Cain)에서 유래하여 gain은 (아들을)
얻다/증가하다/이익(gain)을 뜻하게 되었답니다.

| 2246 | **address** | 몡 주소, 연설 몡 연설하다 |
| | 몡 [ǽdres] 몡 [ədrés] | IP **어드레스** – 네트워크 주소 |

2247	**agree**	몡 동의하다
	[əgríː]	'어~ 그래'라고 말하면 **동의한다**(agree)는 뜻이죠.
		➕ disagree 몡 일치하지 않다, 반대하다

2248	**fair**	몡 공정한, 예쁜 몡 박람회, 전시회
	[fɛər]	**페어**플레이 – 공정한 플레이
		➕ unfair 몡 불공평한

| 2249 | **affair** | 몡 일, 애정 사건 |
| | [əfɛ́ər] | 러브 **어페어**란 애정 사건을 뜻하지요. |

| 2250 | **area** | 몡 면적, 지역 |
| | [ɛ́əriə] | (축구) 골 **에어리어** – 골대 바로 앞에 있는 지역 |

| 2251 | **client** | 몡 고객, 의뢰인 |
| | [kláiənt] | **클라이언트** 데이 – 고객의 날, 클라리넷을 사러 온 고객(client) |

| 2252 | **once** | 몡 한 번 몡 옛날에, 이전에 몡 일단 ~하면 |
| | [wʌns] | one(하나)에서 파생된 once(**한 번**) |

| 2253 | **forgive** | 몡 용서하다(-forgave-forgiven) |
| | [fərgív] | 선물 줄(give) 테니 **용서해줘**(forgive). |

2254	**together**	몡 함께, 같이
	[təgéðər]	함께 먹는 **투게더** 아이스크림
		➕ altogether 몡 다같이, 모두 합하여, 전적으로, 전혀

| 2255 | **sound** | 몡 소리 몡 건전한 |
| | [saund] | **사운드**가 좋은 오디오 |

2256	**magic**	몡 마술, 마법
	[mǽdʒik]	**매직** 쇼 – 마술 쇼
		➕ magician 몡 마술사

| 2257 | **spoil** | 몡 망치다, 상하게 하다 |
| | [spɔil] | **스포일러**(spoiler) – 영화의 줄거리나 주요 장면을 미리 알려주어 영화의 재미를 망치는 훼방꾼 |

2258 alone
[əlóun]

부 홀로

영화 〈나 홀로 집에〉의 원제는 홈**얼론**(Home Alone)이죠.

함께 익혀요 lonely 형 고독한, 외로운 forlorn 형 고독한, 황량한, 버림받은

2259 target
[tá:rgit]

명 목표, 목표물

목표가 확실한 광고를 **타깃** 광고라고 하지요.

2260 lung
[lʌŋ]

명 폐, 허파

담배를 많이 피우면 **폐**(lung)가 덩(dung, 똥) 색깔로 변할지도 몰라요.

함께 익혀요 dung 명 똥

2261 argue
[á:rgjuː]

동 설득하다, 논쟁하다, 주장하다

사랑하는 사람이 아비규환 같은 곳에 간다고 하면 못 가도록
설득해야겠죠(argue, 아규)?

➕ argument 명 논의, 논쟁

2262 edge
[édʒi]

명 모서리, 가장자리, 날카로움

스케이트의 날을 **엣지**라고 해요.

함께 익혀요 margin 명 가장자리, 판매 이익

2263 attack
[ətǽk]

명 공격 동 공격하다

(게임) 서든 **어택** – 갑작스런 공격
(배구) 백어택 – 뒤에서 공격하는 것

함께 익혀요 sudden 형 갑작스러운

2264 athletic
[æθlétik]

형 운동의

애틀랜틱 올림픽에서 **운동의**(athletic) 진수를 보았지요.

➕ athlete 명 운동선수

2265 content
명 [kántent]
형 동 [kəntént]

명 내용, 목차 형 만족한 동 만족시키다

문화 **콘텐츠**, 콘텐츠 이용료

2266 beast
[biːst]

명 짐승, 짐승 같은 인간

미국 오바마 대통령 전용차의 애칭이 **비스트**죠. 미국 대통령은 짐승을 타고 다니는군요

2267 mill
[mil]

명 제분소, 방앗간

1마일(mile) 밖에 있는 **방앗간**(mill)

2268 satisfy
[sǽtisfài]

통 만족시키다, 충족시키다

모든 게 세팅되면 고객을 **만족시키겠죠**(satisfy).

➕ **satisfaction** 명 만족　**satisfactory** 형 만족스러운

2269 bomb
[bam]

명 폭탄　통 폭격하다

가장 무시무시한 **폭탄**(bomb, 밤)은 꿀밤

2270 weight
[weit]

명 무게

웨이트 트레이닝 – 무게가 나가는 기구를 이용해서 근육을 키우는 훈련

➕ **weigh** 통 무게를 재다　**overweight** 형 뚱뚱한, 과체중의

2271 beach
[biːtʃ]

명 해변, 바닷가

비치 타월 – 바닷가에서 이용하는 수건

2272 boring
[bɔ́ːriŋ]

명 구멍 뚫기, 보링　형 지루하게 하는

건설현장의 **보링**(천공) 작업은 지루하고 힘들어요.

➕ **bore** 통 싫증나게 하다　**boredom** 명 지루함

2273 wake
[weik]

통 깨우다, 잠을 깨다

웨이크업(wake up)! – 일어나!

웨이크보드 타고 물 위를 질주하면 잠이 확 깨겠죠?

➕ **awake** 형 깨어 있는　통 깨우다

2274 reach
[riːtʃ]

통 도달하다　명 범위, 능력

(권투 선수) **리치**가 길다 – 도달할 수 있는 팔의 길이가 길다

2275 teacher
[tíːtʃər]

명 선생님, 교사

잉글리시 티처 – 영어 선생님

➕ **teach** 통 가르치다

함께 익혀요 **preach** 통 설교하다 → 선생님은 가르치고(teach) 목사님은 설교하죠 (preach).

2276 boss
[bɔːs]

명 우두머리, 사장, 보스

조직의 **보스**, 마피아 보스

2277 allow
[əláu]

통 허용하다, 인정하다

무언가를 자유롭게 허용하려면 문턱을 낮춰야겠죠. – 모두(all)와 낮은(low)이 결합되어 **허용하다/인정하다**(allow)가 됩니다.

➕ **allowance** 명 허가, 급여, 용돈, 배당

2278	**hollow** [hάlou]	혱 속이 빈, 텅 빈, 공허한 구멍(hole)이 뚫린 것은 **속이 빈**(hollow) 것이죠.
2279	**grow** [grou]	통 성장하다, ~하게 되다 다양한 것들을 키우는 **그로우** 게임 ➕ **growth** 뗑 성장, 발전
2280	**pot** [pat]	뗑 단지, 항아리 커피**포트**, 전기 포트 ➕ **pottery** 뗑 도자기
2281	**brave** [brein]	혱 용감한 **용감한**(brave) 사람을 보면 브라보(bravo)를 외치세요. ➕ **bravery** 뗑 용기 함께익혀요 **bravo** 감 브라보, 잘한다
2282	**booth** [buːθ]	뗑 전시장, 매점, 가건물, 공중전화 박스 전시장에 있는 **부스**
2283	**bottom** [bάtəm]	뗑 바닥, 기초 top을 거꾸로 뒤집으면 bot 모양이 되지요. – 꼭대기(top)의 반대 개념인 **바닥/기초**(bottom)
2284	**leak** [liːf]	통 새어 나오다, 누설하다 뗑 새는 구멍 호수(lake)의 물이 졸졸 **새어 나오다**(leak) ➕ **leaky** 혱 새는 함께익혀요 **lake** 뗑 호수
2285	**break** [breik]	통 부수다, 침입하다, 고장 내다(-broke-broken) 뗑 휴식 시간 **브레이크** 댄스 – 뼈를 부수듯이(뼈가 꺾어지게) 추는 춤 (포켓볼) 브레이크 – 게임을 시작할 때 모여 있는 공을 부수듯이 흩어지게 하는 것 ➕ **breakdown** 뗑 기계 고장, 파손, 쇠약 **broker** 뗑 중개인, 브로커 → 부동산 브로커 – 부동산 중개인
2286	**huge** [hjuːdʒ]	혱 거대한 일본의 후지산은 **거대한**(huge) 산이죠.
2287	**puzzle** [pʌzl]	뗑 수수께끼, 퍼즐 통 당황하게 하다 퍼즐을 못 맞출 땐 당황하겠죠?

2288 bury
[béri]

동 파묻다, 매장하다

상한 블루베리를 파묻다(bury)

➕ burial 명 매장

2289 scale
[skeil]

명 규모, 기준, 눈금, 비늘, 저울

스케일이 크다 – 규모가 크다

2290 negative
[négətiv]

형 부정적인

네거티브 광고 – 부정적인 이미지를 활용하는 광고

함께 익혀요 positive 형 긍정적인, 확신하는 → 네거티브 vs. 포지티브

2291 choice
[tʃɔis]

명 선택, 선택권

굿 초이스 – 좋은 선택

➕ choose 동 선택하다

2292 carrier
[kǽriər]

명 나르는 것

기내용 캐리어 – 비행기에 갖고 타는 여행 가방

➕ carry 동 나르다, 운반하다 carriage 명 마차, 탈 것

2293 curve
[kəːrv]

명 커브, 곡선

커브 길 조심 – 곡선으로 휜 길 조심,
(야구) 커브 – 곡선으로 휘어서 들어가는 공

함께 익혀요 carve 동 조각하다 → 곡선(curve)을 살려서 부드럽게 조각하다
(carve)

2294 castle
[kǽsl]

명 성

이름에 캐슬이 들어가는 아파트는 성(castle)처럼 튼튼하겠죠?

2295 chance
[tʃæns]

명 기회, 행운 동 우연히 ~하다

정말 좋은 찬스 – 정말 좋은 기회

➕ mischance 명 불운, 불행

2296 exchange
[ikstʃéindʒ]

동 교환하다 명 교환

exchange는 change(바꾸다)에서 파생하여
교환하다/교환(exchange)을 뜻합니다.

➕ interchange 명 인터체인지, 교차점, 교환 동 교환하다

2297 rare
[rɛər]

형 드문, 진귀한

대머리인 사람은 머리칼(hair)이 드물죠(rare).

2298 clever
[klévər]

형 영리한

이집트의 클레오파트라는 **영리한**(clever) 여왕이었죠.

2299 citizen
[sítəzən]

명 시민

도시(city)에 사는 **시민**(citizen)

함께 익혀요 **civil** 형 시민의, 민간의 **civilian** 명 일반인, 민간인
civilize 동 문명화하다 **civilization** 명 문명화

2300 class
[klæs]

명 종류, 계급, 학급, 수업

톱클래스 – 최상위 등급

➕ **classify** 동 분류하다

2301 ceremony
[sérəmòuni]

명 의식, 의례

(축구) 골 **세리모니**, 오프닝 세리모니(개업식)

2302 crown
[kraun]

명 왕관, 왕권

트리플 **크라운**(Triple Crown)은 한 선수나 팀이 3개 대회에서
우승하는 경우를 지칭하지요.

함께 익혀요 **frowning** 형 찌푸린 얼굴의, 험상궂은 표정의 → 왕관(crown)을 쓴
임금님이 얼굴을 찌푸리면(frowning) 무섭겠죠?

2303 comedy
[kámədi]

명 코미디, 희극

배를 잡고 웃게 만드는 **코미디** 프로그램

➕ **comedian** 명 코미디언

2304 control
[kəntróul]

명 통제, 제어 동 통제하다, 관리하다

마인드 **컨트롤** – 마음의 통제
(항공) 컨트롤 타워 – 비행기 이착륙을 통제하는 관제탑

2305 become
[bikʌ́m]

동 ~이 되다, 어울리다(-became-become)

He became a doctor. – 그는 의사가 **되었다**.

2306 personal
[pə́rsənl]

형 개인의

퍼스널 컴퓨터(PC) – 개인용 컴퓨터
(스포츠) 퍼스널 파울 – 개인에게 적용되는 파울

➕ **person** 명 사람 **personality** 명 개성, 특색

2307 cook
[kuk]

명 요리사 동 요리하다

요리사가 등장하는 TV **쿡**방(요리 방송)

➕ **cooker** 명 요리기구 → 주방용 쿠커

2308 honest
[ánist]

형 정직한

정직한(honest) 사람은 무소의 뿔(hone → horn)처럼 혼자서도 우직하죠.

➕ honesty 명 정직 dishonest 형 부정직한

함께 익혀요 horn 명 뿔, 자동차 경적 → 악기 호른은 원래 동물의 뿔(horn)로 만들었다죠.

2309 country
[kántri]

명 나라, 시골

컨트리 음악은 미국 농촌에서 유래한 대중음악이에요.

➕ countryside 명 시골

2310 crop
[krap]

명 농작물, 수확

다 익으면 바닥으로 떨어지는(drop) **농작물**(crop)

함께 익혀요 drop 동 떨어지다 명 방울 → 자이로드롭 – 높은 곳에서 중력의 힘으로 빠른 속도로 낙하하는 놀이 기구, 워터드롭 – 물방울 낙하

2311 dinner
[dínər]

명 저녁식사, 만찬

디너 파티

➕ dine 동 식사를 하다, 만찬을 들다

2312 unless
[ənlés]

접 만약 ~이 아니라면 전 ~을 제외하고서

unless the boy – 그 소년을 **제외하고서**

2313 essence
[ésns]

명 (사물의) 본질, 정수, 에센스

에센스 화장품, 식물 등에서 추출한 진액을 에센스라고 하죠.

➕ essential 형 본질적인, 필수적인

2314 downtown
[dáuntáun]

명 상업지구, 번화가 형 도심의

시애틀 **다운타운**, 밴쿠버 다운타운

함께 익혀요 uptown 명 주택가

2315 fold
[fould]

동 접다

폴더폰 – 접을 수 있는 휴대폰, 폴딩 베드 – 접이식 침대

2316 mercy
[mə́:rsi]

명 자비

메시야(messiah)는 인류에게 **자비**(mercy)를 베푸는 존재

2317 decorate
[dékərèit]

동 장식하다, 꾸미다

웨딩 **데커레이션** – 결혼식 장식

➕ decoration 명 장식, 꾸밈, 장식물

2318	**minute** 몡[mínit] 혱[mainjúːt]	몡 (시간) 분 혱 미세한, 사소한 원**미닛** 스피치 – 1분 스피치

2319	**escape** [iskéip]	동 도망치다 몡 탈출 **이스케이프** 플랜 – 탈출 작전

2320	**load** [loud]	몡 짐 동 짐을 싣다, 태우다 (컴퓨터) **로딩**(loading) 속도, 파일 다운로드(download)

2321	**harvest** [háːrvist]	몡 수확 동 거두어들이다 **수확**기는 농작물을 가장 많이 갖게 되는 풍요로운 계절 – 가지다(have)에 최상급 접미사(est)를 붙이면 **수확/거두어들이다**(harvest)가 되죠.

2322	**hell** [hel]	몡 지옥 안녕하세요(hello)라고 말할 수 없는 **지옥**(hell)

2323	**cell** [sel]	몡 독방, 작은 방, 세포 **셀** 뱅크 – 줄기세포 은행 ➕ **cellular** 혱 세포의

2324	**tear** 동[tɛər] 몡[tiər]	동 찢다(-tore-torn) 몡 눈물 빈센트 반 고흐는 자신의 귀(ear)를 **찢으며**(tear) 눈물을 흘렸을까요? ★잠깐 상식 위대한 화가로 추앙받는 빈센트 반 고흐는 초상화 속의 자신의 귀가 마음에 들지 않는다며 실제로 귀를 잘라버린 기인이었다고 하죠.

2325	**title** [táitl]	몡 표제, 직함, 제목 동 제목을 붙이다 **타이틀** 곡 – 표제로 선정된 노래 ➕ **entitle** 동 제목을 붙이다, 자격을 주다

2326	**folk** [fouk]	몡 사람들, 가족 혱 민속의 **포크**(folk) 댄스 – 민속 무용 ➕ **folk tale** 몡 민간설화 **folklore** 몡 민속, 민간 전승, 민속 신앙

2327	**therefore** [ðέərfɔ̀ːr]	뷔 그러므로, 따라서 Therefore, it is important to study hard. – **그러므로** 열심히 공부하는 것이 중요하다. 함께 익혀요 **thus** 뷔 그러므로, 따라서 **whereas** 쩝 ~인 반면에

2328	**exam** [igzǽm]	명 시험, 검사

exam [igzǽm]

명 시험, 검사

시험 관련 학원 이름에 **이그잼**이라는 표현이 자주 쓰여요.

➕ **examine** 동 시험하다, 검사하다, 진찰하다 **examination** 명 시험, 검사

2329 try [trai]

동 시도하다, 노력하다

트라이하다 – 시도하다

➕ **trial** 명 시도, 시련, 재판

2330 familiar [fəmíljər]

형 친한, 친숙한

가족(family)은 **친숙한**(familiar) 사이죠.

2331 far [fa:r]

형 먼 부 멀리, 훨씬

차(car)를 타고 **먼**(far) 곳으로 떠나다

➕ **further** 형 그 이상의 부 게다가 **furthermore** 부 게다가, 더욱이

2332 leather [léðər]

명 가죽 형 가죽의

스웨터(sweater)와 **가죽**(leather) 점퍼

2333 appeal [əpí:l]

동 호소하다, 간청하다 명 호소, 항의

심판에게 강하게 **어필**하다
이성에 어필하려면 감성에 호소하라.

2334 sort [sɔ:rt]

동 분류하다, 골라내다 명 분류, 종류, 유형

소팅 작업 – 분류 작업

2335 gift [gift]

명 선물, 천부적인 재능

기프트 세트 – 선물 세트, 기프티콘(gifticon)은 기프트(gift)와
아이콘(icon)의 합성어죠.

2336 good [gud]

형 좋은, 친절한 명 선(善)

굿모닝! – 좋은 아침입니다!

➕ **goods** 명 물건, 상품 → 물건(goods)은 좋은(good) 걸 팔아야죠.

2337 gap [gæp]

명 차이, 틈

갭이 크다 – 차이가 크다

2338 slide [slaid]

동 미끄러지다(-slid-slid) 명 하락

(놀이 공원) 워터 **슬라이드** – 물 미끄럼 기구
(축구) 슬라이딩 태클 – 미끄러지며 거는 태클

➕ **landslide** 명 산사태

2339 **glove**
[glʌv]

명 장갑

(야구) 골든 **글러브** – 황금 장갑(최우수 선수에게 수상하는 상)

2340 **global**
[glóubəl]

형 지구의, 세계적인

글로벌 이슈 – 세계적으로 논쟁이 되는 문제

글로벌 워밍 – 지구 온난화

➕ globe 명 지구, 구

2341 **guilty**
[gílti]

형 유죄의, 죄가 있는

사우디아라비아에서는 공공장소에서 음악을 틀어놓으면 유죄라고 하죠.
– 길거리에서 기타(guitar)를 쳐도 **유죄일까요**(guilty)?

➕ guilt 명 죄

2342 **borrow**
[bárou]

동 빌려오다

돈 주고 사는(buy) 게 좋으세요, 아니면 공짜로 **빌리는**(borrow) 게
좋으세요?

2343 **tomb**
[tu:m]

명 무덤, 묘

(영화) 툼레이더(Tomb Raider) – 무덤의 침략자(=도굴꾼)

2344 **help**
[help]

동 돕다 명 도움

헬프미(help me) – 도와주세요, 헬퍼 – 도와주는 사람

2345 **talent**
[tǽlənt]

명 재주, 재능, 재능 있는 사람

요즘 TV **탤런트**들은 연기 외에도 참 재능(talent)이 많아요.

2346 **number**
[nʌ́mbər]

명 수

넘버 세븐 – 행운의 숫자 7

➕ numeral 형 숫자의 numerous 형 다수의, 매우 많은 innumerable
형 무수한, 셀 수 없는 → 부정의 의미 in

2347 **history**
[hístəri]

명 역사

히스토리 다큐 – 역사 다큐

➕ prehistoric 형 선사시대의 → '이전'을 의미하는 pre historian 명 역사가

2348 **horror**
[hɔ́:rər]

명 공포, 전율, 호러

호러 무비 – 공포 영화

➕ horrible 형 끔찍한, 무서운

2349	**imagine** [imǽdʒin]	동 상상하다 어떤 이미지(image)를 **상상하다**(imagine) ➕ imaginable 형 상상할 수 있는 → '∼할 수 있는'을 의미하는 able imaginary 형 가상의 imagination 명 상상력
2350	**inner** [ínər]	형 안의, 내부의 **이너**서클 – (조직 내부의 권력을 쥐고 있는) 핵심층
2351	**iron** [áiərn]	명 쇠, 철 동 다림질하다 (영화) **아이언** 마스크 – 중세 시대 철 가면 이야기 아연과 철(iron)은 모두 광물이에요.
2352	**tissue** [tíʃuː]	명 티슈, (신경) 조직 물 **티슈**, 미용 티슈
2353	**issue** [íʃuː]	명 논란거리, 쟁점, 발행 동 발행하다 핫**이슈**, 21세기 대한민국 주요 이슈와 쟁점
2354	**iceberg** [áisbəːrg]	명 빙산 얼음(ice)이 모이면 **빙산**(iceberg)이 되지요.
2355	**dumb** [dʌm]	형 벙어리의, 우둔한 **덤** 앤 더머 – 바보스러운 두 남자 이야기
2356	**kindergarten** [kíndərgàːrtn]	명 유치원 잉글리시 **킨더가튼** – 영어 유치원 미국의 공립학교는 킨더가튼부터 시작하죠.
2357	**sink** [siŋk]	동 가라앉다, 침몰하다 명 부엌 싱크대, 세면대 **싱크**대 – 개수대 싱크홀 – 가라앉은 구멍(땅에 패인 큰 구멍)
2358	**knee** [niː]	명 무릎 (격투기) **니킥** – 공포의 무릎 치기, 니킥 & 하이킥 ➕ kneel 동 무릎을 꿇다, 굴복하다
2359	**laundry** [lɔ́ːndri]	명 세탁물, 세탁소 코인 **론더리** – 동전 세탁소, 호텔 론더리 서비스

| 2360 | **elder** | 형 손위의, 연상의 명 선배, 연장자 |
| | [éldər] | elder는 old(나이 든)에서 파생하여 **연장자/손위의**(elder)를 뜻하죠. |

| 2361 | **legend** | 명 전설 |
| | [lédʒənd] | 축구계의 **레전드** – 축구계의 전설 |

| 2362 | **read** | 동 읽다, ~라고 쓰여 있다(-read-read) |
| | [ri:d] | **리딩** 클럽 – 독서 클럽 |

| 2363 | **liquid** | 명 액체 형 액체의 |
| | [líkwid] | (화장품) **리퀴드** 파운데이션 – 액상형 파운데이션 |

함께 익혀요 liquid 명 술, 액체 solid 형 고체의, 견고한 명 고체 → 솔방울은 고체(solid)

| 2364 | **cemetery** | 명 공동묘지 |
| | [sémətèri] | **공동묘지**(cemetery) 바닥은 시멘트(cement)로 되어 있나요? |

| 2365 | **breast** | 명 가슴, 유방 |
| | [brest] | **가슴**(breast)에 착용하는 브라(bra) |

| 2366 | **worry** | 동 걱정하다 |
| | [wə́:ri] | Don't worry. Be happy. – **걱정하지** 말고 행복하세요. |

| 2367 | **narrate** | 동 이야기하다 |
| | [nǽreit] | **내레이터**(narrator)는 목소리만으로 이야기를 전달하는 사람이죠. |

➕ narration 명 이야기, 담화, 내레이션

| 2368 | **marry** | 동 결혼하다 |
| | [mǽri] | **결혼하면**(marry) 즐겁겠죠(merry)? |

➕ marriage 명 결혼 형 결혼의
함께 익혀요 merry 형 즐거운 → 메리 크리스마스

| 2369 | **permanent** | 형 영구의, 불변의 |
| | [pə́:rmənənt] | 미용실에서 파마를 하면 **영원한**(permanent) 시간 동안 곱슬머리가 지속될 것 같죠. |

| 2370 | **method** | 명 수단, 방법 |
| | [méθəd] | 수학(math) 문제를 쉽게 푸는 **방법**(method)을 찾다 |

함께 익혀요 math 명 수학(= mathematics)

2371	**mean** [miːn]	통 의미하다, 의도하다, 중요성을 가지다(-meant-meant) 형 평균의, 비열한 (팝송 가사) You mean everything to me. - 당신은 나에게 모든 것을 **의미합니다**. ➕ meaningful 형 의미심장한 meanwhile 부 그러는 동안에, 한편 함께 익혀요 everything 대 모든 것 명 가장 중요한 것
2372	**label** [léibəl]	명 라벨, 상표, 꼬리표 통 라벨을 붙이다 상품에 꼬리표처럼 붙어 있는 **라벨** 함께 익혀요 liable 형 ~하기 쉬운, 책임이 있는 → 라벨(label)은 붙이기 쉬운가요 (liable)?
2373	**needle** [níːdl]	명 바늘 꿰맬 때 필요한(need) 것이 **바늘**(needle)
2374	**mix** [miks]	통 섞다, 혼합하다 명 혼합 커피 **믹스** – 커피를 섞은 혼합 음료 (참고로 음식물을 섞어서 갈아주는 기계는 '믹서'가 아니라 '블렌더 (blender)'라고 해요.) ➕ mixture 명 혼합물
2375	**obey** [oubéi]	통 복종하다, 준수하다 소년(boy)은 부모님께 **순종해야겠죠**(obey)? ➕ obedience 명 순종, 복종
2376	**nail** [neil]	명 손톱, 못 **네일** 아트 – 손톱 예술 네일 케어 – 손톱 관리
2377	**narrow** [nǽrou]	형 좁은, 아슬아슬한 화살(arrow)이 겨우 통과할 만큼 **좁은/아슬아슬한**(narrow) 구멍 함께 익혀요 arrow 명 화살, 화살표 → 큐피드 애로우 – 사랑의 화살
2378	**net** [net]	명 그물, 망 (축구) 골 **네트** – 골대에 있는 그물, (스포츠) 네트 게임 – 배구나 배드민턴처럼 그물을 사이에 두고 하는 경기
2379	**virtue** [vɔ́ːrtʃuː]	명 미덕(美德), 장점 미국에서 시작된 **버츄**(virtue) 프로젝트는 전 세계 90개국에 미덕을 전파했죠., 버츄 카드 – 미덕 용어로 만들어진 52장의 카드

2380 orchard
[ɔ́:rtʃərd]

명 과수원

과수원(orchard)에는 오~ 자두가 열리나요?
오케스트라(orchestra)가 '**과수원**(orchard) 길' 노래를 연주하네요.

2381 opera
[ápərə]

명 오페라

호주 시드니의 **오페라** 하우스는 관광명소죠.

2382 purple
[pə́:rpl]

명 자줏빛 형 자주색의

사람들(people)의 피부색이 **자줏빛**(purple)은 아니지요.

함께 익혀요 **people** 명 사람들, 민족

2383 skill
[skil]

명 숙련, 솜씨

스킬이 뛰어나다 – 솜씨가 뛰어나다

2384 appetite
[ǽpətàit]

명 식욕, 욕구

식욕을 돋우는 **애피타이저**
사과(apple)를 먹으면 식욕(appetite)이 증가하나요?

2385 twinkle
[twíŋkl]

동 빛나다, 깜박이다

윙크(wink)할 때 눈을 **깜박이지요**(twinkle).

2386 poet
[póuit]

명 시인

시인(poet)은 포스트잇(post-it)이나 메모지에 시를 적기도 하겠죠.

➕ **poetry** 명 시집 **poem** 명 (한 편의) 시

2387 surprise
[sərpráiz]

동 놀라게 하다

갑자기 밀려든 파도(surp → surf)가 사람들을 깜짝 **놀라게 하겠죠**
(surprise)?

함께 익혀요 **surf** 명 파도 동 파도타기를 하다 → 서핑 – 파도타기

2388 share
[ʃɛər]

명 몫, 지분, 주식 동 공유하다, 분담하다

(주식) **셰어** 홀더 – 지분을 갖고 있는 사람, 셰어하다 – 공유하다,
셰어하우스 – 한 집을 여럿이 나누어 쓰는 주거 형태

2389 quarter
[kwɔ́:rtər]

명 4분의 1, 15분(1시간의 1/4), 25센트(1달러의 1/4)

농구 경기는 4쿼터로 이루어져 있죠.

➕ **quarters** 명 숙소, 구역 **headquarters** 명 사령부(HQ), 본부

2390 **privacy**
[práivəsi]

명 사생활, 프라이버시
프라이버시 보호법 – 사생활 보호법
➕ private 형 개인의, 사적인 → 프라이빗 뱅킹 – 은행에서 부자들의 자산을 개인적으로 관리해주는 서비스

2391 **praise**
[preiz]

명 찬양, 칭찬 동 찬양하다, 칭찬하다
기독교 서적에는 신을 찬양하는 **프레이즈**라는 문구가 많이 들어가죠.

2392 **pure**
[pjuər]

형 순수한, 깨끗한
여드름을 치료하면(cure) 얼굴이 **깨끗해져요**(pure).
➕ impure 형 더러운 purify 동 깨끗하게 하다, 정화하다, 정제하다
Puritan 명 (기독교) 청교도

2393 **pride**
[praid]

명 자랑, 자존심, 자만
프라이드가 넘치다 – 자신감이 넘치다
한국인이라는 프라이드를 갖자
➕ proud 형 자랑스러운

2394 **railroad**
[réilròud]

명 철도, 선로 형 철도의
레일(rail)과 길(road)이 만나서 **철도**(railroad)가 되지요.
➕ derail 동 탈선하다 → 아래(de→down) + 레일(rail)

2395 **rapid**
[rǽpid]

형 빠른
랩(rap) 뮤직은 템포가 무척 **빠르죠**(rapid).

2396 **wrap**
[ræp]

동 싸다, 포장하다
크린랩, 음식물을 포장할 때 자주 쓰는 폴리에틸렌 소재의 얇은 막을 랩이라고 하죠.

2397 **weapon**
[wépən]

명 무기
게임 〈서든어택〉에는 '슈퍼 **웨폰**'이라는 무기가 나와요.
〈리셜 웨폰(Lethal Weapon, 살인 무기)이라는 영화도 있었죠.

2398 **through**
[θru:]

전 ~을 통하여
(축구) 스루 패스 – 상대편 선수 사이를 통과하여 공을 보내는 패스
➕ throughout 부 도처에, 처음부터 끝까지, 내내 breakthrough 명 비약적 발전, 돌파 → 깨고(break) 관통했으면(through) 돌파(breakthrough)가 되겠죠.
함께 익혀요 thorough 형 철저한, 완전한

2399 touch
[tʌtʃ]

명 느낌, 촉감 동 만지다, 감동시키다
Don't touch. – 만지지 마.
(배구) 네트 **터치** – 손으로 네트(그물)를 만지는 반칙

2400 tough
[tʌf]

형 단단한, 질긴, 억센, 터프한
터프 가이, 터프한 성격

2401 sentence
[séntəns]

명 판결; 문장 동 판결하다
판결(sentence)이 끝나면 죄수를 감옥에 보내죠(send).

2402 spot
[spat]

명 얼룩점, 지점, 장소 형 즉석의
스팟 연고, 여드름 스팟 – 피부의 발진 또는 뾰루지도 '스팟'이라고 하죠.

2403 skin
[skin]

명 피부, 표면
스킨 로션 – 피부에 바르는 로션, 스킨 케어 – 피부 관리
➕ **skinny** 형 여윈 → 몸에 착 달라붙는 스키니 진

2404 scare
[skɛər]

동 겁나게 하다
〈배트맨〉에 나오는 **스케어크로우**(scare crow)는 새들을 겁주는
'허수아비'를 뜻하죠.
➕ **scared** 형 무서워하는 [함께 익혀요] **crow** 명 까마귀

2405 run
[rʌn]

동 뛰다, 경영하다, 출마하다(-ran-run)
러닝머신 – 달리는 기계(정확한 표현은 treadmill)
(야구) 홈런(homerun)을 치면 타자는 홈(home)까지 달려가지요(run).

2406 seldom
[séldəm]

부 거의 ~않는, 드물게
한국에서 이슬람 스타일의 돔 집을 볼 수 있는 경우는 **드물죠**(seldom).

2407 thirst
[θəːrst]

명 목마름, 갈망 동 갈망하다
인간의 첫 번째(first) 욕구인 **목마름**(thirst)
➕ **thirsty** 형 목마른 [함께 익혀요] **firsthand** 형 직접의 부 직접적으로
secondhand 형 중고의, 간접적인 부 간접적으로

2408 short
[ʃɔːrt]

형 짧은, 키가 작은, 불충분한
숏다리 – 짧은 다리
(스포츠) 쇼트트랙(Short-Track) – 짧은 링크를 돌면서 경쟁하는 경기
➕ **shortcoming** 명 결점, 단점 **shortage** 명 부족, 결핍

2409	**amazing** [əméiziŋ]	혱 놀라운, 대단한

amazing
[əméiziŋ]

혱 놀라운, 대단한

정말 **어메이징**하다 – 정말 놀랍다
(기독교) 어메이징 그레이스 – 놀라운 주님의 은총

➕ **amaze** 통 놀라게 하다

2410 **slave**
[sleiv]

명 노예

슬라브(Slav) 족은 **노예**(slave) 출신인가요?

➕ **slavery** 명 노예제도

2411 **silk**
[silk]

명 실크, 비단

그 **실크** 옷이 참 예쁘네요.

2412 **silver**
[sílvər]

명 은 혱 은색의

실버메달 – 은메달, 실버타운 – 은색 머리(흰 머리)의 노인들이 사는 마을

함께 익혀요 **ivory** 명 상아, 상아색 → 실버 색상과 아이보리 색상이 비슷하네요.

2413 **stage**
[steidʒ]

명 무대, 단계

스테이지 댄스 – 무대에서 추는 춤
스테이지 매너 – 무대 예절

2414 **fable**
[féibl]

명 우화

엄마가 테이블(table)에서 들려주시는 **우화**(fable)

2415 **powder**
[páudər]

명 가루, 분말 통 가루로 만들다

베이킹 **파우더** – 빵을 구을 때에 부풀게 하기 위하여 넣는 가루
치킨 파우더 – 요리용 닭고기 가루

2416 **system**
[sístəm]

명 조직, 체계, 방식

요금 납부 **시스템** – 요금 납부 체계

➕ **systematic** 혱 조직적인, 체계적인, 계획적인

2417 **stem**
[stem]

명 줄기

스템셀(stemcell) 테라피 – 줄기세포 치료법

2418 **pretty**
[príti]

혱 귀여운, 예쁜 부 꽤, 상당히

귀여운 **프리티**걸이 자라서 예쁜 **프리티**우먼이 되었어요.

2419 cost
[kɔ:st]

동 비용이 들다(-cost-cost) 명 비용

코스트를 낮춰라 – 비용을 낮춰라

코스트 제로 – 비용 제로

2420 store
[stɔ:r]

명 가게, 상점, 저장 동 저장하다

온라인 **스토어** – 인터넷 상점, 스트리트 스토어 – 노점

➕ **storage** 명 저장

2421 universe
[júːnəvə̀ːrs]

명 우주, 만물

미국의 대표적인 관광명소인 유니버설 스튜디오 테마파크

2422 bay
[bei]

명 만(灣), 후미

캐리비안 **베이**

2423 pay
[pei]

동 지불하다(-paid-paid) 명 봉급

더치**페이**(Dutch pay) – (식사 후) 각자 돈을 지불하는 것 (더치페이는 네덜란드(Dutch) 문화에서 유래, 올바른 영어 표현은 go Dutch, Dutch treat)

2424 gym
[dʒim]

명 체육관(= gymnasium)

오랜만에 **짐**에 가서 운동이나 할까?

➕ **gymnastics** 명 체육, 체조

2425 wise
[waiz]

형 현명한, 지혜로운

싱크 **와이즈** – 지혜롭게 생각하기

➕ **wisdom** 명 지혜

2426 upper
[ʌ́pər]

형 위쪽의, 보다 위의

(복싱) **어퍼**컷 – 아래에서 위로 때리는 타격법

2427 sigh
[sai]

명 한숨 동 한숨짓다

월드스타 싸이도 **한숨**(sigh)지을 때가 있겠죠.

2428 series
[síəriːz]

명 시리즈, 연속, 일련

시리즈 교재 – 연속으로 출판된 교재, 게임 시리즈

➕ **serial** 명 연속물 형 순차적인 → 시리얼 넘버(serial number) – 일련번호

● Index

Index